Wolfgang Schirmacher
Technik und Gelassenheit

Wolfgang Schirmacher

Technik
und Gelassenheit

Zeitkritik nach Heidegger

Verlag Karl Alber Freiburg/München

CIP-Kurztitelaufnahme der Deutschen Bibliothek

Schirmacher, Wolfgang:
Technik und Gelassenheit: Zeitkritik nach
Heidegger / Wolfgang Schirmacher. – Freiburg
[Breisgau]; München: Alber, 1983.   .
  (Reihe: fermenta philosophica)
  ISBN 3-495-47520-6

Reihe: Fermenta philosophica

© Verlag Karl Alber GmbH Freiburg/München 1983
Satz und Druck: Allgäuer Zeitungsverlag, Kempten
ISBN 3-495-47520-6

Inhalt

Einleitung:
Einblick in das, was ist

Die Sprache spricht und nicht der Mensch. Daher existieren wir noch. Die Sprache entspricht dem sich wandelnden menschlichen Geschick und nennt uns Not wie Kehre. Ohne Unterlaß wird den Menschen in der Sprache gesagt, was sie nicht hören wollen, aber doch zu hören vermögen. Unwillig und verstockt folgen wir dem Zuspruch, Sterbliche und keine Lebewesen zu sein.[1] Allerdings verkehren wir diesen Einblick in unser Wesen in sein Gegenteil, fürchten den Tod und suchen ihm zu entgehen. Wenn wir uns jedoch am Leben festkrallen, verlernen wir das Sterben und verenden vor unserer Zeit. Dann wird die Sprache zum Gerede, ihr Wissen, das unsere Kenntnisse immer übertrifft, ist nicht mehr zugänglich. Das Überwissen der Sprache stammt aus dem Überfluß des universalen Zusammenhangs, den wir voreilig Sein nennen. Als die leichteste und offenste aller menschlichen Regungen sättigt sich die Sprache am Wirklichen, gerade auch dann, wenn kein Bewußtsein einen Auftrag dafür erteilte. In der poetischen Sprache wird jederzeit und von Anfang an eine Welt enthüllt, die zuvor nicht zu denken war. Hölderlins einziges „Geviert" von Erde und Himmel, Göttlichen und Sterblichen ist keine Metapher, sondern stiftet in der Sprache eine unerhörte

---

[1] VA II 51.

Welt, die zu bewohnen unsere heutige Überlebenschance ist.

Aber noch stellen wir uns taub gegenüber dem Wort des Dichters, noch sezieren Sprachphilosophen bloß die Sprache, noch bleibt uns ihre „anfängliche Dimension" verschlossen. An entscheidender Stelle, im vierten Vortrag mit dem Titel „Die Kehre" des Vortragszyklus „Einblick in das was ist" unterstreicht Heidegger kategorisch: „Die Sprache gibt allem Überlegenwollen erst Weg und Steg. Ohne die Sprache fehlt jedem Tun jede Dimension, in der es sich umtun und wirken könnte."[2] Als Sprachwesen erst sind wir eingelassen in die Welt, ihr zugehörig und von ihr überstiegen. Dieser Überstieg versklavt uns nicht, sondern wir erfahren ihn in Schopenhauers Verneinung des Willens zum Leben wie in Heideggers Vorlaufen zum Tod einen Lidschlag lang als Freiheit, immer wieder. Das „Spiegel-Spiel" des Gevierts bringt Welt hervor, indem es jedes in sein Eigenes entläßt.[3] Solches Eigenes ergibt keine Gegenstände und auch kein Zeug für unseren Gebrauch. Dinge verweilen als Dinge, und wir erleben uns nach langer Irrfahrt endlich als die Bedingten.

Aber führt dies nicht in pure Sprachmystik, werden die Dichter dabei nicht grundsätzlich überfordert? Und ist die anklingende Zeitkritik nicht lediglich dem hoffnungslosen Versuch gleichzusetzen, im Kopf die wissenschaftlich-technische Welt zu verlassen, aus ihr „auszusteigen"? Beide Vorwürfe ließen sich erhärten,

---

[2] TK 40.
[3] W. Schirmacher: Bauen, Wohnen, Denken. Ethische Konsequenzen der Naturphilosophie Heideggers, in: Philosophisches Jahrbuch 89 (1982) 405–410.

8

aber die sie erheben, wissen nicht, wovon sie sprechen. Ist es denn schon ausgemacht, daß das Schweigen der Sprache, ihre ursprüngliche Mystik nicht die vielleicht letzte Möglichkeit enthält, den öffentlichen Lügen ein Ende zu bereiten? Ist tatsächlich entschieden, daß die Gattung Mensch die sie vernichtenden Erfolge der instrumentellen Technik nicht zu vermeiden vermag und sie zur planetarisch herrschenden Technologie verurteilt ist? Der sich vernünftig gebende Heroismus, der uns zum Weitermachen wie bisher verpflichten will und auf Reformen setzt, ist in Wahrheit unmenschlich. Es geht längst nicht mehr darum, kulturkritisch eine bessere Vorstellung von der „Welt des Menschen" gegen eine als ungenügend empfundene Realität zu setzen. Von Weltverbesserung kann keine Rede sein, Sein oder Nichtsein heißt die Frage für die Menschheit. Dies verändert die Lage grundlegend, und alle gewohnten Überlebensrezepte sind damit unbrauchbar geworden. Uns bleibt nur übrig, der Gewohnheit zu widerstehen, die sich in immer anderen Variationen als „neuer Weg" ausgibt.

Eine Zeit wie unsere verrottende Gegenwart zu kritisieren, fällt leicht und ist doch gleichgültig, wenn der Kritik kein Ausweg entspricht. Dem angebrochenen Sterben der Gattung Mensch bloß scharfsinnig zuzuschauen, ist eine erbärmliche Aufgabe für die Philosophen am Ende des 20. Jahrhunderts. Aber genügt es, wie v. Weizsäcker das fatale Auseinanderfallen von Wissenschaft, Philosophie und Politik in seiner Person rückgängig gemacht zu haben, und die ökologische Krise wie den immer wahrscheinlicheren atomaren Weltkrieg mit Appellen zu bekämpfen?[4] Selbst Ursa-

---

[4] C. F. v. Weizsäcker: Wege in der Gefahr, München 1976.

chenforschung zeigt dem Philosophen doch lediglich schlagend, wie ohnmächtig Vernunft ist, die gegen alle Einzelinteressen das Ganze im Blick hat. Bleibt den heutigen Denkern also nur, als Märtyrer der Vernunft im Gattungssterben für eine Art Mensch zu zeugen, wie sie die Geschichte nicht zuließ? Vielleicht ist dies unser Los, aber vermutlich unterschätzt solche Bescheidenheit, die sich als „negative Philosophie" zum Vorreiter stilisiert hat, die Möglichkeiten der Philosophie.

Philosophieren heißt radikal fragen, im Ernst aushalten lernen, nichts und niemand anzuerkennen. „Im Schatten des Nihilismus" (Weischedel)[5] erscheinen Wissenschaft, Politik und Kultur als Tragikomödie. Von allem, was sich in der Lebenswelt als „gegeben" oder „denknotwendig" ausgibt, kennt der Kundige die höchst zufällige Entstehungsgeschichte. Fakten und Normen sind gleichermaßen Erfindungen, oft genug von Philosophen, und deren vielbeschworene Wahrheit verdeckt nur notdürftig den lebensgeschichtlichen Anlaß. Lachen und Grauen erregen Werte, Methoden, Institutionen, die sich als unerläßlich bezeichnen, und deren Blutzoll hoch zu sein vermag. Doch sie alle sind von Menschen gemacht, in fast allen Fällen gewalttätig und kurzsichtig, gleichgültig gegen das Gute erfunden worden.

Der Philosoph hütet den „Friedhof der Ideen" (Sartre), er kann die Gräber öffnen und Ursprung wie Vergänglichkeit erfahren. Für unser Wissen bedeutet dies einen Sprung in den Abgrund, Überwindung der

---

[5] A. Schwan (Hrsg.): Denken im Schatten des Nihilismus. Weischedel-Festschrift, Darmstadt 1975.

Furcht vor dem Nichts. Die „Fülle des Nichts"[6] wird uns dann überraschen, sie ist so unvorstellbar wie Liebe im Augenblick des Hasses. Zeitkritik wird niemals radikal genug sein, wenn sie die Schärfe des Nichts scheut. Heideggers Denken läßt sich auch in größter Not von der Zeit nicht vorschreiben, welche Phänomene es zu berücksichtigen hat. Denn eine umstandslose Analyse der gesellschaftlichen Verhältnisse und ausgeklügelte Lösungen nach deren Machart bleiben dem technischen Vorstellen auch dort verhaftet, wo sie Wissenschaft und Technik leidenschaftlich bekämpfen. Der „Konkurs" widerruft nicht das System, sondern gibt noch im Scheitern sein Einverständnis, hält sich an die Regeln.[7]

Philosophische Zeitkritik nach Heidegger legt die Wurzeln der Metaphysik frei, und beschäftigt sich so mit jener unbefragten Weltauslegung, in der heutiges Handeln und Denken unweigerlich steht. Erst diese Analyse entdeckt uns ein anderes Leben, das nicht das bisherige unter anderem Namen fortsetzt. Zu Recht gilt Heidegger als der Anreger aller gegenwärtigen Weiterdenker, ist sein Einfluß belegbar, wenn irgendwo ein umstürzlerischer Gedanke auftaucht. Gegenüber seinem deutschen Antipoden Adorno, der aber gerade in der Zeitkritik Heideggers wichtigster Mitstreiter ist,[8] zeichnet sich Heidegger durch den Mut aus, im verfehlten Leben die Kehrseite erfüllter Leben-

---

[6] H. S. Hisamatsu: Die Fülle des Nichts, Pfullingen o. J.; vgl. A. Schopenhauer: Die Welt als Wille und Vorstellung I. Sämtliche Werke 2, hrsg. von A. Hübscher, Wiesbaden 1972, 484 f.
[7] Dies belegen die in Tübingen erscheinenden, bisher 10 „Konkursbücher".
[8] H. Mörchen: Macht und Herrschaft im Denken von Heidegger und Adorno, Stuttgart 1980.

digkeit zu denken. Im Untergang ergibt sich auch ein Übergang in eine andere Welt, die Einkehr in das Wesen des Ereignisses, das uns betrifft. Allerdings werden wir für unsere eigene Rettung gebraucht, wenn auch auf eine Weise, die wir nie eingeübt haben.

Heidegger hat sich, wie Kritiker ihm bis heute vorwerfen, niemals eingehend mit sozialen und politischen Phänomenen auseinandergesetzt, und war als Person in dieser Hinsicht bekanntlich sehr naiv. Aber diese zweifellos zu konstatierende Schwäche markiert zugleich eine Stärke Heideggers. Dessen theoretische Distanz zur Gesellschaft muß nicht als „Rest Metaphysik" in seinem Denken verstanden werden,[9] sondern entspricht vielleicht besser als jedes Mitmachen dem Rang dieser unsere heutige Welt fatal zeichnenden Sachverhalte. Heidegger hat, wie jeder Leser feststellen kann, in seinen Vorlesungen und Vorträgen immer wieder auf aktuelle politische Ereignisse angespielt, aber mit leichter Hand und nur, um selbst die Atombombe oberflächlich zu nennen.[10] Die Gesellschaft verlangt jedoch, daß man sie ernst nimmt, negativ oder positiv, und brandmarkt Gleichgültigkeit als irrational und inhuman. Aber ist diese überzogene Reaktion nicht sehr verräterisch, als ob die Gesellschaft wüßte, wie wenig Interesse sie verdient? Dies bedeutet nicht, die Verhältnisse so zu belassen, wie sie geworden sind, und ist auch kein Freibrief für die Besserwisserei der „Stillen im Land". Denn überwintern wird niemand können, wenn die Zerstörung fortschreitet. Aber wäre

---

[9] H. Mörchen: Adorno und Heidegger, Stuttgart 1981, 469–480. Zur Beurteilung vgl. W. Schirmacher: Heideggers Einfluß auf das gegenwärtige Denken, in: Philosophischer Literaturanzeiger 35 (1982) 383–398.
[10] Gel 20.

nicht zu erwägen, daß die angemessene Antwort auf gesellschaftliche Probleme gerade keine gesellschaftliche ist? Heideggers entschlossener Versuch, zu den Quellen unserer Denk- und Lebensweise vorzudringen, unterläuft die gesellschaftliche Problematik und zeigt uns, worin sie fundiert ist. So wird eine der entscheidenden Beirrungen unserer Zeit durchbrochen, der Mythos Gesellschaft.

Gesellschaft scheint dann nichts anderes als ein aufdringliches Bild zu sein, eine Selbstsuggestion der Gattung, mit jeder Existenz zu verabschieden. Ungleich schwieriger ist es dagegen, die Gewohnheit des Weltbildes, die Logik der Sicherung, den Terror der Anwesenheit als Fehlgehen zu erweisen. Zu selbstverständlich ist uns die Metaphysik geworden, die in der Herrschaft der modernen Technik vollendet ist und Jahrtausende andauern will. Allerdings ist es nun diese Technik mit der von ihr geprägten Wissenschaft, Politik und Wirtschaft, die einen Weltzustand hervorruft, der unser Überleben in Frage stellt. Der tägliche Blick in die Zeitung beweist dies zur Genüge, und die Hiobsbotschaften werden nicht abreißen. Sobald aber das Selbstverständliche auffällig wird, sich als hinfällig und schließlich als lebensgefährlich zeigt, verliert es seinen wirksamsten Schutz. Der nackte Kaiser übersteht die Entblößung nicht. Jetzt steht für uns die Lebensweise selbst zur Debatte, nicht einzelne Züge des bisherigen Lebens. Fortschritt, Rationalität, Humanität sind in Metaphysik-Verdacht geraten.

Heideggers Entdeckung war, daß eine Kritik der Zeit allein durch eine Destruktion der Geschichte der Metaphysik zu leisten ist, ein Vorgehen, das an die ontologischen Fundamente geht. Ins Zentrum unserer krisengeschüttelten Gegenwart zielt Heideggers abseitiges Geschäft, klassische Texte von den Vorsokratikern bis Hegel gegen den Strich zu lesen, ihr Ungesagtes, das uns dennoch als Erfahrung überfiel, zur Sprache zu bringen. Heidegger hat die ökologische Katastrophe wie das atomare Inferno in ihrer Bedeutung noch verkennen müssen, zu unentfaltet waren diese Phänomene, das Gespür eines Irren hätte der Philosoph haben müssen. So blieb Heidegger der Metaphysik gegenüber unangemessen großzügig. Jahrtausende der Irre sollten uns bevorstehen. Unsere Lebenswirklichkeit lag nach Heideggers Verständnis zwar in der von der Metaphysik versperrten Möglichkeit, aber Heidegger ahnte nicht, wie rasend schnell diese Möglichkeit die einzige Alternative zum Gattungstod werden würde.

Nichts scheint jedoch schwerer als das Unterfangen, ein Denken von der Praxisferne Heideggers, das den Willen und die menschlichen Planungen gerade außer Kraft setzt, in eine Anweisung zum Überleben zu übersetzen. Denn Elend und Not sind nach Heideggers „Einblick in das was ist" nichtssagend und verstellend. Der nur erlittene Tod sagt uns nicht, daß wir sterblich sind, und die Anstrengung, den Tod zu vermeiden, ruft ihn gerade herbei. Heideggers Feststellung, daß Hilfsprogramme wie die „Agrarrevolution" bloße technische Machenschaften sind, die unser Wesen nur noch mehr zerstören, klang einst inhuman, aber erweist seine Wahrheit nun täglich in der Dritten Welt.[11] Die Vermutung drängt sich auf, daß auch die beste Politik und Ökonomie die Weltlage nicht entscheidend zu ändern vermag. Offensichtlich werden

---

[11] M. Guernier: Die Dritte Welt: drei Viertel der Welt. Bericht an den Club of Rome, München 1981.

nur Inhalte ausgewechselt, unsere Sicht der Dinge und die Logik unseres Erfassens und Fühlens bleibt dieselbe. Eine „Kehre" erhält die notwendige Kraft, unsere verkehrte Welt zu verabschieden und eine andere Welt zu eröffnen, aber nur aus der Tiefendimension des Erlebnisstromes; dort oder nirgends vermögen wir uns zu ändern.

Eine solche fundamentale Änderung ist nicht von uns erzwingbar, da wir bewußt nicht in diese Tiefe reichen. Aber das wollen wir nicht eingestehen. Wie sonst kann uns geholfen werden, von woher ist „Rettung" in Sicht? Eingefuchst ins alltägliche Machtspiel können wir diese Frage nicht unterdrücken und verfehlen damit gänzlich, worum es geht. Erzwingen, Machen, Produzieren stellt unabhängig von Art und Zweck stets Anwesenheit her. Nur das Unverborgene erkennen wir als seiend an. Dinge und Menschen müssen in ihrem Wesen erscheinen und nicht bloß vor sich hin wesen, damit eine Welt geordnet werden kann. Natur ist, insoweit ihre Anwesenheit erfahren wird. Anwesenheit als Grundcharakter von allem ist uns so selbstverständlich geworden, daß wir das Problem, das darin liegt, nicht erkennen. Aber sollte denn das Abwesende gelten und das Unsichtbare Maßstab sein? Sogar eine erzidealistische Lehre spricht über das, was hinter den Erscheinungen verborgen ist, und bringt die „Hinterwelt" so ins Anwesen. Gott ist in den Religionen mit ihren heiligen Schriften höchst präsent. Die Mystiker haben ebensowenig geschwiegen, wie es der Mystik doch angemessen gewesen wäre. Zwar enthalten idealistische, religiöse und mystische Texte rätselhaft dunkle Stellen, sind für den Gegner und Ungläubigen oft barer Unsinn, und der Kern dieser Lehren bleibt unanschaulich. Und dies kann als Spur des Abwesenden gedeutet werden, wäre ein Rest des Ungesagten im allzu öffentlichen Sprechen. Aber dennoch ist nicht zu leugnen, daß Idealismus, Religion und Mystik ihre Weltbedeutung nur dadurch besitzen, daß sie sich auf Anwesenheit einließen und noch ihre „Negation" handhabbar wurde, ein „großes Fahrzeug" bildete für jedermann.

Die vorherrschende Not beseitigen zu wollen, so unumgänglich dies auch erscheint, ist ein Vorhaben, das uns nach Heideggers „Einblick" in größte Gefahr bringt. Auch Schopenhauer sagte voraus, daß jeder Versuch, das Leid in der Welt durch verstärkte Anstrengungen zu beseitigen, bloß eine „Hölle" auf Erden erreichen würde.[12] Heute sind wir nun eingesperrt in das „Gestell" der Technik, Teil des technischen Bestandes. Heidegger hat dies so anschaulich wie strukturell beschrieben: „Das Gestell west als das Geraff des Getriebes, das die ständige Bestellbarkeit des vollständigen Bestandes bestellt."[13] Als Weise des Entbergens und damit des Wahrheitsgeschehens fordert „das Gestell" den Menschen heraus, „das Wirkliche in der Weise des Bestellens als Bestand"[14] anzugehen, und davon gibt es keine Ausnahme. „Steuerung und Sicherung" prägen unsere Lebensweise, „wo das Gestell waltet".[15] Jede Beseitigung der Not wird in der Epoche des „Gestells" unweigerlich zum Geschäft und verwandelt noch die systemsprengende Krise in eine Stärkung des eindimensionalen „Bestandes".[16] Was anwest und herausgefordert sich stellt, verstärkt das Muster, dem das Leiden gehorcht.

---

[12] W. Schirmacher: Gelassenheit bei Schopenhauer und bei Heidegger, in: Schopenhauer-Jahrbuch 63 (1982) 54–66.
[13] GS 8.   [14] VA I 20.   [15] VA I 27.
[16] H. Marcuse: Der eindimensionale Mensch, Neuwied 1967.

Ginge es also darum, auf Anwesenheit zu verzichten? Wie wäre dies denkbar, wie sollte so etwas gelebt werden können? Unser Seinsgeschick wählen wir nicht, denn wir sind ein „geworfener Entwurf".[17] Daß in der technischen Welt das Seiende zu Bestandstücken des Bestandes gerät, können wir weder annehmen noch ablehnen. So ist es. Aber konnten wir nicht wenigstens denken, daß es so mit der Gegenwart bestellt ist? Und ist dies nicht mehr, als unser Mitgetier vermag? Heideggers Seinsgeschick ist keine verbrämende Formel für ein göttliches Wirken oder die Macht des Schicksals. Seinsgeschick benennt phänomenologisch präzise, was uns nach dem Scheitern der anthropozentrischen Anmaßung zu denken übrigbleibt. Unsere Geschichte verläuft weder nach göttlichem noch nach menschlichem Plan. Die Komplexität des Wirklichen, die kein Naturgesetz zu binden und keine Kybernetik zu vereinfachen vermag, läßt „absolutes Begreifen" als Illusion zerschellen, ohne uns jedoch damit in die barmherzige Ohnmacht des Unwissens zu entlassen.

Denn die Tätigkeit der Menschen auf diesem Planeten, nach innen und nach außen gerichtet, wird gebraucht. Folgen und Nebenfolgen unseres Denkens und Handelns ergeben einen Grundzug, den nichts anderes für uns schafft und der den uns allein angehenden Sachverhalt In-der-Welt-sein epochal bestimmt. Allerdings gilt diese Sprechweise lediglich innerhalb der Metaphysik, bedeutet Seinsgeschick eine Auslegung, die Metaphysik mit ihrer eigenen Logik zu unterlaufen unternimmt. Seingeschick, und dies ist entscheidend, gibt es nur im Rückblick, streng gedacht einzig in der Epoche des „Gestells", des vollendeten und letzten

---

[17] SuZ § 31.

Seinsgeschicks.[18] Dennoch dient das Begreifen des Seinsgeschicks keinem historischen Interesse, und die Diskussion darüber, ob Heidegger die Epochen gewaltsam einteilte, ist philosophisch fruchtlos.

In „Sein und Zeit" gelang Heidegger der erste entscheidende Schritt in der „Exposition der Seinsfrage", wie er im Rückblick sieht: „Denn das ‚Da' des Daseins, das in der analytischen Freilegung der Existenzialien der menschlichen Existenz aufgewiesen wird, ist nicht nur die Erschlossenheit des menschlichen Subjekts, wie immer wieder gemeint wird, sondern die Erschlossenheit von Sein-überhaupt, die in den Existenzialien selbsthaft, d.h. für ein Selbst aufgeschlossen ist."[19] Das Sein ist weder Macht noch Partner, es ist in keinem wie immer gearteten Verhältnis zu uns vorzustellen. All dies wäre Anthropozentrik. Wir sind aber nichts als ein Zug des Ganzen, und noch unsere Auszeichnung, daß es dem Dasein in seinem Sein um dieses Sein selbst geht, ist nur eine Variation der je eigenen Weise jedes Besonderen. Sein Wesen leben heißt die Aufgabe ohne Unterschied für Pflanze und Sonne, für Spinne und Mensch.

Seinsgeschick umschreibt in der sich ereignenden „Konstellation" die Absprungbasis unseres jähen Sprunges aus der Metaphysik und nennt die „Kehre" von Sein ins Ereignis. Im Zeitalter des „Willens zum Willen", wie Heidegger Nietzsche aufnehmend die Technik auch charakterisiert,[20] erweist sich unser Wille als machtlos, wenn es darum geht, aus der zu einer tödlichen Falle gewordenen Welt auszubrechen. Aber dies ist zugleich unsere größte Hoffnung, die Ohnmacht des Willens zur Naturbeherrschung bringt uns

---

[18] SD 53.   [19] B 1.   [20] VA I 72.

der Wahrheit näher. Das Denken, das in seine Armut zurückkehrt, vermag plötzlich die Zeichen zu deuten, die das Ende der Metaphysik und den Zusammenbruch der instrumentellen Technik ankündigen. Der heutige Denker angesichts des geduldeten Leidens wie ein wildes Tier anfallende „Schmerz" macht ihre Philosophie gefährlich militant und enthüllte Heidegger den „Grundriß des Gevierts". Der Rückgang auf die Dichter wäre ohne Verzweiflung niemals erfolgt, zu stolz waren die Philosophen seit Platon auf ihre Vernunft. Die Nähe von Denken und Dichten, die in Heideggers „Schritt zurück" zu den darin vorbildlichen Vorsokratikern eingeholt wird, und an Rilke, Trakl, George und vor allem Hölderlin ausgewiesen ist, entdeckt uns die Sprache als Ort der Zusammengehörigkeit von Denken und Sein. In der Sprache entscheidet sich, ob Wahrheit Unverborgenheit bleiben muß und wir dann nach Heideggers prophetischem Wort als die bloß zur Anwesenheit fähigen „im Angesicht des abwesenden Gottes untergehen".[21]

Als Sprachwesen waren wir Menschen schon immer von jenem Zwang zur Anwesenheit frei, der unsere geschichtliche Existenz so selbstverständlich beherrscht. Was im Sprechen und in der Schrift erscheint, ist gerade nicht die Sprache. Sie ist nicht anwesend und wird niemals präsent, aber wirkt doch intensiver in unser Leben als jedes von uns verantwortete und geplante Wirken. Auch der „Einblick in das was ist" trägt das Gesicht der durchgängig abwesenden Sprache. An- und Abwesen, Verborgenheit und Unverborgenheit hängen voneinander ab, aber gehen auch miteinander unter, wenn der Verzicht, der uns

---

[21] SpG 196.

verzichten lehrt, sie dazu nötigt. So wäre es irreführend, nach Abwesenheit zu suchen, weil wir Anwesenheit, unsere Gegenwart nicht mehr ertragen. Sich aus der Differenz von Anwesenheit und Abwesenheit herausdrehen lassen, um ins „Welten von Welt" zu gelangen, ist statt dessen zu üben. Sein und Zeit verlieren dann ihre feststellende Macht und vergehen ins Ereignis, das für den Menschen Technik heißt.

Gering und kaum wahrnehmbar ist Heideggers Wink in das von Anwesenheit entwöhnte „Geviert", dem „Welt" und „Ereignis" entsprechen. Leben und sterben, wie der Dichter dichtet, muß uns als Annäherung, die keine Metapher ist, vorerst genügen. So wenig ein Gedicht durch Interpretation erschöpft werden kann, so wenig besagt das Gedicht eines sich ereignenden Lebens, unsere Existenz, sobald wir in die Anwesenheit geholt werden. Denn was anwest, wird selbst unwesentlich, verwest am Ende. Doch in Lebensgedichte von der Art des „Gevierts" vermögen wir uns bloß durch eine Reihe von Verzichten einzufühlen. Solche Existenz steht weder in Verhältnissen noch ist sie berechenbar. Dies klingt wie eine bewußte Selbstgefährdung des Menschen und ist doch das Gegenteil davon. Unplanbare Existenzen sicherten sich in gelingenden Techniken, wie Gedichte in kunstvoll gestalteten Wörtern. Dabei bleiben gerade die „Inhalte", um die jeder Streit in der Metaphysik geht, unvorhersehbar, aufblitzend und sich in der Erfüllung schon überdauernd.

Aber sind wir denn schon so weit, die technische Welt, die noch weitgehend unentfaltet ist, bereits wieder zu verlassen? Wie sollte ein solcher Auszug aus der Gegenwart praktisch zu bewerkstelligen sein? Müßte nicht zuvor versucht werden, Technik sachgemäß zu verstehen, ihrer Verteufelung wie Verherrlichung zu widerstehen? Heideggers Leistung besteht darin, beide Aufgaben miteinander verbunden zu haben. Seine radikale Analyse der modernen Technik entdeckt uns auch einen Ausweg aus ihr. Im niemals vollständig veröffentlichten, aber für Heideggers Technikauffassung grundlegenden Vortragszyklus „Einblick in das was ist" (1949),[22] nennt Heidegger „das Entsetzliche" unserer Zeit, daß „alles, was ist, aus seinem vormaligen Wesen herausgesetzt" wird.[23] Allein das „Gestell" als Wesen der Technik ist übriggeblieben. Dies ist die phänomenologische Beschreibung unseres tiefgreifenden Unbehagens an der technischen Welt, das gleichwohl nichts daran zu ändern vermag, daß wir „Funktionäre einer Bestellung"[24] geworden sind. Der Mensch ist in Rollen, Funktionen, Rahmen eingepaßt. Das „Stellen", das die Umwelt als „Bestand" herstellt, geht uns ebenso wie alles Anwesende an, ist faktisch universal. Auch die Natur ist dann „Grundbestandstück ... und nichts außerdem".[25] Über sie kann wie über uns jederzeit verfügt werden.

Die Auswechselbarkeit der Stücke des Bestandes ist ebenso kennzeichnend für die Ordnung des „Gestells"

---

[22] Die Veröffentlichung in der „Gesamtausgabe" ist angekündigt. Der 1. Vortrag: Das Ding, ist in VA II 37—55, der 4. Vortrag in TK 37—47 veröffentlicht. Der 2. Vortrag: Das Ge-Stell, wurde von Heidegger in: Die Frage nach der Technik (TK 5—38/VA I—36) umgearbeitet, allerdings mit erheblichen Auslassungen, die gerade den phänomenologischen Aufweis des „Ge-Stells" betreffen (vgl. Heideggers „Vorbemerkung" [TK 3], die nicht darauf eingeht). Das Titelblatt der von uns verwendeten Nachschrift gibt nach dem Zyklus den Vortrag: Die Sprache, (USp 11—33) an, ein systematisch höchst bedeutsamer „Wink". Soweit möglich, wird: Einblick in das was ist, nach den veröffentlichten Texten zitiert.
[23] VA II 38.   [24] GS 11.   [25] GS 16.

wie Gleichförmigkeit und Abstandslosigkeit. Es gibt weder Nähe noch Ferne in der Technik, und die von ihr abhängige Wissenschaft „hat die Dinge als Dinge längst vernichtet".[26] Die Wasserstoffbombe ist „Auswurf"[27] des Seinsgeschicks „Gestell". Im Vortrag „Die Gefahr" bringt Heidegger das gegenwärtige Überlebensproblem der Gattung Mensch auf eine Grundformel, die phänomenologisch anschaulich unser Seinsgeschick mit seinen Folgen bedenkt: „In der Verwahrlosung des Dinges ereignet sich Verweigerung von Welt."[28] Verwahrlosung ist dabei nicht wertend gemeint, sondern stellt das Wesen des „Gestells" heraus. Auch die Verweigerung von Welt will nicht auf einen Mißstand hinweisen, sondern beschreibt eine notwendige Folge der Technik. Heidegger entwirft nicht einmal eine Philosophie der Technik, sondern analysiert lediglich Technik als das Leitphänomen der Gegenwart, dessen Wesen jedoch trotz einer weltweiten Verbreitung der Technik unentdeckt blieb. Denn nicht die Maschinen sind von Bedeutung, auch nicht Erfolge oder Mißerfolge einzelner Technologien, sondern entscheidend ist das Weltverhalten, das Technik wirklich machte.

Dieses Verhalten ist von uns nicht eigens gewollt, aber wird von uns epochal gelebt. Es ist selbst nichts Technisches, auch keine nachträgliche Anpassung an die Technik. Der Wegfall aller bekannten Technologien würde nichts daran ändern, daß „Gestell" Welt unmöglich macht und mit der Vernichtung der Dinge nach einer glänzenden Phase des dadurch ermöglichten Gebrauchs von Gegenständen den Untergang der Gattung Mensch zuläßt. Die „Gefahr" besteht jedoch kei-

---

[26] VA II 42.   [27] VA II 38.   [28] Gef 19.

neswegs darin, daß diese Katastrophe eintritt. Sachgemäß verstanden, gibt es keine Gefahr ohne Rettung, und diese der Gefahr entsprechende Rettung vermag die Einsicht in das Verenden der Gattung gegen die landläufige Meinung gerade nicht zu bringen. Oder sind Anzeichen für eine radikale Wende der Weltpolitik zu entdecken, haben die inzwischen jedem Bürger bekannten Feststellungen der Studie „Global 2000" zu einem Umdenken geführt, das ausreichende praktische Konsequenzen nach sich ziehen würde? Wenn die Zerstörung der Biosphäre so weit fortgeschritten sein wird, daß einschneidende und dadurch erst angemessene Änderungen politisch gewollt werden, ist der Zerstörungsprozeß bereits irreversibel, und es wird bei der guten Absicht bleiben.

Die „Gefahr", deren Sein nach Hölderlin auch „das Rettende" wachsen läßt,[29] zeigt sich Heidegger als das „Seyn selbst", das in der Weise des „Gestells" seiner eigenen Wahrheit nachstellt und diese so endgültig verfehlt. Der phänomenologische Sinn der Rede von der „Seinsvergessenheit", die in der modernen Technik als Vollendung der Metaphysik zur höchsten Entfaltung kommt, wird hier sichtbar. Das „Wesen des Gestells ist die Gefahr", heißt es im nicht publizierten Text „Die Gefahr", und „deren Gefährlichstes besteht darin, daß sie sich nicht als die Gefahr zeigt". Denn „es sieht so aus, als sei das Sein selbst ungefährlich und in sich gefahrlos".[30] Damit trifft Heidegger unsere entscheidende Schwierigkeit: die offenbare Unfähigkeit, im selbstverständlich erscheinenden Verhalten, in unserer „Natur", im Alltag die Quelle des Unheils zu sehen. Wir suchen nach Fehlern und es sind die Erfol-

---

[29] VA I 28.   [30] Gef 24.

ge, die uns töten. Wir sind bereit, notfalls alles aufzugeben, was wir aufgebaut haben, und dieser „letzte
Schritt" wird nicht einmal honoriert. Unsere Habe ist
gleichgültig; das Sein selbst gefährdet sich in uns.
Daran können wir nicht das geringste ändern. Entsa-
gen wir allerdings dem Eigensinn, „ent-werfen" wir
uns von uns selbst weg, dann sind wir bereiter, der
„Kehre" im Sein zu genügen, wenn sie geschieht. Solche Bescheidenheit heißt nichts weiter, als jene nicht
abbildbare Proportion anzuerkennen, die den Menschen mit dem Universum vergleicht, die jederzeit
mögliche Erfahrung mit Kants „gestirntem Himmel"
zuzulassen. Daß wir dies vermögen und also seinsver-
stehend sind, ist mehr als wir erhoffen durften. Nur
dadurch können wir den Sachverhalt, den wir selber
existieren, auslegen. Zur Beherrschung jedoch waren
wir niemals in der Lage und keine Technologie wird
uns dies in Zukunft ermöglichen. Im Zeitalter des
„Gestells" ist aber auch die Auslegung zur Farce geworden, denn sie ist von vornherein im Sinne des „Bestandes" entschieden, und noch die Revolution ist ein
abgekartetes Spiel.[31]
Sprechen wir in dunklen Wendungen von dem Verborgenen, das Unverborgenes zulasse, oder von der
ins Obsolete abgedrängten Abwesenheit als des erst
anzueignenden Sinns der planetarischen Anwesenheit
moderner Technik, dann bleibt dies Kulturkritik. Un-
schädlich ist ein Rück- und Vorblick für eine Gegenwart, die das „Nicht-mehr" wie das „Noch-nicht"
selbstsicher ignoriert.[32] Werden wir aber konkret, zäh-

---

[31] R. Schürmann: La principe d'anarchie. Heidegger et la question
d'agir, Paris 1982.
[32] VA II 57.

24

len die Verhungernden und Gemordeten unserer Weltzivilisation, entkommen wir dennoch dem technischen Vorstellen nicht. Die Opfer unserer Lebensweise werden durch schärfste Anklagen nicht vor ihrer technischen Bestimmung bewahrt, „Bestandstücke eines Bestandes der Fabrikation von Leichen" zu sein, wie Heidegger den systematischen Massenmord charakterisierte.[33] Die „Banalität des Bösen" (H. Arendt) ergibt sich aus dem einheitlichen Weltverhalten, der durchgängigen „Bestellbarkeit" innerhalb der technischen Welt. So wagte Heidegger 1949 öffentlich zu sagen: „Ackerbau ist jetzt motorisierte Ernährungsindustrie, im Wesen das Selbe wie die Fabrikation von Leichen in Gaskammern und Vernichtungslagern, das Selbe wie die Blockade und Aushungerung von Ländern, das Selbe wie die Fabrikation von Wasserstoffbomben."[34]

Ist unsere Lage dann nicht aussichtslos, die Humanität am Ende? Wie könnte gedacht und was sollte getan werden, wenn jegliche Aktivität in der Epoche des „Gestells" zum Nachstellen gerät? Das Sein selbst reduziert nach Heideggers ontologischer Analyse seine Möglichkeiten offensichtlich auf eine einzige verwirklichte und löscht die Seinsgeschichte aus. Zwar gibt es „im Geschick des Seins … nie ein bloßes Nacheinander: jetzt Gestell, dann Welt und Ding, sondern jeweils Vorbeigang und Gleichzeitigkeit des Frühen und Späten".[35] Aber dies geht höchstens dem besinnlichen Denken auf, denn zugleich gilt: „Der Mensch dieses Weltalters ist … in das Gestell gestellt, auch wenn er nicht unmittelbar vor Maschinen und im Betrieb einer Maschinerie steht."[36] Haben wir uns also mit jedem

---

[33] Gef 25.   [34] GS 4.   [35] VA II 57.   [36] GS 11.

Schicksal abzufinden? Der Fatalismus des Islam und die aus einer ähnlichen Grunderfahrung stammende buddhistische Gleichgültigkeit gegenüber der Erscheinungswelt wirkt auf die abendländische Metaphysik schockierend und scheint den äußersten Gegensatz zur optimistischen Zweckrationalität der Technik darzustellen. Die Nichtigkeit des eigenen Lebens, den strengen Christen durchaus nicht unbekannt, ist bestenfalls eine Floskel, gegen die unsere Taten sprechen. Aber gegenwärtig ist es gerade die Technik, die uns beibringt, daß Araber und Inder dem Ganzen weit eher genügten als wir. Es war Schopenhauer, der als erster diesen Vorsprung des Buddhismus anerkannte und als systemsprengendes Element in die Metaphysik einbrachte. Die Verneinung der Anwesenheit kann und wird in einer Askese verwirklicht werden, die den Tod nicht achtet und so zum Sterben fähig ist. Wenn wir dem blinden und in sich zerrissenen „Willen zum Leben", der alles Leid hervorbringt, nicht mehr gehorchen, durchbrechen wir die Kette des Unheils. In dieser Person wendet sich der Wille, hört der einzelne auf, individuell zu sein und wird human.[37]
Voreilig wäre es, den Augenblick der Wende mit dem Tod zu identifizieren. Dieser ist zwar bei Heidegger „das Gebirg des Seins" und läßt entsprechend bei Schopenhauer unser wahres Wesen unzerstört, aber der je meinige Tod erfüllt ein Leben und ruiniert es nicht. Wir würden als Sterbliche den Tod nicht vermögen, wenn er zur Unzeit käme. So ist Askese keineswegs mit Selbsttötung gleichzusetzen, worauf Schopenhauer eindringlich hinwies, denn der Asket lebt

---

[37] W. Schirmacher: Gelassenheit bei Schopenhauer und bei Heidegger, a.a.O. 62.

bloß im gewöhnlichen und unbedachten Verständnis „unmenschlich". In Wahrheit ist die Existenz eines buddhistischen Mönchs oder eines christlichen Heiligen, wovon viele Berichte zeugen, von einer Glücksintensität, die immer wieder eine erotische Metaphorik herausgefordert hat.[38] Epikur war ein Asket.[39] Der Verzicht auf Selbstbestimmung, Weltbeherrschung, Bejahung des Lebens ruft denn auch keinen Mangel hervor, denn verzichtet wird doch nur auf Illusionen. Der Asket ist frei für seine Notwendigkeit, befreit von den vorgeblichen Bedürfnissen und den aufdringlichen Sachzwängen. Unter der Herrschaft des „Gestells" heißt uns dies, die wirkliche „Kehre" nicht zu verpassen, die nicht die unsere ist und von der wir doch einzigartig betroffen sind. Verstrickt in hoffnungslosen Rettungsaktionen, bis an die Grenze unserer Leistungsfähigkeit durchs Überlebenwollen angestrengt, werden wir die „Kehre" in der „Gefahr" allerdings kaum bemerken.

Geschieht sie nicht schon, ist der Anbruch der „Wolfszeit" (Ernst Jünger) nicht die Dämmerung fürs „Gestell"? Gegen unsere Absicht, aber nicht ohne unser Zutun, spitzt sich das herausfordernde Stellen auf eine einzige Herstellung zu: Technik produziert zunehmend physische und psychische Vernichtung, der Bestand läßt nur noch Kadaver anwesen. Nichts anwesen lassen, Zerstörung produzieren, Unsicherheit einbringen bedeutet jedoch, daß der Bestand unbeständig wird und in keiner Weise gehalten werden kann. Hebt

---

[38] C. F. v. Weizsäcker u. Gopi Krishna: Biologische Basis religiöser Erfahrung, München 1973.
[39] P. Aubenque: Der Epikureismus, in: Geschichte der Philosophie I, hrsg. von F. Chatelet, Frankfurt a. M. 1973, 191–203.

sich Anwesenheit nicht selber auf, wenn sie immer bloß nichts vorzuweisen hat? Die „Fabrikation von Leichen" (Heidegger) muß eine Produktion unter anderen bleiben, will sie sich nicht den eigenen Herstellungsboden entziehen. Die erscheinende Leere und der „zerrissene Schleier der Maja" (Schopenhauer) widerrufen das Diktat der Anwesenheit. Die drohende Vernichtung von allem winkt uns in die „Kehre"; sie ruft uns aus dem „Gestell" ins Ereignis.

Doch fraglich ist, ob wir diesen Ruf herauszuhören vermögen, denn die Umweltkatastrophe läßt sich auch völlig anders interpretieren, und an Rezepten ist kein Mangel. Unser Sicherheitsdenken, scheinbar besonders herausgefordert durch die gegenwärtige Lage, versperrt den Zugang zur „Kehre" zuverlässiger als jede Abwehr. Das „Welten von Welt"[40] verlangt einen Menschen, der als Sterblicher bei den Dingen zu weilen vermag, im „Geviert" ohne Anspruch existiert, sein Leben als Gedicht mehrdeutig und in der Schwebe zu halten versteht.[41] Weltflucht ist dabei ebenso abwegig wie der Zwang zum Mitmachen, das „Prinzip Realität". Wir unterlaufen, angezogen vom Ereignis, die metaphysische Ordnung der Welt, verändern mit der Anwesenheit auch Zeit und Sein, und lernen im Ortlosen ein auch im Leid gelingendes Leben zu führen.

Die moderne Technik ist von der „Kehre" keineswegs ausgenommen; durch sie hindurch findet sie statt. Das „Gestell" wird in Heideggers Aufweis zum „Vorspiel" des Ereignisses. Solches Vorspiel bindet das Welt-Spiel

---

[40] Gef 19.

[41] W. Schulz: Ich und Welt. Philosophie der Subjektivität, Pfullingen 1979.

nicht, und Heidegger hat nicht hoffen können, daß die Technik selbst, wenn auch nicht als „Gestell", Spur der „Rettung" ist. Diese Hoffnung doch zu hegen, fällt einer Zeitkritik zu, die *nach* Heidegger beginnt, wo er aufhörte, und für die Heideggers „Leitwort" Ereignis zum Leitthema wird. Eine von Anwesenheit nicht mehr verstellte Welt läßt uns ins Geschehende ein, ohne daß wir eingreifen müßten. Gelassenheit heißt das Sichereignen, das gestillt west und dem An- und Abwesen gleichgültig geworden sind. Heilige und Asketen haben in früheren Jahrhunderten diese Existenz ohne Anwesenheit, rücksichtslos gegen das Erscheinende vorgelebt.[42] Es gehört nicht viel Menschenkenntnis dazu, wie Spinoza und Schopenhauer in der Askese nur einen Weg für wenige zu sehen, aber solcher Realismus braucht uns heute nicht mehr zu kümmern. Sollte wahr sein, daß wir zur Askese unfähig sind, wird die Gattung Mensch der „Kehre" nicht genügen, und ihr Untergang ist besiegelt.

Aber noch ist nicht entschieden, ob wir nicht doch Gelassenheit und Technik als Einheit begreifen und im Ereignis Technik zu existieren vermögen. Es ist nicht einmal ausgemacht, was Askese technisch bedeutet, und zu vermuten ist, daß „Lustabtöten" eher ihre metaphysisch verstellte Gestalt beschreibt. Askese lernen wir nicht von den Moralisten, so wenig wie die Bauanleitung einer sich für uns ereignenden Technik, die dem Unwesen des „Gestells" entzogen ist, von den Ingenieuren zu erwarten ist. Aber die andere, die asketische Technik entsteht auch nicht von allein. Wie der Mensch lebt oder stirbt, ist einer Technik eingeschrie-

---

[42] A. Schopenhauer: Die Welt als Wille und Vorstellung II. Sämtliche Werke 3, hrsg. von A. Hübscher, Wiesbaden 1972, 692 ff.

ben, die unser Ereignis ist, Lebenstechnik. Rettung
ohne Aktivität, Vernehmen ohne Passivität entspricht
dem Ereignis Technik. Der denkende Mensch, das
endlich gelassene Wesen verwindet Metaphysik und
wohnt in der Welt. Nähe und Ferne kehren aus dem
Abstandslosen des „Gestells" zurück.

Zeitkritik[43] nach Heidegger trifft die Gegenwart in ihrem temporalen Grundzug und läßt ihr keine Aus-
weichmöglichkeit. Gegenwärtigkeit selbst, die Zeit als
Seinsordnung ist am Ende. Nichts hält der Radikalität
der „Kehre", wie sie sich im Weiterdenken Heideggers
ereignet, stand, und diese Radikalität auszudenken, ist
die vielleicht einzige Aufgabe heutiger Denker. Dabei
sollten weder Versprechungen gemacht werden noch
ist Beschwörungen zu vertrauen. Es gibt auch keinen
ohne uns ablaufenden „Prozeß" zu einer Technik, die
von selbst „reif"[44] würde. All dies sind unangemessen
traditionelle Vorstellungen, konstruieren Gegensätze,
statt auf den Sachverhalt zu achten und sich in der
Sprache um neue Wege zu mühen. Es kommt darauf
an, ob wir in Gelassenheit Techniker zu werden vermögen, denn ohne Gelassenheit ist das humane Wesen
der Technik nur zu verfehlen. Elitäre Esoterik verbie-
tet sich von vornherein, denn wenn nicht alle Menschen technisch leben können, kann sie nicht unser
Ereignis sein. Wir wären bloß auf einem neuen Irrweg.
Das Ereignis Technik geschieht als unser Alltag, was
jedoch keineswegs bedeutet, daß dessen jetziger Zustand beibehalten wird. Bruttosozialprodukt, Arbeits-

[43] A. Baruzzi: Untersuchungen zur Philosophie als Zeitkritik im
Hinblick auf M. Heidegger, Diss. München 1974.
[44] R. Maurer: Ökologische Ethik?, in: Allgemeine Zeitschrift für
Philosophie (1982) 37.

platzsicherung, Energieversorgung, Große Politik, Eigentumsrechte oder auch Biotope sind alltägliche Sorgen eines sichernden und nachstellenden Lebens und damit eines vermutlich nicht überlebbaren Seinsgeschicks. Ginge es also darum, eine qualitativ andere Technik zu entwickeln, sanfte und mit der Natur übereinstimmende Technologien zu entwickeln?[45] Doch Maschinen werden uns nicht abnehmen, was wir zu tun versäumen: Im Einklang mit den Dingen als eigene zu existieren, Welt nicht je anders zu sehen, sondern der einzigen als Sterbliche zu genügen. Vergeblich wäre es, nach unbekannten Wahrheiten zu suchen, sich das Heil aus der Zukunft zu erwarten. Ungewußtes trägt nicht das Signum des Ausweges, im günstigsten Fall zerstört man das Geheimnis. So werden Götzen geschaffen, deren Anwesenheit Planung zu beliebigem Zweck erlaubt.

Geht der Weg dann nach innen, ertönt der alte Ruf nach Umkehr (metanoia)? Aber wird das heraufziehende Gattungssterben ausreichen, den platten und auf den nächsten Tag gerichteten Egoismus von Individuen und Völkern zu durchbrechen? Kann durch die unerhörte Not eine Massenwirkung erreicht werden, mit anhaltendem Erfolg, wie er keiner Religion gelang? Wie sollte sich aber der einzelne, dessen Lebenserwartung selbst die Ausrottung aller Krankheiten nur um lächerlich wenige Jahre zu steigern vermöchte, plötzlich für die Gattung und deren Tod interessieren? Was ist dies überhaupt für ein neues „Übersubjekt" Gattung, das uns Opfer abverlangt, nachdem die „gesellschaftliche Relevanz" zum Popanz wurde? Wäre es

---

[45] K. M. Meyer-Abich (Hrsg.): Frieden mit der Natur, Freiburg i. Br. 1979.

denn wahr, sein kleines Glück und die äußere Behaglichkeit, wie sie die Gewohnheit verbürgt, für ein vermeintlich höheres Ziel aufs Spiel zu setzen?

Wer so fragt, und es fragen viele, hat noch lange nicht intensiv genug gefragt. Unsere Gegenwart ist dadurch gekennzeichnet, daß nicht mehr gilt, was Jahrtausende gültig war. Die anthropologischen Konstanten beginnen sich wie in Salzsäure aufzulösen, Gewohnheit zeigt sich auch den Nutznießern immer deutlicher als Terror, den sie für Dreiviertel der Menschheit bereits bedeutet.[46] Das Problem ist also keineswegs, daß sich ein einzelner für ein Ideal kasteit oder aufopfert. Zwar mag es den Bewohnern der Industriestaaten vorläufig noch so scheinen, als ob sie aus humanitären Gründen ihre Lebensqualität senken müßten. Tatsächlich aber steht ihr Lebensstandard auf tönernen Füßen und hinterläßt ringsherum Berge von Knochen wie ein Menschenopfer fordernder Gott der Vorzeit. Die industrielle Lebensweise ist der Erfolg einer planetarischen Untat, der modernen Technik, und kann nur auf Kosten der Entwicklungsländer aufrechterhalten werden. Dies hat nun auch für die „Quäler" (Schopenhauer) Folgen, wie sie „ewiger Gerechtigkeit" entsprechen. Sowohl der mögliche Atomkrieg wie die Vergiftung von Nahrungsmitteln und Trinkwasser sind angemessene Strafen für einen bornierten Egoismus, und keiner wird davon ausgenommen, der in der höchstentwickelten Region der Erde lebt.

Kein fühlender und denkender Mensch jedoch sucht seinen vorzeitigen Tod, denn Selbsterhaltung ist allen Geschöpfen eigen. Schon die alltägliche Klugheit rät uns, das eigene Tun so einzurichten, daß es gelingt.

---

[46] M. Guernier: Die Dritte Welt: drei Viertel der Welt, a.a.O.

Niemand würde widersprechen oder absichtlich falsch handeln, wenn das Gegenteil offenbar stimmt. Jeder würde nur sich selber schaden, wenn er das Unmögliche anstrebt, das Verfehlte durchzusetzen versucht. Es gibt zwar Irrtum und „Kunstgriffe der Unredlichkeit",[47] aber der Mensch trachtet danach, sich nicht zu irren und nur dort zu betrügen, wo es gefahrlos möglich scheint. Bei den meist mehreren Möglichkeiten, die jedoch alle zum Ziel führen, wird der beste Weg gewählt. Wieso sollte dieses vernünftige Grundverhalten plötzlich dann ausgeschaltet sein, wenn es nicht mehr um den einzelnen Fall, sondern um unser Handeln und seine Logik insgesamt geht?

Tabula rasa zu ertragen vermögen nur wenige Menschen. Beharren und Verändern brauchen einander. So ist die Forderung, alles umzustürzen, abstrakt und von vornherein unerfüllbar. Dies darf jedoch kein Anlaß sein, lediglich eine Kritik des gegenwärtigen Weltbildes und der vorherrschenden Technikvorstellungen[48] zu geben, sich im übrigen aber mit der Existenz von Bild und Vorstellung abzufinden. Was in unserem jetzigen Unwesen bewahrenswert wäre, ist nicht nach Gewinn und Verlust auszuhandeln und in keinen Kompromiß zu gießen. Es wird einst im Rückblick aus dem Ereignis Technik zu begreifen sein. Einer Radikalkritik an unserer bisherigen Denk- und Fühlweise Metaphysik muß es um Wahrheit gehen, die wir leben können. Asketische Technik und besinnliche Gelassenheit wird eine Weltbevölkerung ernähren müssen,

---

[47] W. Schirmacher: Schopenhauer als Kritiker der Dialektik, in: Zeit der Ernte. Studien zum Stand der Schopenhauer-Forschung, hrsg. von W. Schirmacher, Stuttgart 1982, 300—324.
[48] F. Rapp: Analytische Technikphilosophie, Freiburg/München 1978.

die sich in wenigen Jahrzehnten verdoppelt.[49] Die
„Gestell"-Technik müßte daran scheitern, aber der im
fundamentalen Umdenken zugelassene Verzicht kann
die Menschheit auch nach dem Jahre 2000 sättigen.
Ein Anspruch auf Erhaltung der gewohnten Verhältnisse besteht nicht, doch verbürgt ist, daß zu unserem
Wesen mehr gehört als das physische Überleben. Die
Metaphysik, deren Seinsgeschicke uns bis ins Unwesen brachten, enthält die notwendigen Hinweise auf
unsere Lebenstechnik. Phänomenologisch, aber auch
dialektisch[50] ist im Durchgang durch das traditionelle
Technikwissen das Ereignis Technik aufzuweisen. In
der Gelassenheit wird uns diese humane Technik zugänglich. Die Züge solcher dem Menschen innewoh-
nenden Gelassenheit, die kein bloßes Verhalten ist und
weder leichtfertige Distanz noch gleichgültiges Sich-
enthalten bedeutet, sind fast unkenntlich geworden.
Doch der „Einblick in das was ist" betrifft uns und läßt
uns gelassene Wesen werden. Die „Verweigerung von
Welt" in der „Verwahrlosung der Dinge" braucht die
Lebenstechnik Gelassenheit. Der Aufriß, den die hermeneutische Phänomenologie vom Ereignis Technik
ermöglicht, beendet die Undurchdringlichkeit der Metaphysik. Deren Radikalkritik ist Heideggers letzte
Wegmarke und der Ausgang jedes Weiterdenkens.
Was niemals zu sehen sein wird und uns doch wie „der
Blitz des Seyns" trifft, erschließt uns die Sprache,
manchmal und unabsichtlich. Als Hermeneutik hat

---

[49] Global 2000. Der Bericht an den Präsidenten, Frankfurt a. M.
1981, 243 ff.
[50] W. Schirmacher: Vom Phänomen zum Ereignis Technik: ein
dialektischer Zugang zu Heideggers Phänomenologie, in: Technikphilosophie in der Diskussion, hrsg. von F. Rapp u. P. Durbin,
Braunschweig 1982, 245–257.

34

unser Denken sich ohne Vorbehalt der Sprache und ihrer Wirkungsgeschichte zu öffnen, als Phänomenologie den fremden Blick und das unbefangene Sehen einzuüben.

Der Weg zum Ereignis Technik, das aussteht und doch angekommen ist, beginnt mit einer notwendigen Erinnerung. Schon innerhalb der Metaphysik gab es Grenzgänger, und jeder große Philosoph gehört dazu. An die tapferen Versuche, innerhalb der Metaphysik deren Grenze zu überschreiten, wie sie Spinoza mit seiner „Ethik" und Heidegger in „Sein und Zeit" unternahmen, müssen wir anknüpfen, wenn wir den „Prozeß" verstehen wollen, der das Ereignis Technik denkbar machte. In der ontologischen Ethik ist auf verkehrte metaphysische Weise humane Technik beschrieben worden. Als kosmologische Technik, die den Zug des Ganzen ausdrückt, der für den Menschen gilt, erreicht sie die Nähe des Ereignisses Technik, und warnt uns zugleich vor dessen kosmologischer Fehldeutung. Daß Technik ethisch in ihrem Wesen ist, und beides von Natur nicht getrennt werden kann, gibt Heideggers Radikalkritik der Metaphysik eine Lebensnähe, die sie von sich her leicht verfehlte. Dennoch darf nicht verkannt werden, daß der Aufweis des Ereignisses Technik zwar eine Welt enthüllt und dem „schöpferischen Untergang der bisherigen Wahrheit des Seyns"[51] denkerisch zu entsprechen sucht, aber doch nicht mehr als ein gewagter „Einsprung" sein kann. Eine Umdenklehre bleibt zu entwickeln sowie eine uns anrührende Fassung des Technikers Mensch. Damit aber solche Konkretionen nicht zu beliebigen Ratschlägen werden, gegen die stets andere Konzepte

---

[51] HH 150.

ins Feld geführt werden können, ist die Dimension ihrer Wirklichkeit, ihr Maß zu erläutern. Dann wird auch möglich, wie in der „Zusammenfassung" angefangen, Lebens- und Todestechnik zu unterscheiden, nicht den Absichten, sondern den Folgen zu trauen.

I. Prozeß zum „Ereignis Technik":
Kosmologische Technik als Ethik

1. Rolle des Menschen im Kosmos

Die moderne Technik ist gegen allen Anschein kein Oberflächenphänomen, sondern drückt aus, daß wir „von Natur die Künstlichen" (H. Plessner) sind. Als Techniker ereignet sich gegenwärtig der Mensch, verstellt sein humanes Wesen oder läßt es auf sich beruhen. Beide Möglichkeiten sind noch unausgetragen, doch im „Ereignis Technik" wird über sie durch uns entschieden. Das „Ereignis Technik" ist keine moderne Erscheinung, sondern kommt von weit her, durchzieht auch die Metaphysik, die nichts davon wissen will. Doch der Prozeß, den wir nun als „Ereignis Technik" entdecken können, ist aufzunehmen, das Werden nachzuvollziehen, wollen wir nicht schon im Ansatz das authentische Verständnis unserer Lebensweise verfehlen. Wer in einen Prozeß verwickelt ist, sollte die Identität der Beteiligten klären. Wenn es sich bei dem Prozeß nicht um eine gleichgültige Entwicklung handelt, sondern um die eigene Existenz, und es dabei auch nicht auf die Beschreibung ankommt, sondern ein Treffen auf Leben und Tod bevorsteht, wird dies unerläßlich. Der Prozeß zum Ereignis Technik ist das den Menschen allein angehende Geschehen und richtende Tribunal in einem. Das „Ereignis Technik" vertritt die universale Gerechtigkeit und setzt sie durch. Wir haben in einer so begriffenen Technik unsere geschichtliche Lage gegenüber dem Stand der Bewegung des Ganzen zu verantworten; der Menschheit wird der Prozeß gemacht. Die technische Weltzivilisation erweist sich als Hegels „Weltgericht". Wo aber kann dieser Prozeß stattfinden, an welchem Ort spricht er Recht? Wenn sich der Philosoph unvermittelt auf den kosmischen Standpunkt stellte, wäre dies bloße Verstiegenheit. Wir vermögen nur von uns selbst auszugehen, von dem einzigen Sachverhalt, über den wir Auskunft geben dürfen. Alles andere wissen wir nur vom Hörensagen.

Aber wird nicht der alte Streit, wer der Mensch sei, mit Härte weitergeführt? Sind wir überhaupt prozeßfähig und nicht immer noch unmündig? Jedenfalls genügt kaum, daß wir zu denken vermögen, denn damit sind wir nichts. Die Ordnung des Denkens kann einer Ordnung des Seins keine Vorschriften machen. Auch daß wir zweifeln, heißt nicht, daß wir schon Sicheres über uns wissen, sondern nur Zweifelhaftes. Reicht das aber, so ernst genommen zu werden, daß das eigene Leben begreiflich wird? Aber dieses Verlangen ist vielleicht eine Selbsttäuschung, will nicht wahrhaben, daß unser Leben absurd ist und ein unwahrscheinlicher Zufall der Natur. Die Frage nach dem Sinn ist dann anthropomorph und nur mit Existenzlügen beantwortbar. So wäre auch der Prozeß eine Fiktion und die Sicherung seiner Durchführung vergeblich.

Doch die Zerstörung der Menschenwelt ist nicht zu leugnen. Ihr Realismus läßt kaum Platz für eine Spekulation über unser Leben. Der Mensch wird zerstört, also existiert er. Ihm eignet eine wahre Gestalt, denn er vermag sie als beeinträchtigt gerade in der Zerstörung zu begreifen. Einen Sinn, wie ihn der Mensch versteht, gibt es im Kosmos nicht. Denn Wirklichkeit und Voll-

kommenheit sind dasselbe, und kein Raum ist da für einen Zweck, der regiert. Ebensowenig öffnet sich ein Spalt des Nichts, der uns Freiheit und das Gefühl der Sinnlosigkeit, dem wir erst Sinn zu verleihen hätten, verspräche.[1] Kosmisch gelingt alles, auch die Zerstörung, die im Blick auf das Ganze nur eine Änderung ist. Kosmisch ist es gleichgültig, ob eine besondere Gattung sich so verfehlt, daß sie durch andere abgelöst wird, in der Veränderung untergeht. Denn es liegt allein an der Fähigkeit des Besonderen, dem Zusammenspiel zu genügen, ob es gebraucht wird. Die Menschheit hat ein elementares Bedürfnis zu überleben, aber wir können uns die Rolle des Menschen im Kosmos nicht aussuchen. Zweifellos spielen wir eine Rolle, denn sonst beträfe uns die Zerstörung nicht und wäre das Leben ein Traum. Im Alptraum der Gegenwart ist sogar dieser Unterschied hinfällig geworden, denn ob wir wachen oder träumen, wir wollen beenden, was wir erleiden. Dazu müssen wir wissen, wer wir sind.
Unsere Interessen und Absichten sind unbrauchbare Interpretationshilfen, wenn es darum geht, die Bedeutung des Menschen herauszufinden. Sie haben uns in die heutige Lage gebracht, und man kann von ihnen lernen, was wir auf keinen Fall sein dürfen, worin wir uns verfehlen. Eine philosophische Anthropologie also, die das Wesen des Menschen an seinen Selbstaussagen und Institutionen abliest, ist wenig vertrauenswürdig. Nimmt sie aber auf, was der Mensch von sich her ist und im Zusammenhang und im Vergleich mit anderen Seienden austrägt, wandelt sie sich zur Ontologie. Deren Gefahr ist, durch Definitionen zu zementieren, was lebendig ist, sich in veränderten Sachver-

---

[1] J. P. Sartre: Das Sein und das Nichts, Reinbek 1962, 696 ff.

halten verhält und dort als Wesen durchhält. Eine Bestimmung der Rolle des Menschen im Weltspiel hat sowohl zu achten, daß der Mensch ethisch lebt, als auch, daß er keinen Augenblick aus der ontologischen Notwendigkeit herausfällt. Eine ontologische Ethik ist weder Ethik noch Ontologie, sondern deren Synthese. Sie geht vom Menschen aus, ohne ihn durch Anthropologie hochmütig zu machen, und denkt ontologisch, ohne das menschliche Verhalten zu vergessen. Bei Spinoza, aber auch bei Hegel, Schopenhauer und Heidegger – sie alle kommen von Platon her –, ist die Identität des Menschen kosmisch ausgewiesen und in der Weise einer „ontologischen Ethik" gewonnen worden. Solche Ethik schreibt nicht vor, was wir tun sollen, sondern lehrt uns, zu handeln, wie wir sind. Menschen sind wir allerdings in unserer bisherigen Geschichte immer noch nicht geworden, das alltägliche Verhalten und die gewohnte Selbsteinschätzung sind daher höchst unzuverlässige Wegweiser zu einer humanen Existenz. Wie aber dann den Menschen bestimmen, wird dies nicht zu einer Flucht in die „Ideenwelt", ein kosmischer Eskapismus, neomodern verbrämt?

In der ontologischen Ethik verlassen wir keineswegs unsere authentische Lebensform. Der menschliche Geist ist für Spinoza nicht abstrakt-allgemein und weltüberfliegend, sondern weiß nichts als das, was der ihm zugehörige Leib erfährt oder was aus ihm folgt.[2] Eine größere Konkretion ist nicht denkbar. Die Rolle des Menschen ist ebenso einfach wie wahr. Er hat sich gut und intensiv am Leben zu erhalten. Er hat keine andere Aufgabe, als sich zu lieben. Sein Dasein soll ihn freuen und glücklich gelingen. Die wahre Erkenntnis

---

[2] Spinozas Briefwechsel, hrsg. von J. Stern, Leipzig o. J., 64. Brief.

seines Geistes ist wie die Lust seiner Gefühle, entspricht nichts anderem. Ist das nicht Egoismus, ethisch weniger wert als die Forderung, seinen Nächsten zu lieben? Solche Unterstellung ist eine verborgene Abwehr. Denn wer sich selber nicht liebt, ist überhaupt zur Liebe unfähig.

Das Einfache aber fällt uns am schwersten. So wollen wir Menschen verantwortungsvolle Rollen übernehmen, die schwersten Arbeiten oder die Tätigkeit des Gesetzgebers, wenn es uns nur nicht selbst betrifft. Wird auf die Frage nach der menschlichen Rolle im Kosmos so einfach wie bei Spinoza geantwortet, verfällt dies der Ablehnung. Bei der Bestimmung des Menschen müsse doch von Eigennutz und den persönlichen Interessen abgesehen werden. Nur gereinigt von der lebensweltlichen Situation könnte uns die ewige Aufgabe des Menschen vor Augen treten. Nichts ist unwahrer. Die Trennung von Allgemeinem und Besonderem, vom menschlichen Leben und dem Geschehen des Kosmos wird wie selbstverständlich vorausgesetzt. Die Selbstliebe des Menschen aber, in der Theorie und Praxis verbunden sind, ist seine kosmische Aufgabe, seine eigentümliche Weise, am Gelingen des Kosmos teilzunehmen und so zu ihm beizutragen.[3]

Der Mensch trägt damit das aus, was sein Wesen ist: eine bestimmte und nicht mit anderen zu verwechselnde Art des Geschehens zu bilden. Die Unterschiedlichkeit der Dinge wird nicht verwischt, sondern sachgemäß unterstrichen. Auch die Zusammengehörigkeit von persönlicher Eigenart und Kosmos, dem heutigen Bewußtsein so anstößig,[4] verweist nur auf das Aller-

---

[3] Spinoza: Ethik, Teil III, 6.−9. Lehrsatz.
[4] L. Kolakowski: Leben trotz Geschichte, München 1977, 49−61.

vertrauteste. Die Gegensätze absolut und empirisch, endlich und unendlich sind künstlich. Wir endlichen Wesen sind jederzeit unendlich bezogen, und alle Erfahrung weiß von dem universalen Geschehen, das sie kaum kennen kann und von dem sie doch ermöglicht wird. Da ist nichts herzuleiten, da wird schon immer geleitet. Die Betriebsamkeit der Lebenswelt wie die Nachstellungen der Wissenschaften haben allein das Ziel, eine Übereinstimmung mit der Wirklichkeit zu erreichen. Was sie vergeblich anstreben, weil durch Vorurteil und Gewalt gehemmt, öffnet sich der intuitiven Erkenntnis. In ihr lieben wir uns am stärksten.

Von dieser gottähnlichen Liebe, die mit Mitgefühl erkennt, wie es zusammenstimmt und gelingt,[5] wird gemeint, sie opfere das menschliche Handeln einer weltabgewandten Kontemplation. Der Mensch sei dann Beobachter und nicht mehr Akteur, spiele also keine Rolle mehr. Aber vom Handeln verschwindet lediglich das unangemessene, auch wenn dies einem auf seinen Besitzstand fixierten Bewußtsein wie ein Kahlschlag vorkommt. Das zeigt die Unwahrheit des Lebens, das wir jetzt führen, und kündigt an, wie radikal sich die Umkehr auswirken wird. Wir sind und bleiben Mitspieler im Kosmos, und ob wir gut oder schlecht unser Wesen erfüllen, ist an den Folgen unseres Handelns ablesbar. Das Verfehlen des Maßes, das wir entrückt das Allgemeine nennen, wird ebenso wie eine ihm genügende Lebensweise im besonderen offenbar. Das freie Leben in Vernunft wie das mit Lust glückende Dasein sind keine idealistischen Wunschträume, sondern weisen sich aus. Die adäquate Idee entspricht

---

[5] Spinoza: Ethik, Teil V, 32. Lehrsatz.

dem Sachverhalt wirklich und achtet daher immer die kosmische Proportion.

Ohne diese wäre ein Phänomen verzerrt. An uns ist es, dem menschlichen Sachverhalt angemessen zu leben. Nichts ist einfacher, als kosmisch zu existieren, denn dann geben wir uns nur voll in das hinein, was wir sind, verkörpern und begreifen, was von sich her für uns mühelos und vertraut immer schon geschieht. Welch verschwendete Kraft aber gehörte dazu, sich so gegen sich zu sperren, zu vereinzeln und subjektiv zu werden, nur um dann eine Kluft zwischen dem Besonderen und dem Allgemeinen, zwischen uns und dem Absoluten, beklagen und für unüberwindbar erklären zu können. Aber dies entschuldigte wenigstens die Leiden und adelte das Unrecht im nachhinein als notwendig. Der Kampf mit dem Grimm der Natur mußte als Legitimation der Herrschsucht herhalten. Dabei vermag jeder zu erfahren, jederzeit und ohne Anstrengung, daß ein vernünftiges Leben ein besseres, erfüllteres, schöneres ist.

Das gilt zunächst sogar unabhängig von einer Definition der Vernunft und entzieht sich auch der persönlichen Ansicht. Denn ob jemand Marxist, Hindu oder Amerikaner ist: gelingt es ihm, das zu erreichen, was er für vernünftig hält, bereichert dies das eigene Leben. Hat jemand wenig Freude daran, wird er nachprüfen, ob sein Tun vernünftig war. Im Massenwahn mögen viele einer pervertierten Vernunft glauben, aber ein Erwachen steht ihnen bevor, ihr Auschwitz oder Guyana ist unvermeidlich. Noch darin bezeugt sich, daß nur die Vernunft ein menschliches Leben ermöglicht.

Hoffungsloser sind Fälle, in denen Menschen schon so mit sich entzweit und bis in ihre Wurzel krank sind, daß ihnen Leiden und Schmerz Freude bereiten und sie im Untergang intensiv zu leben meinen. Die Unvollkommenheit des Menschen wird gehegt und alle Vervollkommnungsversuche werden abgewehrt. Solche Stückwerk-Ideologie schaut gebannt ein Leben lang auf den Tod, der alles widerrufe und jede menschliche Anstrengung zunichte mache. Schließlich erscheint nur noch das factum brutum des Todes als wirklich. Schopenhauer ist für einen solchen Pessimismus des Gefühls nicht in Anspruch zu nehmen. Für ihn war gerade das Humane der Gattung Mensch durch den Tod unzerstörbar, unser wahres Wesen nicht durch den Weltlauf zu widerlegen. Ein heroischer Mensch widersteht nach Schopenhauer der Versuchung, sich dem Tod schon im Leben auszuliefern, mitleidslos, kalt und gleichgültig nur seinen egoistischen Vorteil zu suchen. Die „Todesliebe" der Menschen hat viele grausame Gesichter, aber keins davon sieht menschlich aus. Denn weiter können wir uns nicht von uns selbst entfernen, unvernünftiger ist kein Verhalten.

Gegen allen Anschein ist der Tod nicht unsere Wirklichkeit. Geist und Sinne folgen noch in der Weltzerstörung dem unscheinbar vertrauten Wissen, daß es allein auf das Leben ankommt. Dies ist nicht gleichzusetzen mit einer Selbsterhaltung, die Schopenhauer als „Wille zum Leben" geißelte. Hier ist das selbstmörderische Wollen, der Kampf aller gegen alle „gestillt". Die Rolle des Menschen im Kosmos mutet ihm zu, daß er lebe, nichts weiter. Äußerst unzureichend haben wir dies bisher getan, aber noch die Schattenrisse an den Häuserwänden von Hiroshima stammen von Wesen, deren letzter Gedanke, deren unbeirrtes Gefühl Leben, nicht Tod versprach.

2. Sein und Handeln —
Aktualität der ontologischen Ethik

Widerspricht aber die Bestimmung der Rolle des Menschen durch eine ontologische Ethik nicht den modernen Erkenntnissen über den Menschen? Spinoza beruft sich auf ein einheitliches menschliches Wesen, das in seiner Affektstruktur vom Geist eingesehen werden kann und von Natur aus festliegt. Solch statische Auffassung scheint weit entfernt, der modernen Entdeckung des Ich zu genügen. Das Selbstbewußtsein als Einzelbewußtsein, das für sich sein Leben behauptet, ist Spinoza fremd,[6] denn für ihn ist Selbsterhaltung ein universales Prinzip, und will sich der Natur gerade anpassen, nicht gegen sie entwickeln. Das moderne Individuum wird durch ein hochkompliziertes System von Bedürfnissen vermittelt, während bei Spinoza sich Leib und Geist mit großer Einfachheit komplementär parallel entwickeln und der Fortschritt in der Ausbildung des einen das andere fördert. Spinozas Denkkategorien haben so unmittelbar praktische Bedeutung, während der gegenwärtigen Philosophie nichts schwerer fällt, als Theorie und Praxis zu verbinden. Philosophiegeschichtlich erscheint Spinoza als ein absoluter Rationalist, dem der Kosmos vollkommen begreiflich war. Dies aber ist eine Position, die nichts von der Endlichkeit des Menschen und der Unvollkommenheit seiner Erkenntnis wissen will, Beispiel einer überholten Metaphysik.

Spinoza dachte in der Sprache und im Problemhorizont seiner Zeit. Aber haben wir ihn deswegen schon

---

6 G. W. F. Hegel: Vorlesungen über die Geschichte der Philosophie. Theorie-Werkausgabe 20, Frankfurt a. M. 1971, 182.

überholt? Könnten wir nicht auch hinter ihn zurück-gefallen sein? Seine Probleme sind auch noch die unseren, und die Entdeckung der Subjektivität hat die Schwierigkeiten nicht verringert, sondern vermehrt. Kannten Spinoza und die Denker vor ihm keine Individualität, oder erschien ihnen solches Herausreißen des Menschen aus seinem Zusammenhang nur als eine unangemessene Idee? Aber wir erfahren doch die Nichtigkeit und Vereinzelung, und ist das nicht Beweis genug? Doch vermutlich fragten wir nicht rücksichtslos genug nach dem Sein. Wir wollten vielmehr das Nichts, weil es den Menschen durch Ablösung von Gott und Natur zum Herrn machte. Als lebensgefährdend jedoch erweist sich die angemaßte Herrschaft des Menschen. Ihr entspricht die Zerstörung der Welt, nicht ein humanes Leben.

So brauchen wir Spinoza, der am Beginn der Neuzeit in Auseinandersetzung mit Descartes begriff, was wir nicht hätten aufgeben dürfen. Das hat mit der Metaphysik höchstens äußerlich zu tun. Heidegger, der durch die Metaphysik hindurch zu einem verwandelten Denken gelangte, entwarf im ersten großen Schritt mit seiner Daseinsanalytik eine ontologische Ethik spinozistischer Prägung. Obwohl Heideggers Aufweis der menschlichen Existenz und ihres Seinsverständnisses von der neuzeitlichen Erfahrung der Endlichkeit des Menschen gezeichnet ist, widerspricht er nicht Spinozas Einsicht, sondern erfüllt sie. Heideggers Temporalität des Seins beseitigte den möglichen dogmatischen Charakter des spinozistischen Substanzansatzes. Die Aporie der Geschichtlichkeit allerdings, daß das Vergängliche nicht zum leitenden Sinn von Sein taugt, bezeichnet auch die Grenze der ontologischen Ethik und zeigt die Unabweisbarkeit einer noch radikaleren

Kehre. Aber zugleich wird deutlich, daß sich das bisherige Denken nirgendwo mehr dem Einblick zu nähern vermochte. Die ontologische Ethik drückt die Wahrheit der Metaphysik aus. Sie ist so der Boden für den Einsprung in die wirkliche Bewegung. Die ontologische Ethik formuliert die Grundsätze eines Begreifens, zu dem wir uns im Ereignis Technik wandeln. Die ontologische Ethik muß zwar scheitern, weil auch sie metaphysisch bleibt, aber dieses Scheitern öffnet dem europäischen Menschen das Tor zur Wirklichkeit.

3. Sinn von Sein als Identität
von Theorie und Praxis

Die ontologische Ethik besagt dasselbe, wie man sie auch anspricht, welcher Aspekt der Sachverhalte an sie herangetragen wird. Solch monistische Strenge ist den Menschen zuwider, denn für sie gewinnt die Welt erst an Interesse, wenn es mehr als einen Gesichtspunkt gibt. Nur dann kann der Mensch sich distanzieren, ein Subjekt werden, das sich von den Objekten befreit und diesen selbstbewußt gegenübertritt. Mit der Vorstellung der Differenz beginnt die Geschichte. Zwar beklagen wir die Entzweiung und geben vor, sie im Ergebnis des Geschichtsprozesses aufheben zu wollen. Aber warum sollten wir aufgeben, was uns nützlich ist und die Welt für unsere Zwecke verwendbar machte? Die eine gewalttätige Theorie bestätigt die ausbeuterische andere und erwartet den Gegendienst. Was geteilt und so geschwächt wurde, läßt sich beherrschen und in einer Hierarchie sichern. Willkürlich legen wir eine Rangordnung fest, teilen die Phänomene in wichtig und unwichtig ein. Dabei gibt es „von sich her" nichts

Unwichtiges, ist jeder Sachverhalt im Kosmos gleichberechtigt.

Den Sachverhalten wird vom Menschen abgesprochen,
sie selbst zu sein. Ihnen wird ein Zweck zugeschrie-
ben, den sie erst noch zu erfüllen hätten. Solch ver-
ewigte Unvollkommenheit des Seienden begründet ihre Angewiesenheit; sie bedürfen der Hilfe und Interpretation des Menschen. Der kleine Schöpfer formuliert stellvertretend die Zwecke der Schöpfung und
sorgt sich eigennützig um deren Einhaltung. Unterscheidung, Dichotomie, Trennung braucht der
Zweckbegriff, um wirksam sein zu können. Die
menschliche Selbstüberschätzung, sich als Zweck der
Natur und Krone der Schöpfung zu verstehen, hängt
daran.

Damit bricht die ontologische Ethik schon im Ansatz.
Ihre Identität von Theorie und Praxis kennt keine
Zwecke und in keinem Seienden ein zweites, das dem
ersten widerstünde. Jedes ist mit sich selbst dasselbe,
identisch. Die Differenz trägt diese Identität aus, aber
bestimmt sie nicht. Das geistige wie affektive Streben
des Menschen folgt mit Notwendigkeit aus seiner Natur.[7] Die Vernunft ist die Bewegung der Selbsterhel-
lung. Jeder Zustand des Körpers hat ein mentales Kor-
relat. Wir wollen, was wir wirklich einsehen. Wille
und Intellekt sind dasselbe. Was der Wille bejaht oder
verneint, liegt im Sachverhalt selbst. Unser Bewußtsein ist immer begründet, Idee dieses existierenden
Körpers. Nicht eine allgemeine Notwendigkeit, die
selber wieder Zweck wäre, bewegt unseren Geist, sondern, was notwendig ist, entstammt der Natur des ein-

---

[7] Spinoza: Ethik, Teil IV, 19. Lehrsatz.

zelnen. Dies schließt beim Menschen die Anerkennung der Affektstruktur ein.

Frei ist, was nur aus sich heraus zum Handeln bestimmt wird. Absolut frei ist, was aus der Notwendigkeit der eigenen Natur zu existieren vermag. Die Existenz der Menschen ist zwar kontingent, seine Selbstbestimmung immer in Fremdbestimmung verstrickt. Aber die Erkenntnis der eigenen Natur ermöglicht ein Leben auf Freiheit hin, ein freies Leben aus Vernunft. In der Intuition ist die Wahrnehmung, dieses unmittelbare Verhältnis zur Körperwelt, und die rationale Welterkenntnis, die universal beschreibt, was allen gemeinsam ist, auf ihre ursprüngliche gemeinsame Leistung gebracht. Im besonderen begreifen wir den Kosmos.[8] Da, wo Wahrheit wirklich ist, muß sie von der Vorstellung der Gewißheit begleitet werden. Intuitiv fallen Glück und Erkenntnis zusammen. Wir haben unser Sein eigens übernommen.[9] So leben wir uns selbst, statt uns nach Zielen und Maximen zu richten, die außer uns wären.

Aber dazu müssen die Menschen ihr Sein verstehen. Sollen Anthropologie und Ethik nicht scheitern, hat ihnen eine Fundamentalontologie vorauszugehen. Deren Auslegung der „Fundamente" unseres Seins wie des Seins überhaupt setzt der anthropologischen Ethik Grenzen, bestimmt deren Richtung und empfängt ihrerseits von dieser die Fülle. Der Mensch, dem es in seinem Sein um dieses Sein selbst geht, bezeugt das Wirken des Seins in den Weisen seines Existierens. So indirekt beschreibt Ethik dann allein das Wohnen des

---

[8] Ebd. Teil V, 24. Lehrsatz. Vgl. A. N. Whitehead: Prozeß und Realität, Frankfurt a. M. 1979, 390 ff.
[9] SuZ § 61.

Menschen. Aus der Identität von Theorie und Praxis entfaltet sich die Vielfalt menschlichen Verhaltens. Der direkte Zugriff auf das sittlich Gute aber findet sich enttäuscht und greift ins Leere. Unverwirklicht ist der beste Wert, und unterlassen wird die gute Handlung.

Die traditionelle Ethik versucht mit Gütern, die noch ausstehen, die wenig geneigten Menschen zu verlokken, verspricht Glückseligkeit oder doch Sicherheit durch Ordnung. Diese Ethik leitet ihr Recht gerade nicht aus dem Menschen her, wie er ist, sondern beruft sich auf ihn, wie er sein sollte. Die Zwecke, die sein Handeln zu erfüllen hätte, gibt es in der Wirklichkeit nicht. Solch fingierte Anthropologie, auf der alle Zweckethik gründet, tritt dennoch selbstbewußt auf. Sie hat den Menschen schon als Menschen gesetzt und hält ihn keiner Frage wert.

Wie bedeutsam aber dieses Fragen ist, zeigt Heideggers Fundamentalontologie ebenso wie Spinozas Ethik, die gerade nicht mit der Definition der Zwecke oder der Güter, sondern mit der Definition Gottes beginnt. Heideggers phänomenologisches Vorgehen hält sich schon methodisch von unausgewiesener Konstruktion und willkürlicher Einengung des Untersuchungsfeldes fern. Aber auch Spinozas geometrischer Methode gelingt es, zu Beginn der Mathematisierung der Welt — in Auseinandersetzung mit Descartes — die Mathematik noch einmal in ihrem ursprünglich griechischen Sinn zu gebrauchen.[10] Als vielleicht reinste menschliche Ahnung von der Schöpfung vermag die Mathematik sehr wohl synthetisch-zuhörend zu sein,

---

[10] Aristoteles: Metaphysik, 1. Buch, 985 b 24 — 986 b 21.

und nichts deutet dann darauf, wie weltverstellend ihre inzwischen herrschende analytisch-setzende Ausprägung zu wirken vermag. Deren Herrschaft ist seit der Quantentheorie allerdings gebrochen, denn im Mikro- und Makrobereich befreite Mathematik unser Begreifen aus starrer Determination. Statistische Deutung und die Anerkennung des Zufalls machten nicht zuletzt die Mikroprozessoren möglich, unsere entscheidenden Überlebenshilfen.

Keinesfalls dogmatisch will Spinozas Ansatz bei der Substanz Gott sein, sondern wiedergebend. Doch solches Beginnen, das ausspricht, was es vom Geschehen weiß, im Vertrauen auf die darin bereits erfüllte Bedingung der Möglichkeit der Erkenntnis, ist unserem oft getäuschten und kritisch gewordenen Auffassen nicht geheuer. Vor allem sind wir mißtrauisch, wenn eine Philosophie im Gewand der Mathematik auftritt, von der wir Willkür gewohnt sind und die sich in der kybernetischen Technik bis zur Erschaffung einer zweiten Natur verstiegen hat. Das alles hat aber nichts mit Spinozas Geometrie zu tun. Diese vertraut darauf, daß alles, worüber zu sprechen ist, „rationaler Natur" sei und menschliche wie göttliche Vernunft, anders als Descartes wollte, ungetrennt sind. Solch „Rationalität" ist nicht eingeschränkt, sondern Vernunft, die Sprache, Leiblichkeit und Umwelt gleichermaßen in sich birgt. So vernimmt Spinozas geometrische Methode aufmerksam, was geschieht, und bildet es in ihrer Sprache für unser Begreifen nach. Keine Voraussetzungen werden gemacht, sondern unser aller Boden ausgelegt.

Wie wir diesem entwachsen, ohne jemals wurzellos zu werden, und den Sinn von Sein als unser Leben füllen, demonstriert der Gang der spinozistischen Ethik von der formalen Definition Gottes bis zur erlebten göttlichen Liebe, in der die menschliche Art frei wird.

Wir, gebrannte Kinder der Moderne, verlangen jedoch zuvor den Ausweis, von wo Kosmos, das Sein in seinem Reichtum, zu begreifen ist. Was garantiert uns Spinozas universale Gleichung Gott-Natur-Substanz? Heideggers Daseinsanalytik antwortet darauf, überraschend und unser heutiges Existenzverständnis anrührend, mit dem Verweis auf Zeitlichkeit. Die Menschen können sie als Geschichtlichkeit eigens übernehmen. Zumeist aber überlassen wir uns dem entfremdeten Zeitspielraum der „Innerzeitigkeit", die wir als Vergangenheit, Gegenwart und Zukunft immer schon vorfinden. „Innerzeitigkeit" kennzeichnet unsere gewohnte „Weltzeit", und in ihr begegnen uns Dinge und Menschen nur als verwendbar „Zuhandenes" oder feststellbar „Vorhandenes". Dennoch hat Heidegger betont, daß auch diese, die eigentliche Zeit verstellende Weltzeit des alltäglichen Daseins zur „Zeitigung der Zeitlichkeit" gehört, und „weder ,subjektiv' verflüchtigt, noch in einer schlechten ,Objektivierung' ,verdinglicht' werden" kann.[11] Zeitlichkeit bestimmt unsere Existenz, durch sie sind wir Sterbliche, vermögen den Tod. Der Sinn von Sein, der jeder Unterscheidung in Theorie und Praxis vorausliegt, enthüllt sich als Ganzheitsstruktur der Zeitlichkeit. Die Vorstellung eines Schöpfergottes oder eines Zweckursachensystems, das doch festgelegt wäre, halten der Zeit nicht stand. Vom Horizont der Zeitlichkeit aus lassen sich verschiedene Bestimmungen des Sinns von Sein und damit Regionalontologien für alles Seiende entwerfen. Dies entspricht der Konkretion kosmischer Bewegung.

---

[11] SuZ 554−555.

4. Ethische Grundbestimmungen
bei Spinoza und Heidegger

Was aber bedeuten Heideggers Aufweis des Sinns von Sein und Spinozas Hingabe an das kosmische Geschehen für uns und unser Wohnen auf der Erde? Entscheidend wäre, der Mensch begriffe, daß diese fernste Ferne seine nächste Nähe ist. Er gehört dem Sein. Wir sind keine Sonderform, erschaffen durch unsere Taten und einer freien Kausalität außerhalb der Natur fähig, sondern eine bestimmte, einzuordnende Weise allen Lebens. Die ethischen Grundbestimmungen einer ontologischen Ethik müssen zugleich ontologisch sein, bestimmen den Menschen in seinem Sein.

Das Streben nach Selbsterhaltung ist allen Sachverhalten gemeinsam, auch wenn der rechte Weg verkannt und als Mittel zur Erhaltung der Gattung etwas ausgegeben wird, was zur Selbstzerstörung führt. Das Selbsterhaltungsstreben verweist auf die Kontingenz der Sachverhalte, die nicht unangefochten aus eigener Natur zu existieren vermögen, sondern durch fremde Einflüsse zerstört werden können. In der menschlichen Selbstliebe trachten Leib und Geist gleichermaßen und aufeinander verwiesen danach, sich zu erhalten. Strebt der Geist nach der Freiheit der Selbstbestimmung, so ist dem Leib an der Lust als Vermehrung seiner Aktivität gelegen. Unabwendbar aber ist die beirrende Faktizität. Der Mensch findet sich in nicht-menschlichen Bezügen vor. Doch solche Geworfenheit in Körperwelt und Tradition hindert uns nicht am freien Entwurf. Hier vermag der Mensch sich selbst vorweg zu existieren und seinen Spielraum zu erweitern.[12] Dennoch müssen wir anerkennen und gebrau-

---

[12] SuZ § 41.

chen, was in der Welt vorkommt, und sind ihr nur allzuoft in Liebe, Haß und Betriebsamkeit verfallen.

Um solches Verfallen, um Faktizität und Existenz sorgt sich die Selbstliebe vor jeder bewußten Theorie und Praxis. Die Faktizität des Daseins enthüllt sich in unserer Befindlichkeit. Das Gestimmtsein des Leibes ist bezogen auf die Selbsterkenntnis des Geistes. Beide hemmen und fördern sich, ohne sich jedoch zu beherrschen. Niemals erkennen wir ohne Leiblichkeit, stets bleibt die Faktizität Grundlage des Erkenntnisstrebens. Im Verstehen erst erschließt sich unser Dasein. Die Vernunft verwirklicht sich in einem Leben auf Freiheit hin. Freiheit verbürgt allein die Wahrheit, ausgedrückt in der Einsicht des Geistes in die notwendige Folge der Wahrnehmungen, universal, konsequent und bewußt. Das, was wir faktisch immer schon sind und wie wir stets aufs neue der Alltäglichkeit verfallen, kann im Verstehen eingesehen und so angegangen werden. Unser Sein-können ist dem Sein-müssen entgegenzuhalten. Als geschichtliche Wesen sind wir das, was uns möglich ist, müssen wir nicht in Vorgegebenheit ausharren und fremdbestimmt bleiben.

Spinozas Annahme einer durchgehenden Kausalitätsstruktur der Welt und die von Heidegger aufgewiesene Zeitlichkeit des Daseins ermöglichen beide Freiheit durch existentielle Erkenntnis des uns Menschen Möglichen. Dazu darf Spinozas Begriff der Kausalität allerdings nicht auf das Ursache-Wirkungs-Schema eingeengt werden. Auch ist die universale Kausalitätsstruktur nicht dem Satz vom Grund unterworfen, sondern will den unauflöslichen Zusammenhang aller Phänomene, wie er sich in jedem Einzelfall zugleich zeigt und verbirgt, ausdrücken. Spinozas „intuitives Wissen" richtet sich nicht auf besondere Gründe und erlaubt keine Planung. Spinoza begreift sub specia aeternitatis, mit freiem Blick auf die kosmische Notwendigkeit. Wir sind, was wir werden können, und dieses Werden ist nicht willkürlich. Zwar hindert den Menschen nichts, sich im Entwurf zu verfehlen und seine Möglichkeiten zu verraten. So sind wir die Reihe unserer Taten, aber wir vermögen sie nicht zu bewerten. Wer tödliche Fehler begeht, stirbt, auch wenn er als zur Freiheit Verurteilter und Selbstgesetzgeber solche Folge ausschließen wollte. Die noch verbleibende, heroisierte Freiheit zum Tod ist lediglich eine Freiheit zur Unfreiheit. Voll von selbstzerstörerischem Haß lehnt sie das Leben aus Vernunft ab.

Gefühlsmäßig erleben wir die Welt und reagieren auf sie mit Gefühlen. Daher versucht die traditionelle Ethik den Affekten durch Gebote und Verbote beizukommen, denn sie fürchtet deren Irrationalität. Doch unsere Affekte gehorchen ebenso der universalen Vernunft wie unser Geist und sind naturgesetzlich. Spinozas Affektenlehre, in der die ontologische Ethik ausführlich und anwendungsstark wird, zeigt, daß die Affekte als Aufforderung zur rationalen Erkenntnis und damit als Zustimmung zum Verstehen der Möglichkeit im Sinne Heideggers aufzufassen sind. Aus der Einheit von Theorie und Praxis, die im mit seiner Natur identischen Menschen gründet, richtet sich das menschliche Leben im ganzen auf Freiheit und Glück. Wie können wir aber gewiß sein, das Glück der Freien zu genießen? Allein die Einsicht in die Zusammenhänge kann uns Gewißheit verschaffen. Denkkategorien wie Universalität, Ursache, Wahrnehmung haben so unmittelbar praktische Bedeutung.

Vor allem die ausgeklügelte Kombinatorik der drei Grundaffekte ist zu begreifen. Diese bestehen im grundlegenden Trieb als solchem, der auf Selbsterhaltung aus ist, sowie in Lust und Unlust, deren Projektion auf bestimmte Gegenstände wir als Liebe und Haß erfahren. Einen besseren oder schlechteren Leibeszustand, aber auch einen wahreren oder unwahreren Bewußtseinsstand beeinflussen die Affekte und machen sie aus. Sie erregen den Leib und zugleich die Vorstellung dieses Leibes, den Geist. Dieser vermag einzusehen, daß die unaufhebbar fremdbestimmten Affekte zu unterscheiden sind. Sie stehen nicht nur in einem unterschiedlichen Verhältnis der Quantität zueinander, bilden stärkere und schwächere Gefühle, sondern sind ebenso verschieden auf die drei Formen der Zeit sowie auf die Art und Weise verwiesen, in denen Sachverhalte gegeben sind.

Entscheidend kommt es darauf an, ob längst vergangene, aufdringlich gegenwärtige oder zukünftig denkbare Dinge unsere Liebe oder unseren Haß erregen. Mehr oder minder interessieren sie uns dann, je nachdem, ob wir sie zusätzlich als zufällig, notwendig oder möglich empfinden. Das hängt nicht von unserer persönlichen Verfassung ab, sondern gilt für alle Menschen. Ein zukünftiges Geschehen berührt uns weniger als ein gegenwärtiges, und mit der Entfernung vom Ort des Ereignisses nimmt unsere Anteilnahme ab. Die heutige Informationspolitik richtet sich nach diesen Einsichten, in denen die Logik Lust und Unlust unseres Leibes, durch die der Geist erregt wird, direkt fördert und hemmt. Der Leib strebt nach Lust, und so ist der Geist bestrebt, sich das vorzustellen, was das Tätigkeitsvermögen seines Leibes vermehrt, denn dieses steigert auch seine eigene Potenz. Die Ordnung und die Verkettung der Dinge sind dieselben, ob die Natur leiblich erfahren oder geistig begriffen wird.

56

Den Alptraum, der den eben erwachten Leib noch vor Angst starr sein läßt, ordnet der Geist als lediglich möglich und schon vergangen ein. Der Leib, angeregt durch die beruhigende Vorstellung, löst sich aus seiner Starrheit. Seine Freude über den glücklichen Ausgang und über das leichte Verjagen des Schreckens ist groß und erfüllt ihn mit Lust. Dies überträgt sich auf den Geist und stärkt ihn für seine Tätigkeit. Der Gesellschaftskörper verhält sich nicht anders, wenn er einer Katastrophe entkommen ist. Das Nachkriegsdeutschland mit seinem Aufbauwillen und Erfindungsreichtum hat das bewiesen.

Auch die Einsicht in jenen Abhängigkeitsmechanismus, der dem Feigen den Feind doppelt so stark vorkommen läßt wie dem Mutigen, vermag nicht nur die Lust des sich ermannenden Leibes zu fördern, sondern ist ebenso gesellschaftlich wirksam.[13] Wie wäre sonst zu verstehen, daß gerade die am meisten gerüsteten Staaten Frieden wünschen und dafür aktiv werden? Der Starke kann entgegenkommender sein. Allerdings ist die militärisch-politische Macht inzwischen so gegenwärtig und eigengesetzlich geworden, daß ein darauf gegründeter Friede labil bleibt. Zwar wird sich niemand absichtlich selbst zerstören, wie Spinoza aufwies, aber die Folgen einer stets möglichen Täuschung wären heute nicht wiedergutzumachen. Das Gleichgewicht des Schreckens schien Frieden zu verbürgen, aber neueste Technologien eröffnen die Aussicht, über den Feind siegen zu können. Die letzte Vernunft verbirgt in der ultima ratio des modernen Krieges nicht ihr Gesicht: die Maske des endgültigen Todes. Leben

---

[13] A. Matheron: Individu et communauté chez Spinoza, Paris 1969.

aber läßt uns die ontologische Ethik mit ihrem vernünftig begründeten Entscheiden, vollzogen von Personen und ihrer Gesellschaft. Angezogen von der Aussicht auf Vermehrung der Erkenntnis und Lebenslust, richtet sich der Mensch wohnlich auf der Erde ein, ohne ihr Gewalt anzutun.

5. Spinozas Amor Dei intellectualis als vorläufiger Begriff der Technik

In der ontologischen Ethik werden Sachverhalte genommen, wie sie sind. Verflacht zur Maxime des Erkenntnisstrebens klingt das nicht aufregend und ist doch revolutionär. Denn vom Menschen wird verlangt, daß er die Welt mit den Sinnen Gottes erfahre. In jedem Besonderen begriffe er die Lebendigkeit, die in ihm gleichermaßen pulsiert, ohne doch je die Zusammengehörigkeit alles Wirklichen zu verdrängen, wie es wissenschaftlich geworden ist. Einsichtige Liebe, die nicht den Wegblick der menschlich genannten Liebe braucht, leitet das Erkenntnishandeln und den Kosmos. Freiheit ist erst erreicht, wenn dieselbe Weise, in der sich Gott unendlich liebt, unsere endliche Lebensform geworden ist. In Spinozas Amor Dei intellectualis ist ontologische Ethik gelungen, Vernunft und Liebe, Mensch und Kosmos versöhnt. Dies gilt uns heute als verstiegene Metaphysik. Spinoza aber übersteigt die Metaphysik. In der Anmaßung, wie Gott sein zu wollen, wird er nicht maßlos, sondern hält sein eigenes Maß zurück. Spinozas Gott lädt nicht zur Vertraulichkeit ein und kennt keine Vergebung. Der Gottesbegriff drückt das aus, was wir von diesem Sachverhalt wissen können und was – abgesehen von allen Geschichten — ungeschichtlich wahr wird. Solche Wahrheit ist nicht unabhängig vom Menschen, sondern entspricht dem, was unsere Vernunft erwarten kann, ist Selbsterkenntnis.

Spinozas Aufklärung über unser Leben ist nicht vollständig, aber in den von ihm behandelten Fragen zuverlässig. Spinoza greift die traditionellen Worte Gott, Substanz, Natur zwar auf, da in sie die bisherige Beschäftigung mit einem grundlegenden Phänomenbereich eingegangen ist. Aber er übernimmt von den phantasiereichen Konstruktionen, was nicht überbrückendes Anstatt-Wissen, sondern bereits Wissen bedeutet. Bis heute war dies nicht unterscheidbar. Die Spracheinkleidung hat es gestattet, Spinozas Philosophie als Variante der Metaphysik zu lesen, als absoluten Rationalismus oder romantischen Liebes-Logos. Hinzu kam, daß die Wahrheit, sobald ausgesprochen, zur Meinung wurde und im Streit der Meinungen nicht nur als Wahrheit unerkennbar blieb, sondern Lügen und Halbwahrheiten unterlegen sein mußte. Denn deren kurzer Atem entsprach der Hektik des täglichen Überlebens.

Doch die Menschheit genießt keine Narrenfreiheit mehr. Überall leben nun Menschen, ihre Zahl wird sich in wenigen Jahrzehnten verdoppelt haben und weiter ansteigen. Wir formen jetzt die Lebensweise auf der Erde, von unserer Verwendung der Rohstoffe, von unseren Einrichtungen und Plänen hängt die weitere Entwicklung ab. Der Beginn der modernen Technik bezeichnet eine fundamentale Wandlung.[14] Denn was bis vor 150 Jahren der Mensch auch anstellte, sich vormachte oder behauptete, es hatte kaum Auswirkun-

---

[14] P. Pulte: Bevölkerungslehre, München 1973, 7—9.

gen. Die Großmannssucht, sich als Herrn der Erde und Ebenbild Gottes zur fühlen, war durch keine Macht gedeckt. Abhängig erfuhr sich der Mensch vom göttlichen Walten der Natur und ausgeliefert den Naturgewalten. Bis ins frühe Sterben nahm er hin, was in diesem Leben nicht zu ändern schien. Seine Geringschätzung des Erdendaseins und seine Hoffnung auf ein ewiges Leben waren ein Eingeständnis der menschlichen Ohnmacht und spiegelten die ökologisch geringe Bedeutung der Rasse Mensch. Denn große Worte imponieren der Natur nicht. Sie kennt nur Kräfte. Die Menschheit war jahrtausendelang zu schwach, um ihre Aufmerksamkeit zu erregen oder sie zu Reaktionen zu zwingen. Konsequent verzichteten die Menschen darauf, ihre Theorien durch die Natur beweisen zu lassen, und nannten menschenwürdig, was nicht in der Natur zu finden, anzufassen und so zu begreifen ist. Allein der innermenschliche Erfolg solcher Anstatt-Physik, ihr Nutzen für das Überleben, war ausschlaggebend.

Doch daß diese Metaphysik uns überleben half und sogar jene Problembereiche markierte, die uns in erster Linie angehen, zeigt, daß auch sie auf Naturbeobachtung – der eigenen und fremden Natur – gegründet ist. Ohne Einwirkungsmöglichkeit auf die Natur aber, etwa um eine Wiederholung unter vergleichbaren Umständen zu erhalten, mußten solche Beobachtungen einmalig und zusammenhanglos scheinen, und die aus ihnen gezogenen Schlüsse ließen sich nicht von Meinungen unterscheiden. Die Wahrheit der Metaphysik ist zufällig und systemfremd zustandegekommen. Vor kaum 400 Jahren erhebt die Naturwissenschaft mit ihren apparativen Methoden die systematische Befragung der Natur wenigstens zum Programm. Jahrhunderte noch verzerrt durch die unbeholfene Art ihres Vorgehens, mit wenigen Hilfsmitteln erreicht die Naturwissenschaft doch eine Reaktion der Natur, gibt es eine überprüfbare Rückmeldung, antwortet uns etwas. Doch erst die voneinander abhängige Entwicklung von Bevölkerung und Technik macht damit Ernst. Nun befinden wir uns in einer Welt, in der Tat oder Versäumnis in ihren Folgen spürbar ist. Die Menschen sind gleichberechtigt geworden, d. h. nichts schützt uns vor den Antworten der Natur. Wahrheit und Unwahrheit sind ins Werk gesetzt. Der Vorbehalt der Meinung, obwohl als Meinungsfreiheit zum Menschenrecht erhoben, rettet keine Praxis und Theorie mehr. Als Techniken sind sie offenbar, und jeder kann sehen, was sie taugen. Allerdings verschließen wir noch die Augen und bestreiten einen Zusammenhang zwischen den Meinungen über die Welt und deren Zerstörung. Traditionell berufen wir uns auf die Unverantwortlichkeit der Theorie und den Erprobungscharakter der Praxis. Doch unser innerer wie äußerer Zustand zeigt die Unwahrheit. Was wir zu wissen meinen und wonach wir uns richten, taugt nur zum Untergang. Theorie und Praxis der Metaphysik, die uns die Gegenwart zerstört und die Zukunft nimmt, widerlegen sich darin selbst.

Spinozas ontologische Ethik hat sich mit ihrer wirklichen Erkenntnis innerhalb der Geschichte der Metaphysik von dieser abgewandt. Gegen die anthropozentrische Ausrichtung der Metaphysik und ihre Verwendung als Kampftechnik gegen die Natur arbeitet Spinoza die humane Existenzform heraus. Deren systematische Verfälschung ist die Metaphysik. Damit bleibt sie aber auch konkreter Leitfaden der möglichen Aufdeckung. Spinozas Bestimmung der menschenwürdigen Lebensweise als Amor Dei intellectualis für Sterbliche ist gewiß einer Aktualität unverdächtig. Doch was die ontologische Ethik als vernunftgemäßes Leben auf Freiheit hin aufdeckte, aber als schwierig und daher nur wenigen vorbehalten ansah, ist heute für alle zur Überlebensnotwendigkeit geworden.

Spinozas Amor Dei intellectualis, als Technik begriffen, gibt uns einen Begriff von ihr, der sie als Lebensweise anerkennt. Dabei ist das Instrumentale nicht verschwunden. Spinozas Analyse der durchgängigen Kausalität, der alle Dinge und Menschen gehorchen, begründet auch das maschinale Denken der Neuzeit. Aber er interpretiert die Welt nicht einseitig sub specie machinae. Descartes, Galilei und Hobbes dagegen verstanden Denken konsequent als „Erzeugen, Herstellen". Die französischen Materialisten des 18. Jahrhunderts steigerten dies zur Annahme der „Menschmaschine und Naturmaschine". Aber das „Maschinale trägt das Signum der Trägheit", und „Epizentrierung" ist das wesentliche Geschehen innerhalb des „Denkens sub specie machinae". In dieser Zerstreuung wird das Denken „apathisch", die Ordnung der Dinge „mechanisch".[15]

Spinoza löst die verhängnisvolle Dichotomie von menschlicher und göttlicher Vernunft in ein Begreifen sub specie aeternitatis. Die anthropozentrische Wende bei den Denkern seiner Zeit braucht Spinoza nicht mitzumachen, denn den Gegensatz zwischen Mensch und Gott gibt es nicht. Endlich und sterblich leben wir vernünftig das allgemeine Leben. Der Gott der Meta-

---

[15] A. Baruzzi: Mensch und Maschine. Das Denken sub specie machinae, München 1973, 183 ff.

physik wird bei Spinoza verabschiedet, aber sein phänomenaler Anlaß wiedergewonnen. Denn Gott ist der Ausdruck unserer Erfahrung mit dem Kosmos. Sich auf Gott richten heißt die Dinge und uns in ihrem Zusammenhalt anerkennen. Im Blick der Ewigkeit, der universalen Bewegung, wird alles Besondere es selbst, erscheint im Bezug und in seiner Bedeutung. Wir können niemals alles durchschauen, aber was wir auf ewige Weise begreifen, verstehen wir auch adäquat, dem Maß des Kosmos entsprechend. Der menschliche Geist ist insofern ewig und von Affekten frei. Allerdings ist diese Freiheit nicht absolut, so wenig wie die Erkenntnis unendlich, da nur mit Hilfe des Leibes erkannt wird. So irrt auch Spinoza und ist mutlos, aber daß wir seine Gedanken heute noch aufnehmen und brauchen, liegt an ihrer Wahrheit.

Das Begreifen der Welt ist ein Werk, das nicht nur da, sondern zugleich notwendig ist. Wer auch immer den von Spinoza begriffenen Sachverhalt bedenkt, nie wird er anderes erfassen. Allerdings gilt zugleich, daß die Bewegung nicht aufhört und der Sachverhalt sich mit uns ändert. Aber hinter die veränderte Welt kann niemand zurück, und es spricht für die wahre Vieldeutigkeit des Werkes, wenn es dies auszuhalten vermag und uns als dasselbe erscheint. Jeder Geist zu jeder Zeit vermag die Verhältnisbestimmungen zu begreifen, die Spinoza aufwies. Sie sind gültig. Hier ist ein Maß, das uns wahr leben läßt, in Übereinstimmung mit den Verhältnissen. Diese bestimmen keine Meinung, keine Konventionen und kein Offenbarungswissen, sondern sie enthüllen sich der Vernunft, wenn sie wie Gott erkennt. Das ist leicht und auf den Alltag anwendbar, wie Spinozas Ethik demonstriert. Wer fragt, was im Leben wichtig und unwichtig ist, worauf es ankommt und was zu vermeiden ist, wird Spinoza beipflichten. Seine Perspektive ist notwendig.

Die Schwäche Spinozas aber ist die der noch nicht zählenden Menschheit. In metaphysischer Zeit blieb Spinoza folgenlos. So konnte er auf eine Stufe mit jenen Heilsaposteln gestellt werden, die das Wissen gefunden haben wollen. Solche Menschen werden verlacht und aufgefordert, in den Abgrund zu springen, um ihren Gott zu beweisen. Heute hätte Spinoza Anlaß zur Schadenfreude, wenn dies nicht verborgenen Haß ausdrückte, der sich an geistiger Schwäche erfreut. Denn die Unfähigkeit zum Amor Dei intellectualis, das Verkennen unserer Rolle im Kosmos ist keine akademische Streitfrage mehr, sondern der Antrieb der Selbstzerstörung. Der Sprung in den Abgrund geriet von einer Metapher zur Zukunftsaussicht der Spötter. Jeder erfährt durch die Verdrängungen hindurch, daß es ein Unterschied ist, ob wir einsichtig leben oder unseren Interessen folgen. Der Werkcharakter einer vernünftigen Lebensweise ist augenfällig. Bei allen Kenntnissen fehlt den heutigen Werken das Wissen, und das macht sie so zerstörerisch.

Spinoza zeigt das höchste, das intuitive Wissen, dem sich die Zusammenhänge erschließen. Dieses Wissen ist nicht werklos, schreibt es sich doch der Existenz ein. Der weiteste Geist entspricht der erfülltesten Leiblichkeit, die intellektuelle Liebe zu Gott ist lustvolles Leben aus Einsicht. Gegenüber der Hektik der theoretischen und praktischen Aktivität wirkt solches Werken wie Passivität, wird aussondernd kontemplativ genannt. Doch deren Werke schaffen unsere Welt, während die anderen sie zerstören. Die Technik unseres organischen Lebens gehorchte der Notwendigkeit immer schon. Zum Glück beachtete die Metaphysik diese Vorgänge nicht weiter, denn sonst hätte die Gattung schwerlich überlebt, wie die Folgen der in unserem Jahrhundert beginnenden Aufmerksamkeit vermuten lassen. Mit dem Einbezug der verschonten organisch-physischen Abläufe in unsere Lebensplanung verschlechtert sich sprunghaft der körperliche Zustand der Menschen. Damit ist nicht gesagt, wir sollten unsere organische Verfassung unbegriffen lassen, sondern lediglich, sie nicht jener Denkweise ausliefern, die für den Zustand dieser Welt verantwortlich ist.

Zieht aber tatsächlich die Abwesenheit der intellektuellen Liebe zu Gott die heutige Zerstörung nach sich? Die Menschheit hat noch nie auf Spinozas Weise gelebt. Selbst wenn früher eine Erprobung von Ideen unmöglich war, ließe sich aus der Gegenwart nur schließen, daß unsere Lebenskonzeption verfehlt ist. Daraus folgt nicht zugleich, daß Spinoza recht hat. Spinoza verwirft zwar die zum Aberglauben gewordene Metaphysik, aber noch mit deren Mitteln. Er denkt nicht alternativ, sondern durchdringt die Metaphysik. So erhielten wir nicht einen neuen Entwurf, sondern der verfehlte blieb in Kraft. Die Gefahr soll die Rettung sein? Die Vernunft mit ihrem Sinn für das Allgemeine sieht diesen Widerspruch ein. Aber an sie zu appellieren ist sinnlos. Denn die Beirrung behauptet ebenfalls, vernünftig zu sein, wenn sie ein allgemeines Prinzip ablehnt.

Denn ist nicht deutlich, daß Kants kategorischer Imperativ, so leicht er auch von jedermann anzuwenden wäre, niemals durchsetzbar ist? Wie sollte der einzelne allgemein sein können in einer Welt von Tyrannen und Mördern und noch überleben? Zum Märtyrertod auffordern aber darf keine Ethik, dient sie doch dem Leben. So herrscht statt der Vernunft die Klugheit, die das kleinere Übel zu wählen versteht und, wenn nötig, mit den Wölfen heulen kann. Damit ließe sich leben, wenn sich damit nur leben ließe. Denn dieser Streit mit seinen festgefahrenen Fronten wirkt gespenstisch angesichts der Lage unserer Welt. Die Selbstzerstörung wird nicht einhalten, bis sich entschieden hat, ob Ethik mit oder ohne Metaphysik zu konzipieren ist.

Unsere technische Lebensform, auf die wir nicht verzichten können, verurteilt die Gattung zum Tod. Das ist unser Problem. Wir Philosophen haben zu fragen, ob diese Entwicklung unausweichlich ist. Kann der Mensch, obwohl er das technische Wesen ist, überleben? Dazu müssen wir begreifen, was Technik heißt. Wir wissen oder vermuten, daß es sich um unsere elementare Lebensform und nicht um ein Beiwerk handelt. Was ist die wahre Weise, menschlich zu leben? Spinozas ontologische Ethik antwortet darauf mit dem Amor Dei intellectualis. Mit der modernen Technik scheint das nichts zu tun zu haben. Aber die Suche nach Theorien, die dieser Technik äußerlich entsprechen und sich ihr daher besser anpassen, ist eine Sackgasse.

Uns kann nicht kümmern, was der uns tötenden Technik ähnelt, sondern wir haben eine Form zu finden, in der die Technik ihr dem Leben zugewandtes Gesicht enthüllt. Damit vermuten wir allerdings, daß Gott nicht wahnsinnig ist und wir auf Dauer nicht unmenschlich zu leben vermögen.[16] Die Technik, die wir von Anfang an lebten und die sich in der modernen Technik nur als notwendig erwies, ist auch unsere Lebensform. Was uns leben läßt, aber nun zunehmend das Leben nimmt, haben wir als Lebenskraft anzuer-

---

[16] E. E. Harris: Salvation From Despair, Den Haag 1973.

kennen. Die zerstörerische Wirkung unserer Lebenstechnik beweist allerdings, daß sie von der ihr gemäßen Form weit abgekommen ist. Der Tod allein hat das Recht auf Zerstörung. Eine Technik, die den Tod bringt, ist immer im Unrecht.

Spinozas universales Erhaltungsprinzip drückt die Lebenszuversicht der ontologischen Ethik aus und hilft, das Wesen der Technik zu verstehen. Nichtiges vermag kein Leben, auch nicht das menschliche, auszumachen. Spinoza lehrt uns, daß die Lebensform Mensch in der anschaulichen göttlichen Liebe besteht. Wie ewig zu leben ist dem Menschen angemessen. Dies verletzt den endlichen Leib keineswegs, sondern beläßt ihm seine Vergänglichkeit. Die begriffene Notwendigkeit verfällt nicht der Anmaßung der Determination, der am Ende alles notwendig und unvergänglich scheint. Solcher Metaphysik ist das Gegebene zugleich berechtigt und das Unrecht Gesetz der Geschichte oder doch unwiderlegbares Datum. Aber wie sollte das Vergängliche je anders sein als vergänglich und das Unwahre anders als unwahr? Gerade die Identität der Phänomene bringt ihre Differenz hervor, verweigert sich so ihrer erschlichenen Austauschbarkeit und dem mit Gewalt erzwungenen Dienst.

Der göttlichen Liebe gilt nicht alles gleich, sondern jedes auf seine Weise, und auf diese wird es behandelt. Damit atomisiert sich der Kosmos nicht, denn die eigene Weise besteht im unverwechselbaren Bezug zur Bewegung des Ganzen. Auch die Zerstörung, wenn sie ihr Werk tut und vernichtet, was nichtig ist, geschieht allbezogen. Ergreift sie uns aber weit vor der Zeit, erweist sie ein Leben als nichtig, das noch zu leben wäre. Leben können und zerstört werden schließen sich dann nicht mehr aus. Der unzeitige Tod des Menschen neben mir widerruft mein Weiterleben. Notwendig an solchem Tod ist allein seine Unwahrheit. Zeigt sich diese in dem Amor Dei intellectualis, geben wir uns das Maß zurück, verwirklichen das Werk der Wahrheit.

Einsicht, Handeln und Werk sind im Unterschied doch eins. Wer da trennt, verfällt dem Mißlingen. Das Werk der Freundschaft hält zusammen, richtet, aber erhebt sich nicht. Seine gelassene Bewegung folgt dem Atem des Kosmos. Solch Liebeswerk erfaßt den Menschen. Die moderne Technik entspricht diesem Werk, das unser Leben ist, und verrät es zugleich mit ihrer Macht. Aberwitzig ist nicht die Wirklichkeit Spinozas, sondern das Realitätsbewußtsein der Wissenschaftstechniker. Mit welchem Recht nehmen sie an, daß der Kosmos vor uns Halt macht? Geschieht nicht alles erkennbar als Werk, bezogen auf das Ganze in notwendiger Folge, rein aus sich, ohne Zweck? Erfahren wir dies nicht in der Gesellschaft gerade bei jenen Folgen, die wir verfehlt, weil unerwartet, nennen, aber nicht ungeschehen machen können? Der alltägliche Zufall ist die schöne Larve vor dem uns schrecklichen Gesicht der Notwendigkeit. Er nimmt uns das zweckrationale Handeln aus der Hand und gießt seine eigenen Werke. Einen Protest würden wir nicht überleben. Daher werden auch grobe Abweichungen definitorisch sanktioniert und zum Erfolg erklärt. Wenn sich die Erfahrung, daß es erstens stets anders kommt, als es zweitens geplant war, einmal zu einer Katastrophe steigert, sind wir vorübergehend bereit, uns der Notwendigkeit des Zufalls zu stellen.

Spinozas Lebensform muß der Selbsttäuschung abstoßend vorkommen. Wird noch behauptet, das Erfüllen oder Verfehlen der intellektuellen Liebe zu Gott zeige sich in der Technik, scheint Frankenstein nahe. Der Übermensch aus der Retorte der Wissenschaft aber ist nicht Sinnbild Spinozas, sondern der modernen Technik. In ihm ist das Zusammengehören von Mensch und Sein auf das äußerste strapaziert, gilt nur der herrische Wille, der seinen kosmischen Charakter abzulegen versucht und sich selbst zum Kosmos erklärt. Frankenstein ist die gerechte Antwort und das angemessene Werk. Aber noch sind wir unfähig, den Zusammenhang zwischen der Zerstörung durch Technik und unserem Begriff von ihr einzusehen. Die Annahme einer zwecklosen Technik, die keine ausgewählte, bestimmte und angezielte Notsituation zu unseren Gunsten wendet, sondern uns leben läßt, als wären wir durch göttliche Liebe erleuchtet, wirkt abstrus. Aber zeigen sich die Grundübel der Gegenwartstechnik nicht in der Abhebung von diesem an Spinoza gewonnenen Vorbegriff kosmologischer Technik?

Die heutige Technik ist nicht notwendig, sondern beliebig zu mißbrauchen. Sie dient nach Meinungen festgesetzten Zwecken, statt dem Sachverhalt frei zu genügen. Sie ist Gewalt als Selbstzerstörung. Zum Glück konnten wir immer nur jene Techniken verfehlen, die uns bewußt wurden und uns daher überlassen schienen. Das betrifft zwar ein wachsende Zahl von Techniken, aber übersteigt vorläufig nicht die Zahl der unmerklich gelingenden Lebenstechniken. Noch sind wir unverdient am Leben, denn die wahre Technik geschieht unbeirrt. So atmen wir, bis uns der Hauch der Radioaktivität eingeholt hat. So empfinden wir, bis die gesellschaftliche Stumpfheit jede Beziehung berechenbar gemacht haben wird. So denken wir, bis die Ächtung des Denkens mit der Herrschaft der Meinungen erreicht ist. So erfinden wir, bis der nicht genehmigte

Fund vermieden sein wird. So leben wir als Menschen, bis uns das Bewußtsein daran hindert.

Es gibt Wahrheit, solange sie bezeugt wird. Noch wagen Menschen, die Folgen frei zuzulassen und an ihnen das Urteil über unsere Taten abzulesen. Die in der Metaphysik verleugneten Folgen menschlichen Lebens drängen sich in der Gegenwart hartnäckiger auf denn je, verbreiten Lebensangst. Werden wir umdenken? Der Mensch in Furcht und Not ist zwar zu jedem Aberglauben bereit, um sich zu retten. Philosophieren aber können wir nur ohne den Einfluß solcher Affekte. Den Unterschied zwischen Selbsttäuschung und Wahrheit kann keine Theorie nachweisen und keine Praxis einhandeln. Aber er wird konkret im zerstörten Leben.

6. Ethik und Gelassenheit:
Von Spinoza zu Heidegger

Die ontologische Ethik verwirklicht sich in der Technik des Amor Dei intellectualis, dessen Werken Liebe, Notwendigkeit und Vernunft versöhnt. Naturbeherrschung wandelt sich zur Selbstbeherrschung und löst sich vom Unrecht der Hierarchie, eine Welt zu verteilen, die keinem anderen als den Phänomenen selbst gehört. Erst die leiblich zustimmende Einübung in kosmisches Verhalten ergibt Selbstbeherrschung. Was rationale Erkenntnis leistet und an Zwecken setzt, reicht nicht zum Handeln. Maßgebend ist die in der intuitiven Erkenntnis gegebene und sich als Liebestechnik ausdrückende Einsicht in den ontologischen Zusammenhang. Nicht unser Wille zählt, sondern die begriffene Notwendigkeit. Sie gehorcht nicht der Einschränkung, Theorie oder Praxis zu sein.

Naturbeherrschung ist so alt wie die Menschheit. Doch sie war nie in dem Sinne notwendig, daß sie die Not der Sachverhalte wendete. Sie bezog sich allein auf menschliche Nöte. Aber Naturbeherrschung soll nicht gefährlich sein, sondern ihre durch die kausalmechanistische Deutung natürlicher Prozesse nahegelegte grenzenlose Ausdehnung. Der Natur werden keine immanenten Zwecke mehr zugesprochen, keine Vollendung gegönnt, wo der Fortschritt endete, das Ziel erreicht ist. Im Spätmittelalter galt einfühlsame Naturkenntnis, die aristotelische Natur-Teleologie, als Götzendienst, später als unwissenschaftlich. Es sei nutzlos für den Menschen, der etwas machen will, noch herauszufinden, was die Natur will. Das heutige ökologische Bewußtsein bestreitet, daß es einen Widerspruch zum Zweck der Natur sein muß, wenn die Natur auch menschlichen Zwecken dient. Einer Politik aus Natur bleibt noch Spielraum genug. Prioritäten in einer Hierarchie der Zwecke sind zu setzen und mit ihrer Hilfe das Verhältnis des Menschen zur Natur neu zu regeln. In den modernsten Wissenschaften, in Genetik, Systemtheorie und Kybernetik, werden bereits Prozesse hartnäckiger Zielverfolgung anerkannt, die bei aller Bewegung doch Orientierung bieten und teleologisch sind.[17]

Aber mit der Unterscheidung zwischen einem Handeln, das die Zwecke der Natur und die Grenze der menschlichen Natur berücksichtigt, und der Naturausbeutung zu beliebigem Zweck wird die Zerstörung keineswegs aufgehalten. Das ökologische Bewußtsein

---

[17] R. Spaemann: Technische Eingriffe in die Natur als Problem politischer Ethik, in: D. Birnbacher (Hrsg.): Ökologie und Ethik, Stuttgart 1980, 180−206.

gehört zur Epoche und unterscheidet sich in den Mitteln, nicht in der Absicht. Wer der Situation entsprechend handelt und den Menschen als Teil der natürlichen Umwelt versteht, hat damit noch nicht die Gewalt über die Natur aufgegeben. Die Ökologie denkt nicht kosmisch, sondern wählt eine Notwendigkeit aus und versteift sich auf sie. Sie ist ebenso einseitig wie die heute herrschende Ökonomie. Der Mensch bleibt zu Unrecht letzte Instanz. Frei sein heißt nicht wählen müssen, sondern das Wahre tun. Spinozas Naturdenken macht ihn zum Vordenker einer ökologischen Moral.

Aber er ist auch ihr Kritiker. Zwecke begrenzen die universale Bewegung nicht. Die ökologische Krise zeigt, daß Zwecke nur den Sinn haben, vor den Folgen zu schützen. Das Motiv der Teleologie ist anthropozentrisch, ein Angstschrei, den die Vernunft zu beschwichtigen sucht. Doch der Kosmos richtet sich nicht nach unseren Ängsten. Durchgängig ist die Rationalitätsstruktur der Welt. Sie muß nicht begrenzt und durch Ziele gebändigt werden. Das Wirkliche, das wir unsicher und unklar erkennen, ist von sich her notwendig. Wir begreifen im Zuhören und Einüben, nicht im Beherrschen. Deskriptiv ist daher die ontologische Ethik Spinozas. Die Trennung von Theorie und Praxis hat keinen Sinn; Ethik ist Ontologie und umgekehrt. Solche Ethik ermöglicht keine Naturbeherrschung, weder mit noch ohne Zwecke. Es gibt keine Mittel. Das Ich ist bei Spinoza nicht Herr im Haus, sondern findet seine Freiheit in der Hingabe an das Wirkliche.

Die Gewalttheorie von Herren und Knechten verliert ihre Grundlage. Zwar ließ sich in der absoluten Notwendigkeit ein neuer Herr konstruieren, von dem die

Menschen abhängig sind. Das erhielt die gewohnte Interpretationsfigur und eröffnete die Möglichkeit einer Revolte, in der der Mensch frei wird und zur Herrschaft gelangt. Philosophen nach Spinoza haben diesen Weg gewählt und sind im Herrschaftsdenken befangen und metaphysisch geblieben. Aber Spinoza erlaubt in einem weiteren Schritt, die Dichotomie von Herr und Knecht aufzugeben. Die Natur, der wir gehören, kann uns nicht beherrschen, es sei denn als Selbstbeherrschung.[18] Diese ist eine herrenlose Herrschaft. Doch auch sie wird überflüssig, da es keine Kluft zwischen dem Menschen und seiner Natur gibt. Zusammenzureißen braucht sich nur, wer zerrissen ist, und beherrscht zu werden verlangt allein, was auswuchert und haltlos ist. Dem Genügen der eigenen Natur fehlt nichts und drängt keine andere Kraft als die eigene. Sie ist in den Sachverhalten dieselbe. Unterschiedliche Sachverhalte widerstreiten einander. Dem Störenden und Zerstörerischen gilt es zu wehren. Aber dies erreicht nicht ein Beutezug, der andere Sachverhalte unterjocht und sich zum Herren aufwirft. Wer die zukünftige Niederlage verhindern will, verunstaltet sich jetzt.

Spinoza wird vorgeworfen, die Rolle des Ich und dessen Geschichtlichkeit nicht erkannt oder einem Substanzdenken geopfert zu haben. Einleuchtend scheint zu sein, für die dreihundert Jahre seit Spinozas Tod einen Fortschritt im Denken anzunehmen. Aber die heutige Selbstvergewisserung des Subjekts sowie die Mathematisierung der objektiven Welt hat Spinozas Zeitgenosse, Lehrer und Gegner Descartes begrün-

---

[18] R. Maurer: Revolution und „Kehre", Frankfurt a. M. 1975, 180–202.

det.[19] Spinozas Kritik an ihm ist die unüberholte Selbstkritik des modernen Menschen. Spinozas Ethik wäre statt durch die Substanz auch mit Heideggers Daseinsanalytik zu fundieren. In ihr wird schließlich nur herausgearbeitet, wie sich das Sein im Dasein zeigt. Für Spinoza sind Endlichkeit und Geschichtlichkeit nicht dadurch zurückgenommen, daß der Mensch als bestimmte Weise des kosmischen Geschehens begriffen wird. Wir sind sterblich, aber darin erfüllen wir unsere ewige Aufgabe. Eine Spinoza und Heidegger vereinende ontologische Ethik kann dem Bewußtsein zumuten, sein Scheitern als Weg in ein anderes Denken aufzufassen. Heideggers radikaler Versuch in „Sein und Zeit", Theorie und Praxis auf Geschichtlichkeit zu gründen, ist in seiner Modernität nicht zu überbieten.

Das Mißlingen dieser letzten Anstrengung folgt dem Zusammenbruch des metaphysischen Ordnungsgefüges. Die Erfahrung der Ohnmacht in der Machtdemonstration, alles Geschehen auf das Bewußtsein zu stellen, erzeugt Bewußtlosigkeit. Was sich heute als bewußte Ordnung anbietet, hat mit der früheren Sinngebung nur noch die Hülsen gemeinsam. Wer jetzt dafür sterben will, ist ein psychiatrischer Fall. Nihilistisch befinden wir uns auf der Höhe der Zeit. Aber das Denken ist nicht zu Ende, sondern erwartet einen Anfang, unsere schmerzhafte Berührung mit Wirklichkeit. Auch mit Hegels System überholte das Selbstbewußtsein nicht Spinoza, sondern bringt ihn in die Dialektik ein. So werden wir aus Spinoza und zugleich aus uns herausgetrieben. Diese Bewegung haben Heidegger und Hegel begrifflich anders ausgelegt, aber sie

---

[19] J. Beaufret: Dialoque avec Heidegger II, Paris 1973, 28–53.

entspricht der ontologischen Ethik Spinozas. Neue Schritte werden vorgeschlagen, doch sie bringen uns nicht weiter. Es fehlt der Sprung.

Geblendet vom Schein des Fortschritts,[20] versäumt das Denken, mit Spinoza über ihn hinauszugehen. Denn nicht die Substanz, die Gott und Natur vereint, bezeichnet die metaphysische Schwäche Spinozas. Er hat sie weder der menschlichen Selbstsucht ausgeliefert noch in eine Sicherheitsordnung gepreßt. Spinozas Denken faßt die universale Bewegung, aber verpflichtet sie nicht auf Zwecke. Spinoza hat die Besonderheit der Sachverhalte beobachtet und ihre Individualität bestimmt, ohne darin einen Anlaß zu sehen, den Menschen vom Kosmos abzuschneiden. Solches Selbstbewußtsein kommt uns zwar selbstverständlich vor, aber auch teuer zu stehen. Spinoza ist nur vozuhalten, daß seine humane Lebensform, der Amor Dei intellectualis, noch innerhalb der Ethik auftritt. Zwar wird mit der göttlichen Liebe jede Ethik, sei sie normierend oder deskriptiv, verlassen. Liebe ist Werk, nicht Vorschrift, spricht von sich, aber verendet, wenn man sie verhandelt. Meta-Physik ist bei Spinoza auf ihre physische Quelle hin überschritten. Statt ein Verhalten zu fordern, erschließt sich dem Denken der Sachverhalt Mensch. Von ihm können wir reden, und mit ihm sind wir in die Sachverhalte verwoben.

Der mögliche Grundsatz ontologischer Ethik „Sei, was du bist!" ist noch zu subjektiv und muß sich wandeln in „Verhalte dich, wie die Welt ist!", was heißt: „Sei Welt!" Auch diese Wahrheit läßt sich durch eine definierte Welt, der wir uns anzugleichen hätten, un-

---

[20] K. Löwith: Vorträge und Aufsätze: Zur Kritik der christlichen Überlieferung, Stuttgart 1966, 139—155.

terlaufen. Doch das Weltwerden des Menschen verläßt
die Festlegung, kennt kein Gründen, wird weder von
der Vernunft gestützt noch durch Geschichtlichkeit
gerechtfertigt. In den Abgrund fällt und fällt der
Mensch.[21] Aber nicht Furcht durchstimmt ihn, sondern Gelassenheit. Mit beruhigten Affekten und offe-
ner Liebe gelassen zu leben, ermöglicht Spinozas
Ethik. Aber sie verzichtet nicht auf Vernunft, die Gott
gleich adäquate statt verworrene Ideen ausprägt. Spinozas Gelassenheit ist angezogen von der göttlichen
Erfahrung, aber weiterhin ein durch Menschen bestimmtes und gewähltes Verhalten. Mißtrauisch gegen
den Fall ins Ungewisse und Ungeheuerliche, baut die
intuitive Vernunft in der Ethik ein Geländer am Lebensstrom. Auch hier noch, beim Antimetaphysiker,
dieses metaphysische Festkrallen.
Allerdings war Spinozas Vorsicht nicht unberechtigt.
Gelassenheit ohne die entwickelte Technik kam einer
Opferung gleich. Die Mystiker wußten und wollten
das. Das Verlassen aller Setzungen, das auch noch das
Verlassen-Wollen aufgibt, kann nur der Techniker
überleben. Die unmittelbare Rückmeldung der Technik, die zwischen Anlaß, Tat und Folge nicht unterscheidet, sichert ohne Schutz, schöpft ohne herzustellen und wagt die Bewegung im Ausgleich. Der homo
faber ist noch lange kein Techniker. Der technische
Lebensweg zeigt in jeder Phase Wahrheit und Beirrung, gibt Auskunft. Sein Funktionieren folgt der
Notwendigkeit, die kommt, ohne daß sie gerufen werden müßte.
Theorie und Praxis sind Vermutungen über den wirklichen Weg, die niemals gelingen. Sie scheitern am

---

[21] ID 32.

Subjekt. Technik aber hielt uns am Leben. Wir konnten uns bisher ihre Mißachtung leisten. Techniker zu werden, gelassen im Grundlosen zu leben, heißt nicht, Begründungsversuche zu verwerfen. Denn sie bezeichnen, sich selbst undurchsichtig, die Merkmale unseres Lebens. Noch verzerrt bleiben sie gewährt aus der Wahrheit des Phänomens Mensch. In den Abgrund der Begründungen lassen wir uns fallen, dem Menschen entgegen, den die Gelassenheit birgt. Was der Fall ist, macht unsere Welt aus.[22] Der Positivismus flüchtet vor der Gefahr des Falles zu den Fakten. Auch die heroische Tat hält den Fall nicht auf. Sinnlos ist die Rückversicherung durch Planung. Die Planer wollen ihre Technik überlisten, folgen ihr nicht, sondern machen ihr Vorschriften. Sie zwingen die Technik in ihr verfehltes Leben und verfallen dem Tod.

Spinozas Liebe setzte auf Vernunft. Sie blieb intellektuell, auch wenn sie zwischen der lebendigen Intuition und dem von uns zu begreifenden Geschehen nicht unterschied. Doch das Vernunftlieben achtet seine Geschichte, kennt und demonstriert die Regeln. Zwar braucht der Amor Dei intellectualis für seine Wirksamkeit davon nichts, ist selbst losgelassen in die voraussetzungs- und bodenlose Gelassenheit. Aber sie baut Brücken, unterstützt ethische, politische, theologische Vorstellungen. Spinoza wußte, wie wenig in seiner Zeit zu erreichen war. Aber hinter der vernünftigen Anleitung, den einleuchtenden Beweisen, der Rücksicht auf den traditionellen Glauben verschwindet Spinozas übervernünftige Erfahrung, daß der Kosmos sich im Nu verwirklicht. Der Schein der noch

---

[22] L. Wittgenstein: Tractatus logico-philosophicus, Frankfurt a. M. 1978, 1.

ausstehenden Verwirklichung, die es methodisch herbeizuzwingen gilt, bleibt erhalten. Die nur mögliche Vernunft verrät sich selbst. Sie sucht sich und hat vergessen, daß sie von Anfang an gefunden ist. Denn auch in der Selbstverkennung, wenn die Vernunft zur Widervernunft wird, gilt die Verblendung nur für Menschen. Dummheit und Aberglauben können die Folgen nicht aufhalten, sondern interpretieren sie nur um, so daß sie unfaßbar werden. Verrückte verwandeln sich in Heilige, Schurken in Vorbilder, Mächtige in Opfer. In der Unzahl kleiner Welten spielt blutiges Theater, rächt man am einzelnen, was der Gattung zukommt. Zur Dämonie des Menschen wird erklärt, was die Folge des Versuchs ist, den Einblick in das Geschehen zu verhindern. Massenmördern hält man den Fahneneid, Untaten verjähren, die Zeit heilt von ihr nicht gerissene Wunden. Doch jeder Sachverhalt hat das Recht auf die ihm angemessene Folge, auf seine Bewegung, ohne daß Gnade, Vergessen, das Allzumenschliche ihn verfälschen.

Spinozas Seinsethik entdeckt den Menschen in seiner Wirklichkeit. Dies wäre aber entscheidend mißverstanden, wenn man in der ontologischen Ethik die bisherige Anthropozentrik bloß durch eine ebenso kurzschlüssige „Kosmozentrik" abgelöst sähe. Das Einlassen auf das Ganze ist kein Zurück zur griechischen Kosmos-Ordnung, die ontologische Ethik keine Erneuerung der stoischen Ethik. Zwar ist es wahr, daß alles Geschehen mit dem Wesen des Alls übereinstimmt und „jedes einzelne, Mensch oder Tier, Pflanze oder Stein, seine ihm vom Ganzen zugewiesene und gerechtfertigte Aufgabe" hat, wie die Stoiker annahmen. Aber Epiktets Forderung, man solle wollen, was ohnehin geschieht, setzt das Vertrauen in eine durch

Vernunft begreifbare Ordnung des Seins voraus, eine Voraussetzung, die nicht mehr gegeben ist.[23] Leben heißt Leiden, unser Denken ist endlich, und so muß uns, wie Schopenhauer schreibt, der stoische Weise als „hölzerner, steifer Gliedermann" vorkommen, „mit dem man nichts anfangen kann, der selbst nicht weiß wohin mit seiner Weisheit, dessen vollkommene Ruhe, Zufriedenheit, Glücksäligkeit dem Wesen der Menschheit geradezu widerspricht".[24]

Der kosmische Bezug bedeutet ebensowenig eine Nivellierung der tatsächlichen Probleme der Welt. In seinen Folgen erfahren wir Kosmos äußerst differenziert, und diese sachgemäße Differenzierung verschwimmt weder im Gefühl noch ist sie auf einen begrifflichen Nenner zu bringen. Das Ganze fordert uns in jeder Situation unverwechselbar und konkret, Leben und Tod sind je anders. Es kommt gewiß darauf an, vielfältig aufzunehmen, wie die Welt ist. Die zweiwertige Logik des Aristoteles hat uns zu lange zum Leben gereicht, und auch Hegels dialektisches Denken kann nur ein Leitfaden zu einem noch reicheren Weltbegreifen sein, das Heidegger als Geviert von Erde und Himmel, Sterblichen und Göttlichen dem Dichter Hölderlin ablauschte. Ontologische Ethik ist jedoch nicht Philosophie, sondern weist sich als Technik durch Gelingen individueller Leben aus. Deren Vollendungsbild ist niemals von vornherein festlegbar, deren Scheitern jedoch durchaus offenbar.

Das Geschehen selber läßt sich nicht lenken, und was folgt, ist unabänderlich. Obwohl wir nicht beeinflus-

[23] H. Arendt: Vom Leben des Geistes II: Das Wollen, München 1979, 79 f.
[24] A. Schopenhauer: Die Welt als Wille und Vorstellung I, hrsg. von A. Hübscher, Wiesbaden 1972, 109.

sen, erhält unser Fehlverhalten eine Quittung. Das wird als Beweis menschlicher Macht genommen, so wie einem neurotischen Kind die Ohrfeige als Zuwendung erscheint. Aber keine Kausalität aus Freiheit adelt hier den Menschen. Die Aufeinanderfolge rechtfertigt nicht die Annahme, Ursachen für Wirkungen erkannt zu haben, Gründe für Folgen aussprechen zu können. Es gibt eine Tod und Leben zumessende Bewegung. Sie ist, sehen wir vom eigenen Selbstmitleid ab, gerecht. Wir vermögen uns nach ihr zu richten, auf dieselbe Weise wie alle Sachverhalte, in denen wir leben. Einsicht in die Bewegung haben wir, wenn auch niemals ausreichend. Doch jeder Atemzug belehrt den Menschen. In ihm widerfährt uns Gerechtigkeit, und die Abweichung ist spürbar. Wir werden nicht gehindert die Augen zu schließen, aber wie Blinde leben wir dann. Die Bewegung des Sachverhalts wird dadurch nicht geändert. Eine ihrer Weisen ist es, auf Verblendung zu reagieren. Schopenhauer nannte dies „ewige Gerechtigkeit", die allerdings nur jemand begreifen könne, „der über jene am Leitfaden des Satzes vom Grunde fortschreitende und an die einzelnen Dinge gebundene Erkenntnis sich erhebt".[25]
Die moderne Technik verfestigt unsere Blindheit bis zum Anschein der Normalität. Angemessene Umweltreaktionen kommen uns pervertiert vor. Von unseren guten Absichten überzeugt, beklagen wir das Unrecht, das uns angetan wird. Doch systematisch versuchen wir, das Recht anderer Sachverhalte zu manipulieren. Wir verfallen so selber dem Unrecht, werden zu ungerechten Wesen. Dem entspricht die Zerstörung der Menschenwelt. Die Reihung der Phänomene halten

---

[25] Ebd. 418.

wir nicht auf, aber fehlerhaftes Einreihen wendet sich
gegen uns. Wo aber ist Wahrheit? Hat nicht auch die
Metaphysik und ihre Wissenschaftstechnik die Zusammenhänge erkennen wollen? Worin ist die Kritik den
traditionellen Auslegungen überlegen? Nach welchen
Kriterien läßt sich wahr und falsch, gut und schlecht
unterscheiden?
Unentschieden sind solche Fragen nur in der Sphäre
des Gedankens. Die Zerstörung der Lebensmöglich-
keiten auf diesem Planeten für Mensch, Tier und
Pflanze verurteilt die herrschende Daseinsform. Die
Angeklagten versuchen, Entschuldigungen vorzubrin-
gen und die Lage zu bagatellisieren. Aber Selbsttäuschung verschärft das Urteil. Den Nihilismus erleidet
das Bewußtsein, während der offene Mensch in der
Zerstörung das Heil erfaßt. Die heile Welt ist nicht wie
vergangen und wird auch nicht erst entstehen, sondern
sie ist verwirklicht. Die gegenwärtige Zerstörung ist
eine Abfallsanzeige. Selbst der Mensch kann bei Fehlverhalten zu Abfall werden. Allerdings ist „Heil" nicht
anthropozentrisch aufzufassen, denn für Gnade und
Erbarmen ist da kein Platz. Doch auch noch nach
Schopenhauers zerrissenem „Willen in der Natur"
kann eine ontologische Ethik ein wertfreies Gelingen
des eigenen Wesens erwarten. Hier sind Möglichkeiten
innerer Vervollkommnung gegeben, die unser nach
außen gerichtetes und das Leid der Welt meist nur
verschärfendes Tun unterdrückt hat. Schopenhauer
nennt das Genie, den Philosophen und den Heiligen
als existenzielle Vorbilder.[26]
Damit ändert sich aber nicht die Ordnung des Kos-

---

[26] W. Schirmacher: Gelassenheit bei Schopenhauer und bei Heidegger, in: Schopenhauer-Jahrbuch 63 (1982) 54–66.

mos. Die Reaktion der Dinge auf die Fehler der Menschen bestätigt sie gerade. Die weltweite Zerstörung als Urteil über unser Verhalten kann die radikale Umkehr aber durchaus anleiten. Achten wir auf die gelingende Bewegung, wird die menschliche Abweichung greifbar. Unsere Aufmerksamkeit sollte nicht den Fehlern gelten, denn deren Beseitigung hat eher geschadet als geholfen. Es sind die Stärken des selbstbewußten Menschen, die ihn abfallen ließen. Dort, wo wir uns sicher fühlen, versteckt sich unsere Schwäche. Dem auftrumpfenden Ich der Neuzeit entspricht eine wachsende Nichtidentität des einzelnen. Die wissenschaftliche Sicherheit durch Beweis ist unsicherer als die frühere Glaubenswahrheit. Sie erschreckt und tröstet nicht. Auch die technische Prognose hat das Neue nicht beherrschbar gemacht, sondern schreibt die Gegenwart fort. Was wir erkennen, haben wir zuvor konstruiert.

Den Gang des Geschehens ignorieren die Menschen oder benutzen ihn wie Narren. Ins Grenzenlose schweift der Mensch. Seine Träume hält er für die Gedanken Gottes. Dabei würde die Beachtung der Grenze seinem Wissen die Nähe zum Überwissen erlauben. Wir vermögen zu erkennen. Mehr Erkenntnis ist nötig, da wir zu wenig, proportional unangemessen wissen. Vollständiges Wissen verhindert schon die Bewegung der Phänomene. Aber sollten wir deshalb auf Wissen verzichten? Niemand kann alles Lernbare lernen. Wird er darum mit dem Lernen überhaupt nicht anfangen wollen? Die Aussicht, niemals am Ende zu sein, spornt eher an. Die Gelassenheit des Denkens gewährt das Wesen der Wahrheit, „Seinlassen" ist einzuüben.

Wie läßt sich Gelassenheit als Ethik vermitteln? Klassisch ist das Problem, ob das Gute, das rechte Tun, lehrbar sei. Platon hat es gehofft, Aristoteles in Zweifel gezogen. Platon begriff jede Anleitung des Tuns durch Wissen als Techne. Die Ethik leitet das Wissen des Guten. Aristoteles aber verwies auf den Unterschied zwischen sittlichem und technischem Wissen. Sich-Wissen und über anderes Bescheidwissen scheint unvergleichbar. Der vollendete sittliche Mensch und die perfekte technische Leistung sind nicht dasselbe, verfügt doch der Mensch nicht über sich wie der Handwerker über den Stoff. Technik bezieht sich auf einzelne Vorgänge und dient Zwecken. Ethik aber hat das Ganze im Blick, will Allgemeingültigkeit. Die Mittel der Technik sind, wenn das angestrebte Ziel bekannt ist, leicht zu finden. Jeder mit gleichen Absichten kann sie wiederbenutzen. Das sittliche Wissen dagegen bewährt sich unvoraussagbar in der Situation und wird dort verbindlich. Der Mensch geht mit sich zu Rate und erforscht sein Gewissen. So versteht Aristoteles die Klugheit. Sie ist praktisches Wissen im Gegensatz zu theoretischem und technischem Wissen. Wir haben uns daran gewöhnt, die drei Wissensarten nebeneinander bestehen zu lassen.

Doch diese Unterscheidung beschreibt einen historischen Sachverhalt, der einen Mangel des Wissens feststellt. Über die unabhängig ihre Bahnen ziehenden Gestirne konnte die Theorie Sicheres wissen. Auch die Produkte der Technik sprachen für sich und lobten den Erfindergeist. Aber das Verhalten war zweideutig und der Vernunft nur schwer zugänglich. Der Mensch ließ sich nicht sezieren. Er mußte als gegeben hingenommen werden. Noch heute wissen wir wenig über das menschliche Gehirn. Aristoteles hatte das Unwissen über den Menschen in seiner praktischen Philosophie berücksichtigt. Es wäre unvernünftig gewesen, schwärmerisch schon ein lehrbares Wissen zu behaupten. Aber ist es nicht auch unberechtigt, eine historische Gegebenheit zu ontologisieren? Muß es beim Unwissen über den Menschen bleiben? Platon hat die auch von Aristoteles nicht bestreitbare Identität allen Wissens unterstrichen. Kein Wissen ist für den Menschen von der Praxis getrennt. Das Wissen existiert in seiner Verwirklichung. Es erscheint als Techne, ist Wissen und Produkt in einem. Allerdings sind wir vom Wissen noch weit entfernt, nähern uns ihm im Dialog. Mit Platon ist die Möglichkeit offenzuhalten, das Gute, die Vollendung des Lebens, zu lehren, sie als Techne durchzuführen.

Wie entscheidend dieser Vorbehalt werden kann, zeigt unsere Situation. Wir haben inzwischen empirisch die ontogenetische und gattungsgeschichtliche Entwicklung des sittlichen Bewußtseins des einzelnen untersucht. In absehbarer Zeit wird die Gegebenheitsannahme aufzugeben sein. Das Gute, das wie alles erlernt werden muß, ist dann auch lehrbar. Der wilden Lernweise wird es entzogen. Sittliches Verhalten zeigt sich als Technik, die den Ausgleich mit der Um- und Mitwelt durchführt. Zu jeder Technik gehört die Möglichkeit des Wissens, auch wenn die wichtigsten Techniken ohne aktualisiertes Wissen gelingen und sich — von Störungsfällen abgesehen — damit begnügen. Gelernt sind alle, wenn man gattungsgeschichtlich denkt. Sie sind daher auch alle zu lehren, obwohl dies selten die erfolgreichste Methode ist. Erfolgreiches Wissen und Lernen leben wir.

Die Vorstellung, eine Theorie müsse das Tun erst anleiten, geht von einer Trennung zwischen Denken und Handeln, Theorie und Praxis aus. Darin zeigt sich bereits eine Störung, und machen wir den Versuch, die Einheit wieder herzustellen. Der Mißerfolg der Ethik beweist jedoch, daß nicht immer eine wilde, wenn auch im Fall der Ethik gerade nicht naturwüchsige Lernweise der vernünftig angeleiteten vorzuziehen ist. Wir werden vielleicht bald wissen, wie sittliches Bewußtsein entsteht. Dann sollten wir aber die traditionelle Ethik nicht durchzusetzen versuchen. Solche Manipulation würde nicht gelingen, sondern an ihren Nebenwirkungen scheitern. Wir werden lernen müssen, die Moral aufzugeben und uns rollengemäß im Kosmos zu verhalten.

Spinozas ontologische Ethik verwirklicht sich in Heideggers Gelassenheit. Diese Verbindung hat eine lange Tradition. Gelassenheit als rechtes Tun, ethisch also zu verstehen, ist spätantikes Erbe. Gleichmütiges Verhalten in Glück und Unglück zeichnete die epikureische apathia und die stoische ataraxia aus. Verzichtsbereitschaft, Besonnenheit, Leidenschaftslosigkeit und Geduld waren ihre Tugenden. Heidegger nannte in einem öffentlichen Vortrag 1955 die heute „nötige Haltung des gleichzeitigen Ja und Nein zur technischen Welt mit einem alten Wort ... *Gelassenheit zu den Dingen*".[27] Untrennbar zur Gelassenheit gehört „das religiöse Grundgefühl" (O. F. Bollnow), der „Dank: an das Unbekannte" (W. Weischedel), die „Offenheit für das Geheimnis" (Heidegger). Hier wirkt das Verständnis der Reformation und des Pietismus fort, die im Sichverlassen auf Gott, in der Aufgabe des Eigenwillens (Luther), in der Verleugnung des Selbst zugunsten Gottes den Sinn der Gelassenheit sa-

---

[27] Gel 23. Vgl. zum folgenden U. Dierse u. P. Heidrich: Gelassenheit, in: Historisches Wörterbuch der Philosophie III, Basel 1974, 219–221.

hen. Die Reformation wiederum übernahm und ver-
flachte zugleich den Sprachgebrauch der Deutschen
Mystik. Denn dort war Gelassenheit noch das radikale
Verlassen der Welt und des Selbst. Ganz leer werden,
um von Gott gefüllt werden zu können (Meister Eckhart), sich selbst entfremden und von allen Dingen
abwenden (Seuse), vollkommene Willenslosigkeit ver-
langte die rechte Gelassenheit. Kann auf solch totaler
Weltabwendung eine Ethik aufgebaut werden? Schopenhauer hat dies bejaht und den Heiligen als ethisches
Vorbild vorgestellt. Aber der Tod wird dabei in Kauf
genommen, die beste Gelassenheit führte in ein „ewiges Leben".

Heidegger hat dem sonst so geschätzten „Lese- und
Lebemeister" Eckhart widersprochen, und Gelassenheit gerade nicht als „Abwerfen der sündigen Eigen-
sucht und das Fahrenlassen des Eigenwillens zugunsten des göttlichen Willens" bestimmt. Diese Verwah-
rung gegen den mystischen Sinn der Gelassenheit geschieht jedoch nicht, wie man meinen könnte, um deren Radikalität zurückzunehmen. Im Gegenteil — die
Mystiker sind Heidegger nicht „gelassen" genug. Sie
denken „die Gelassenheit noch innerhalb des Willens-
bereiches", denn willenlos soll nur der Mensch, nicht
aber Gott werden.[28] Heideggers Gelassenheit ist jedoch das grundsätzlich nicht-vorstellende, des Wol-
lens entwöhnte Wesen des Denkens, ein Hören auf die
Zusammengehörigkeit von Mensch und Sein. Gelassenheit läßt sich auf das Ereignis ein, das kein „höheres
Wesen" ist, sondern unsere sterbliche Seinsweise.
Über- und Unterordnung wären hier unangemessen.
Zu fragen ist allerdings, ob nicht auch die Mystiker

---

[28] Gel 33—34.

dies wußten, und manchmal wie Angelus Silesius auch aussprachen: „Der Grundgelassene. Ein grundgelaßner Mensch ist ewig frei und ein/ Kann auch ein Unterschied an ihm und Gotte sein?"

Umstritten ist bis heute, ob aus dem „Lassen" der Gelassenheit eine Ethik zu folgen vermag. Eine Übereinstimmung mit der Natur, die das ökologische Problem lösen würde, und durch Gelassenheit zu erreichen wäre, wird als romantisch zurückgewiesen. Die Differenz von Sein und Sollen, die in solcher Ethik aufgehoben zu sein scheint, sieht man als unaufgebbar für das menschliche Handeln an. Wer die Wahrheitsfrage durch die Offenheit zur Wahrheit des Seins ersetze, moniert Tugendhat, gebe die „Idee kritischer Verantwortlichkeit" auf, die Voraussetzung jeder vernünftigen Praxis sei.[29] Dann wird zum „Widerstand gegen das Übersteigen der ethischen Existenzsituation in der Seinsfrage" aufgerufen.[30] In umgekehrter Richtung argumentiert ein Schüler Levinas', wenn er Heidegger vorhält, seine Gelassenheit unterstütze gegen ihre erklärte Absicht den Vorrang des Selbst, da die Ethik der Gelassenheit der Ontologie unterworfen sei. Statt dessen müssen Ontologie auf einer Ethik basieren, einer Ethik als Rücksicht auf die anderen.[31]

Treffender hat der französische Philosoph Pierre Aubenque die aktuelle ethische Bedeutung der Gelassenheit bestimmt. Gelassenheit wird im Sinne Heideggers als Gegenbegriff zu Arbeit, als Ethik des Verzichts

---

[29] E. Tugendhat: Der Wahrheitsbegriff bei Husserl und Heidegger, Berlin 1967, 405.
[30] H. Fahrenbach: Existenzphilosophie und Ethik, Frankfurt a. M. 1970, 131.
[31] L. Bouckaert: Ontology and Ethics, in: International Philosophical Quarterly 10 (1970) 402–419.

gegenüber der Ethik der Produktion aufgefaßt. So können „Heil und Wandel … nur von einem ‚Zukunftsdenken' kommen, von einer neuen ‚Seinserfahrung', nicht von Lösungen, die diese oder jene politische Philosophie zu geben vorgibt … Die Versöhnung von Mensch und Technik, die Wiedereinsetzung des Menschen, der entwurzelt war, in seinen natürlichen Lebensraum, kurz das, was eine andere Tradition die Aufhebung der Entfremdung nannte, können nicht durch eine soziale oder politische Reform erreicht werden, denn diese gehören noch immer zum System der technologischen Rationalität."[32] Statt des rechnenden Denkens brauchen wir ein besinnliches Denken, und „im Unterschied zum ersten hat das zweite keine Pläne. Es ‚provoziert' das Seiende nicht, um es seinen Fragen zu unterwerfen. Es denkt nicht das Denkbare, sondern läßt das Bedenkliche sich in sich entfalten." Diese Haltung kennzeichnet Heidegger als Gelassenheit, in der auf dem Boden der herrschenden Gleichgültigkeit gegenüber dem Seienden, das überall nur vernutzt wird, eine „neue Leidenschaft für das Sein" gegründet werden soll. „Sich-ergeben und Öffnen, Ruhe und Warten, Verzicht und Empfang" sind Merkmale der Gelassenheit, und eine „weitsichtigere Jugend entdeckt … auf abgelegenen Feldwegen, daß der Fleiß weder die höchste noch die am meisten anerkannte Tugend ist, und daß auch in der Meditation, im Gebet, im Verzicht, im Abwarten Tugenden liegen, wie man im Abendland vor der industriellen Revolution gewußt hat".[33]

---

[32] P. Aubenque: Travail et „Gelassenheit" chez Heidegger, in: Etudes Germaniques (1977) 265 (Übersetzung: W. S.).
[33] Ebd. 267.

Aber so einleuchtend Aubenques Bestimmung der Gelassenheit auch ist, trifft sie doch lediglich die Einstimmung in Gelassenheit. Noch wäre sie auf derselben Ebene wie Arbeit zu denken, löste diese nur ab, ist eine Welthaltung unter anderen, ausgezeichnet durch Verzicht. Eigentliche Gelassenheit jedoch ist „Vergegnis", jene begegnende, verwandelnde und uns ins Eigene bringende Lebensweise, die Heidegger „Ereignis" nennt, und die wir gegenwärtig als „Ereignis Technik" erfahren. Gelassenheit bedeutet also nicht eine für sich bestehende und von uns gewählte Einstellung, sondern sie *ist* das Verhältnis von Denken und Sein, das unsere Existenz ausmacht. Gelassenheit können wir nur verfehlen, nicht aber abstreifen. Das Ethos der Gelassenheit ist auch nicht zu verwechseln mit einer Gelassenheit aus Skepsis, denn der Skeptiker ist nicht zu Hause,[34] bleibt ein Fremder auf der Erde. Warten, Langmut und Nähe gehören zur Gelassenheit, die eine Trennung von meditativem Wissen und entfremdeter Welt nicht aushält. So ist ihr Verzicht zugleich Aktivität, ihre Askese zeigt sich in den Techniken.

Die Wahrheitstechnik verwirklicht die Wandlung des Denkens, die uns der Bewegung des Kosmos genügen läßt. Sie weist sich aus als besseres Leben durch Denken. Sie ist Ethik als Gelassenheit. Die Verfälschung des Lebens ist tiefgehender, als je einer mit Vernunft ausdenken kann. Die Verrückten erlitten dies und entsprangen der Welt. Der Schizophrene ist der Mensch der Zeit. Er ist an der Wahrheit verrückt geworden, so wie wir es alle werden müßten, wären wir nicht durch Selbstbewußtsein bewußtlos. Die Erinnerung an das

---

[34] W. Weischedel: Skeptische Ethik, Frankfurt a. M. 1976.

Heile blitzt im Schizogestammel auf und überstrahlt die Zerstörung.[35] Aber müssen wir nicht aus Erfahrung skeptisch sein, wenn derart auf die Macht des Denkens gesetzt wird? Wäre nicht solcher Idealismus materialistisch zu kritisieren und als Krisensymptom des Kapitalismus zu entlarven? Ist der Appell zum Umdenken und zur Gelassenheit nicht Tradition in der Philosophie? Charakterisiert nicht das bisherige Scheitern den Unernst solchen abstrakten Verlangens?

Das verwandelte Denken erfüllt den Sinn der Philosophie. Aber der Wechsel vom Idealismus zum Materialismus wäre nur eine Retusche. Das Denken ist nicht mächtig und nicht Herr einer Sache, aber wir sind auch nicht ohnmächtig und Ungedachtem ausgeliefert. Unsere Wandlung muß so radikal sein, daß sie unsere Wurzeln im Sein erreicht. Der radikalste Denker, Martin Heidegger, hat den Weg gebahnt. Seine Lehre führt zum unbekannten Menschen, in den Bezirk seiner Identität. Sie verlangt eine äußerste Anstrengung von uns. Weder reicht die Anpassung an die veränderte Welt noch ein antizipierendes Lernen aus Katastrophen. Denn damit verlassen wir nicht die in der Metaphysik entwickelten, zur Selbstverständlichkeit verfestigten Denkweisen. Nicht Überschreitung der Grenzen der Vernunft kennzeichnet das metaphysische Denken, sondern der von den Griechen bis zu den Antimetaphysikern der Gegenwart für weltanschauungsunabhängig gehaltene Grundbestand des Wissens.

In der Gelassenheit kehren wir uns nicht rücksichtslos von der Metaphysik ab. Denn das führte in eine

---

[35] G. Deleuze u. F. Guattari: Anti-Ödipus, Frankfurt a. M. 1974.

Sprachlosigkeit, die sich für unmetaphysisch hält und nur unwissend ist. Es gibt keine Wandlung ohne einen Boden, von dem aus zu springen ist. Die Metaphysik bleibt der Leitfaden unseres Lebens wie der philosophischen Untersuchung. Allerdings folgt aus ihrem Wesen, in der Irre von Wahrheit zu zeugen, eine von Heidegger vermiedene doppelte Gefahr. Viele Versuche, der Metaphysik gerecht zu werden, sind ihr erlegen. Eine Wertschätzung der Metaphysik, verständlich bei ihren großen Denkern, verhindert die radikale Abkehr. Radikalität ohne Wertschätzung aber geht ins Leere und nicht ins Offene, wie sie beabsichtigt.

Unser Abgrund, den erst der Verzicht auf das Gründen zum Vorschein bringt, ist voll Leben und das Nichts, das der Gegenwart den Boden entzieht, die gelingende Bewegung. Alternativen sind nicht zu erwarten, denn als Gelassenheit geschieht Unvergleichliches. Das Denkbare haben wir zu verdenken, und Undenkbares wartet. Die Hauptzüge der Metaphysik sind herauszuarbeiten und ihres Schutzes im gewohnten Denken zu berauben. Die hermeneutische Phänomenologie, die dies unternimmt, entdeckt in der Metaphysik auch die verborgene Botschaft der Götter. Sie folgt dem Winken des Kosmos. Ein Lebenstext entsteht, das Ereignis. Von ihm wird die Dialektik angezogen. Sie bringt dann das gattungsgeschichtliche Technikwissen in Bewegung und die Technik auf ihren Begriff. Im Ereignis Technik entfaltet sich die Gelassenheit in ihre Weite und frei von Entstellung. Hermeneutische Phänomenologie und Dialektik als Techniken der Wahrheitstechnik Philosophie wirken so zusammen und stärken einander. Ihr Denkwerk ist der Techniker Mensch. In ihm werden wir Ereignis.

Wir müssen uns auf den Weg machen und nicht stehenbleiben. Wenn Wahrheit kein Besitz und nicht für ewig festlegbar ist, sondern selbst einen Prozeß darstellt, welcher die sich ständig verändernde Wirklichkeit betrifft, ist dann nicht auch die Verirrung wahr, authentischer Ausdruck einer Zeit? Dies sind naheliegende Fragen, die unsere unscheinbare Erfahrung mit der Wahrheit jedoch überspringen. Dem Menschen zeigt sich Wahrheit im Gefühl der Gewißheit, daß dieses, was gerade geschieht, wirklich ist, so und nicht anders sein muß.

Doch außerhalb des Weges gibt es keine Wahrheit, und ohne unterwegs zu sein, sterben wir. Im Tod kommen wir an. Die Metaphysik mit ihrer Sicherheits- und Bestandstechnik brachte den Tod mitten ins Leben. Nicht-metaphysisch denken heißt daher Leben lernen. Die philosophische Methode, die sich der Metaphysik versagt, gewinnt den Lebensweg zurück. Dem Unterwegs des Denkens entspricht das Unterwegs des Lebens. Denke ich wahr, lebe ich wahr. Allerdings ist die Irre nicht durch ihre Entdeckung beseitigt. Die Erkenntnis ist trotzdem nicht folgenlos. Die Beirrung ist aufgehoben, wenn auch die Irre bleibt. Freiwillig folgt ihr der Mensch nicht mehr. Wenn sie mächtig ist, als Sucht, Existenzlüge oder Konvention auftritt, dann kann sie uns oft noch die Anerkennung abnötigen. Aber die Irre ist rechtlos. Man darf ihr entfliehen, sie hintergehen und verleugnen. Das entspricht ihrer Wahrheit. Der Irre gegenüber gibt es keine Loyalität und keine Dankbarkeit. Innerer Widerstand ist Pflicht.

So zeigt sich ein Denkwandel immer als Lebenswandlung, auch wenn ein Beobachter zunächst keine Änderung erkennen kann. Nach jedem Gedanken ist die Welt nicht mehr, wie sie vorher war. Noch die Wiederholung des Gedankens verändert das Leben. In diesem Phänomen wurzelt die Einheit von Wahrheit und Methode. Wir erfahren, wie Wahrheit unseren Lebensweg ändert. Das Wie der Methode, die Weise des Lebens, zeigt das Wie der Erkenntnis, die Wahrheit. Mehr als unser Verhalten bezeugt, wissen wir nicht. Verstehen *ist* Wahrheit. Solches Verständnis aber bleibt nicht im Kopf, sondern wird verbindlich für die Lebensäußerung. Wir sprechen mit unseren Taten und Leiden.

II. Hermeneutische Phänomenologie vom „Ereignis Technik"

1. Phänomenologischer Einsatz und hermeneutische Aufgabe

Die platonische Einheit von Wahrheit und Methode in der Technik hat Aristoteles zum Problem gemacht. Die Vieldeutigkeit des Seienden und der Mangel unserer Sprache, in der sich das mannigfache Seiende symbolisch zeigt,[1] ließ Wahrheit und Methode in ein Verhältnis auseinandertreten. Wenn die Sprache nur repräsentiert, ist Täuschung nicht auszuschließen. Die Zusammengehörigkeit von Wahrheit und Methode wurde zwar nicht bestritten, aber als gefährdet und erst herzustellen verstanden. Die Methoden hatten sich der Wahrheit anzumessen. Je besser das durch Unterscheidung der mannigfachen Bedeutungen des Seienden gelang, je differenzierter die Kategorientafel wurde, um so näher schien die Einheit von Wahrheit und Methode zu rücken. Diese Nähe erwies sich als Trug, und das griechische Denken erstarrte im Akademismus. Das Christentum glaubte die Einheit in Gott als Schöpfer verwirklicht. Die Vieldeutigkeit war dann gottgewollt. Das neuzeitliche Denken wollte griechische Erkenntnisohnmacht wie die christliche Unver-

---

[1] Aristoteles: De interpretatione, 16 a 3–8. Vgl. USp 244, und dazu P. Kremer: „Offenbar Geheimnis". Ein Leitwort in Goethes Werken, Diss. Düsseldorf 1973, 107–123.

nunft vermeiden. Descartes drehte das Problem um.
Die Wahrheit hat sich nach den Methoden zu richten.
Nichts gilt, was den Regeln methodischer Vernunft
nicht genügt. Der Natur wird auf den Buchstaben genau vorgeschrieben, was sie zu sein hat. Aus dem be-
hutsamen Hervorgeleiten der Physis in der griechischen Methode wird das herausfordernde Stellen der
Natur durch die instrumentelle Wissenschaft. Nur was
deren Apparate messen, ist vorhanden. Von Wahrheit
ist keine Rede. Die wissenschaftlich abgerichtete Richtigkeit muß genügen. Das Verhältnis von Wahrheit
und Methode ist mit diesem Gewaltstreich aufgekün-
digt. Da die Wahrheit nicht zu finden war, wird sie
durch Methoden ersetzt.

Wie aber gelingen den Methoden trotz ihrer Unwahrheit brauchbare Ergebnisse? Bewußtsein bedrängt hier
die ungewollte Wahrheit der Methode. Die Phäno-
nologie ist ihr Ausdruck. Angezogen vom Schein, ist
sie ganz Methode, allein am Wie und nicht am Was
interessiert.[2] Und doch läßt gerade sie die Sache selbst
sehen. Das zunächst verborgene Phänomen wird als
das Sich-an-ihm-selbst-Zeigende phänomenologisch in
den Blick genommen und so zugänglich. Als prinzipiell entdeckend erweist sich die Aussage. Denn in der
Sprache zeigt sich der Sachverhalt so, wie er an sich
selbst für das Aussagen ist.[3] Die Betonung liegt auf
dem Wie. Die neuzeitliche Übertreibung der Methode
führt nicht in einer Gegenbewegung dazu, die Sub-
stanzwahrheit zu restaurieren. Der Sinn der Wahrheit

---

[2] R. Wiehl: Begriffsbestimmung und Begriffsgeschichte. Zum Verhältnis von Phänomenologie, Dialektik und Hermeneutik, in: Hermeneutik und Dialektik I, hrsg. von R. Bubner u.a., Tübingen
1970, 167–213.
[3] Suz § 44.

verändert sich statt dessen in der Phänomenologie. Dazu gehört der Verzicht auf die Identifizierung von Wahrheit und Realität. Wahrheit liegt nicht als Etwas vor. Der natürliche Weltglaube ist zu überschreiten. Ob etwas sich als existent ausgibt, muß nur registriert werden. Über Wahrheit wird nicht schon dadurch entschieden, daß man zu wissen behauptet, was etwas sei. Aussagen sind für Täuschungen anfällig. Das rief die Methode hervor. Außerdem ist Wahrheit in der Verfestigung auf das Erblickte von vornherein verkannt. Der Prozeß des entdeckenden Erkennens würde unterbrochen. Das Entdeckte ist immer nur ein Moment des Entdeckungsprozesses. Entscheidend bleibt das Entdeckendsein, das Dinge und Mensch im Sachverhalt aufeinander verweist.[4] Das Dasein als In-der-Welt-Sein existiert immer schon als Entdeckend-Sein. Das Anwesende entspricht dem offenständigen Verhalten des Menschen.

Der Mensch leistet Welt. In seinen Lebensweisen geschieht Weltleisten. Damit soll nicht eine Macht über das Seiende behauptet werden. Das Leisten, das unsere Natur ist, bestimmt die Richtung des Aufnehmens. Wir sind es, die sich auf das richten, was uns entgegenkommt. In solcher Intentionalität erfahren wir die Freiheit als Wesen der Wahrheit. Denn intentional wählen wir, was uns nicht gehört und dem wir doch zugehörig sind. Folgen wir unseren Intentionen, ohne sie zu beschränken oder auf Zwecke zu reduzieren, eröffnet sich uns die freie Weite der Sachverhalte. Wir lassen in uns alles so sein, wie es sich entbirgt oder entzieht. Der Mensch konstituiert Welt. Diese läßt

---

[4] S. Müller: Vernunft und Technik, Freiburg/München 1976, § 16—20.

sich daher als seine Konstitutionsleistung aufklären[5] bis hin zum Urgrund des Strömens. Phänomenologisch zeigt sich, wie es Welt gibt. Dabei handelt der einzelne wie die Gattung innerhalb derselben Methoden. Lebensweltliche Praxis, wissenschaftlich und philosophische Vernunft, dichterische Phantasie, unbeschadet ihrer Realität oder Irrealität, leisten die Vielfalt unserer Welt. Sie wirken zusammen beim Aufbau eines Sachverhalts.

Das Phänomen hat ein Recht auf seine volle Gestalt. Ohne den umfassenden Einsatz unseres Leistens ist eine Erkenntnis der Phänomene unwahr. Jede Sachverhaltsanalyse ist kritisch auf ihr Leistungsdefizit hin zu befragen, auf ihre Unvollkommenheit und Kurzsichtigkeit. Das Durchspielen der möglichen Wies eines Sachverhalts darf nicht angehalten werden. Durch wiederholende Variation und durch Herausarbeiten der sich in ihr zeigenden Umrisse einer Wesenstypik gestaltet sich das Bild eines in den Blick genommenen Phänomens. Ohne darüber zu entscheiden, was etwas sei, zeigen die mehr oder minder erfüllten Möglichkeiten des Sachverhalts, ob dieser mit sich identisch ist. Das Phänomen wird nicht erfunden, sondern in unserem Leisten gefunden. Das beschränkt sich keineswegs auf das Erkenntnisleisten. Lebensweltliches Verhalten gehört zur vollen Konstitution eines Sachverhalts ebenso wie Körpererfahrung und Traditionsabhängigkeit. Absolute Vorurteilslosigkeit jedoch kennzeichnet den Einsatz der Phänomenologie. Ihr Fortgang ist die immer erneuerte Kritik fertiger Sinngebilde durch den Aufweis ihrer Korrelation und Fun-

---

[5] E. Tugendhat: Der Wahrheitsbegriff bei Husserl und Heidegger, Berlin 1967, 245—255.

dierung. In der Phänomenologie verstehen wir Welt.

Als die ausgearbeitete Theorie des Verstehens ist philosophische Hermeneutik[6] zu begreifen. Sie macht einsichtig, wie unser Verstehen geschieht. Dabei beschreibt sie, was ist, und nicht, wie etwas sein soll. Hermeneutik ist die Kunst, sprachlich kommunizierten Sinn zu verstehen. Das Sein, das verstanden werden kann, ist uns als Sprache gegeben. Das, wovon geredet wird, und der Redende bilden eine Einheit im Gespräch. Das Gespräch ist der Akteur und die Geschichte für die Hermeneutik. Doch keine anthropozentrische Selbstbeziehung wird angenommen und nicht eine Wahrheit ersetzende Methode vorgeschlagen. Die Aufklärung unseres Verstehens zeigt, daß wir nur im Blick auf die Sache verstehen. Wahrheit wird vermittelt, ob wir ein Kunstwerk erfassen oder Wissenschaft betreiben.

Die Einheit von Wahrheit und Methode in der Hermeneutik begründet das Wahrheitsgeschehen, das wir als Wirkungsgeschichte[7] erfahren. Sie widerruft die Anmaßung des Subjekts, alles auf sich stellen zu wollen und nur als Einfluß anzuerkennen, was im Wissen präsent ist. Der Subjektivität kann nachgewiesen werden, wie sehr sie eine von ihr nicht hergestellte Substanzialität bestimmt. Die Vorurteile helfen dem Verstehen ebenso wie das Vergessen. Niemals könnten wir etwas behalten und uns erinnern, wenn nicht das weitaus meiste im dunkeln bliebe, was geschah und unser ge-

---

[6] H.-G. Gadamer: Wahrheit und Methode, Tübingen 1972. Zur Kritik vgl. J. Habermas: Der Universalitätsanspruch der Hermeneutik, in: Hermeneutik und Ideologiekritik, Frankfurt a. M. 1977, 120–159.

[7] H.-G. Gadamer: Wahrheit und Methode, a. a. O. 284–290.

genwärtiges Leben ebenso prägt wie das Erinnerte. Der Geschichtlichkeit entspricht, nie im Sichwissen aufzugehen und geleitet zu bleiben von Sachverhalten, über die wir keine Macht besitzen. Gegenüber der uns beanspruchenden Gegenwart gibt eine so begriffene Vergangenheit Halt und inneren Abstand.

Die Botschaft der Götter, die im Namen Hermeneutik anklingt,[8] ist die Einsicht in die Unverfügbarkeit der Phänomene. Damit taugt die Hermeneutik zur Selbstkritik der Phänomenologie. Denn nicht nur die Täuschung bedroht den phänomenologischen Blick, sondern das Sehenlassen erwartet immer schon zuviel. Wie sich ein Sachverhalt zeigt, ist in seiner Wahrheit nicht durch unsere Erkenntnisfähigkeit begrenzt. Unaufklärbar ist die Weise, wie sich der Sachverhalt im Sichzeigen gerade verbirgt. Die Unverborgenheit der Wahrheit weist auf ihre Verbergung, ohne die Wahrheit flach und ohne Bewegung wäre. Der phänomenologische Einsatz fordert die Aufgabe der Hermeneutik heraus. Aber Hermeneutik kann Phänomenologie nicht ersetzen. Hermeneutik verhindert jedoch, daß das phänomenologische Verstehen der Metaphysik anheimfällt, die das Sein als Anwesenheit denkt und das Wesen als Seiendes vorstellt. Dann vermag Phänomenologie die Seinsverkennung und den durch sie verdeckten Hinweis auf das entbergende Verbergen als Weisen des phänomenalen Wie aufzunehmen und zu wiederholen. So vermeidet sie die vernünftige Enge der Hermeneutik. Denn diese versteift sich auf das im Horizont der Geschichte Gewordene. Was uns jedoch zieht und unerhört ist und von keiner Sprache schon eingefangen, braucht die erwartungslose Offenheit des

---

[8] USp 121.

Phänomenologen. Dieser vermeint, nichts zu wissen, aber hält alle Erscheinungsweisen für möglich. Seiner vorurteilslosen, kunstreichen und phantasievollen Empfangsbereitschaft bedürfen die Sachverhalte, die recht begriffen niemals die bekannten sind. Die Hermeneutik erfüllt sich im Sich-Aufgeben in die ihr fremde Radikalität der Phänomenologie. Doch sie wird wiedergeboren in der hermeneutischen Phänomenologie, in der die Phänomene aufgewiesen werden, die wir als Geschichte existieren. Da Geschichtlichkeit die menschliche Seinsart ist, erfährt erst die hermeneutische Phänomenologie das Wesen des Menschen.

2. Hermeneutische Phänomenologie als Radikalkritik der Metaphysik

Weitab vom wahren Menschen vegetieren wir. Uns zerreißt der Zwiespalt zwischen Weltauffassung und Realität. Hektischer werden die Rettungsversuche und verstiegener die Heilslehren. Zynisch ist ein Tagesrealismus, der die Satten weiterleben und die Hungernden verhungern läßt. Es kommt darauf an, den Irrtum, den wir über uns hegen, zu durchbrechen. Wir müssen herausfinden, wie der Mensch ist. Denn nicht Selbstzerstörung kann die Aufgabe unserer Gattung sein. Der Durchbruch zum Wissen muß schwieriger sein als die Wissenschaftstheorie glaubt. Operationale Definitionen und interessengeleitete Sachbestimmungen sind nur Marken im Untergangsspiel. Wollen wir überleben, müssen wir den sich zeigenden Sachverhalt ohne entstellende Begriffskonstruktionen beschreiben. Dies geschieht als Phänomenologie. Die Sprache, in der wir Sachverhalte verstehen, erlaubt nicht immer ein Sehenlassen, sondern ihre Vieldeutigkeit verbirgt zugleich die Phänomene. Die phänomenologische Unschuld geht verloren, doch zur hermeneutischen Resignation besteht kein Anlaß. Die Ergänzung von Phänomenologie und Hermeneutik verweist auf das Wesen des Menschen.

Wir sind unsere Geschichte. In die Tradition geworfen, entwerfen wir eine Zukunft, die uns aus der Vergangenheit entgegenkommt. Das Dasein ist immer schon ein Gewesenes und seine Faktizität unaufhebbar. Aber unser Verstehen gerät dadurch in Bewegung. Der Mensch sorgt sich um sein Sein. Gewordenes ist Garant und Zukunftsversprechen zugleich. Wir können von etwas ausgehen, und da es entstehen mußte, wird es auch Neues geben. Nichts scheint unwiderruflich. So hegt die verstehende Sorge, was sie annahm. Aber sie sorgt ebenso vor und übersteigt das gegenwärtige Seiende in jedem, nicht nur im kühnen Entwurf.[9] Hermeneutisch legen wir uns aus. Im Bild gesprochen: Hermes bringt die Botschaft des Geschicks. Über unser Geschick unterrichtet uns die Sprache. Sie zeigt, wie wir sind. In ihr verstehen wir. Dieses Verstehen klärt nicht auf und erleichtert uns auch nicht den Zugriff auf die Phänomene. Das Verstehen achtet das Geheimnis und die Endlichkeit. In der Sprache schwingt das Maß des Ganzen und herrscht nicht unsere Willkür. Wir regen die Sprache nicht zur Kommunikation an, sondern sie verbindet uns mit Menschen und Dingen, zu denen wir gehören. Der Weg der Sprache ist der Lebensweg des Menschen. So wenig, wie der Tod das Ziel des Lebens ist,

---

[9] SuZ § 41.

so wenig kennt die Sprache einen Zweck. Sie vollbringt die Zwiefalt von Sein und Seiendem. Der gegenwärtige Zwiespalt ist die entartete Form. Der Mensch kann das Sein, von dem er doch lebt, vergessen, aber in der Sprache bleibt uns der Rückweg offen. Die Selbstauslegung der Philosophie, die eine Stärke und keine Schwäche des Denkens ist, wagt den Schritt zurück. Phänomenologische Hermeneutik widersteht dem Schein des Fertigen, den die Gegenwart mit sich führt. Ihre Wahrheitsmethode zeigt, wie ein Sachverhalt verfaßt wurde und von wie vielen anderen er abhängig ist. Die Geschichtlichkeit des Verstehens durchbricht das geschichtlich Selbstverständliche. Sichtbar wird das Wie unseres Antriebs. Es kommt von lange her und erwartet uns doch immer noch. Unsere verschütteten Wurzeln sind auszugraben. Dazu ist die schonungslose Radikalität im Verlassen aller Setzungen gerade ausreichend. Kritik kratzt nur die Oberfläche und restauriert die Gewohnheit. Todesmut führt zum Leben. Ihn hatten Mystiker, sobald ihnen auch Gott kein Halt mehr zu sein brauchte. Radikalkritik wird nun von allen Menschen eingeübt werden müssen. Wir haben nicht weniger davon zu erhoffen als das Weiterleben der Gattung. Hermeneutische Phänomenologie ist Radikalkritik der Metaphysik, in der die Geschichte versteinerte. Radikalkritik bringt Bewegung in unser Leben zurück. Solch Bewegen durchbricht als Unwissen das Wissen. Was wir jetzt meinen, ist unwahr. Zerstörung ohne Tod ist Verirrung. Hermeneutische Phänomenologie bewährt die Einheit, die ihre Radikalkritik als unzerstörbar in der Entzweiung ausweist. So wie die im Zerstören begriffene Welt heil ist, so lassen auch die Denk- und Seinsbestimmungen, gelangt das Staunen an ihre Wurzeln, einen harmonischen Ton hören.[10] Die Dissonanz, mit der sich Identität gegen das Andere zur Wehr setzt, widerruft sich selbst. Dichotomie, in der die Phänomene zusammengebracht und doch getrennt sind, ist ein Folterinstrument, das Aussagen erpreßt. Die höchste Erkenntnis, hierarchisch andere Einsicht da unten einstufend, hat zur Selbstherrlichkeit keinen Anlaß und findet sich noch auf den geringsten ihrer Mitwisser angewiesen. Instrumentalität entdeckt, daß sie in Liebe braucht, was zum Objekt degradiert und als Mittel entstellt wurde. Daß Sein Seiendes zum Stand und zur Selbstverständlichkeit bringt, es aber damit der Verwesung überantwortet, verdankt sich einer einzigen Weise der Zeit. Diese ist die Gegenwärtigkeit. Sie verliert in der Radikalkritik ihren übermächtigen Schein und zeigt sich als Antwort auf die menschliche Überlebensnot. Zukunftsplanung und Vergangenheitserforschung ist so gegenwärtig, will den angebrochenen Tag durchstehen. Im Streit um die Atomtechnik wird deutlich, daß wir nicht fähig sind, zukünftig zu denken.

Doch die von Heidegger eröffnete Möglichkeit hermeneutischer Phänomenologie signalisiert das Ende der Not. Wir sind zum Weiterleben ausgewachsen. Die Gattung Mensch kann werden, was sie zu sein hat. Sie steht am Beginn ihres Weges. Nun muß sie gehen. Bisher waren wir Menschen in der Erprobung. Was uns bedrohlich erschien, prüfte uns. Nun werden wir der kosmischen Prüfung ebenbürtig, eine bestimmte und sich durchsetzende Weise ihrer Einheit. Die Differenz trägt solche Identität nur aus. Identität und Differenz gehören einander im Ereignen.[11] Die Einheit

---

[10] A. Hübscher: Denker gegen den Strom. Schopenhauer gestern — heute — morgen, Bonn 1973, 41.
[11] ID 32.

der hermeneutischen Phänomenologie erwächst aus dem einheitsverstehenden Menschenwesen und kappt diesen geschichtlichen Leitfaden nicht. Der Mensch ereignet sich in der Technik. In ihrer Verwirklichung drückt sich das Maß des Ganzen unbetrügbar aus. Hermeneutische Phänomenologie als Radikalkritik der menschlichen Geschichte funktioniert als Technik. Ihrem Sachverhalt angemessen, schafft sie das Werk der Wahrheit. Sie entdeckt in unserer Lebenstechnik den kosmischen Zug abgründiger Einheitlichkeit. Verborgen hielt ihn die Metaphysik. Was unverstanden und sprachlos dem Denken fester Boden wurde, bringt radikalkritischer Denkwandel in Bewegung. Wahrheit ist Weg. Die Technik im Ganzen, die das Eigene des Menschen ausmacht und von der die Technik als vollendete Metaphysik abirrte, erscheint im sachlichen Anfang dieser Metaphysiktechnik. Betrachten müssen wir die Züge der Metaphysik, die uns so vertraut sind, daß wir ihre Verzerrung nicht wahrnehmen. Der phänomenologische Entschluß,[12] sich dem lebensweltlichen und dem wissenschaftlichen Mitmachen zu verweigern, ermöglicht jedoch einen fremden Blick auf die Phänomene und beseitigt die familiäre Blindheit. Sichtbar wird, wie die gewohnte Weltinterpretation herrscht, was sie leistet und wovon sie abhängt. Die hermeneutische Ausrichtung der phänomenologischen Analyse versteht die Metaphysik, mißt sie am Maß, dem kein Sachverhalt entgeht. Die Zwiefalt der ontologischen Differenz, von der die Sprache im Schweigen mehr noch als im Sagen handelt,[13] läßt keinen Zweifel an der Wirksamkeit des Maßes aufkommen. Sie ent-

---

[12] E. Husserl: Erste Philosophie, II. Teil, Haag 1959, 413–431.
[13] USp 152.

zieht es zugleich unserer Interpretation. Wir erfahren zwar, woran wir zu messen sind, aber dieses Seinsverständnis weiß auch, wie unendlich uns dieses Maß übertrifft. Doch was wir maßvoll als Geburt des Menschen im Ereignis Technik begreifen, reicht zum Leben. Mit der Radikalkritik der Metaphysik wandeln sich nicht die Inhalte, sondern die Weise des Denkens. Vom Ganzen angezogen, nicht menschlich denkt der Techniker Mensch. Der in der Technik verwirklichte Sinn ist in keine Ordnung zu zwingen. Sein Werken drückt das Zusammengehören von Mensch und Sein aus.

3. Vorbegriff der Metaphysik

Die Zerstörung der Welt entsetzt das Denken, im Aufriß der Welterkenntnis droht der Tod. Inhuman scheint, was menschlich genannt wird. In unserem alltäglichen Denken und Handeln zerbricht die Übereinstimmung mit dem Ganzen. Die Selbstzerstörung, die wir als Lebensweise wählen, charakterisiert sich als Metaphysik. Von ihr ist gegenwärtig jede Lebensäußerung gezeichnet. In verwandlungsfähiger Gestalt, versteckt und offen prägt sie uns. Die Metaphysik kann benannt werden als Überlebenstechnik unter der Bedingung fehlenden Wissens und wäre anzuprangern als Kriegstechnik, die den Frieden nicht zur Kenntnis nimmt.[14] Die Abirrung der Metaphysik von der Wahrheit des Ganzen ist dann zu erörtern. An Spinoza ließ sich sehen, wie ein Denker innerhalb der Metaphysik

---

[14] W. Schirmacher: Ereignis Technik. Heidegger und die Frage nach der Technik, Diss. Hamburg 1980, 65 ff.

diese zu verlassen vermag, ohne allerdings mehr als ein nicht-metaphysisches Lebenskonzept zu erreichen. Metaphysik ist nur überwindbar, wenn sie im Werken überwunden werden kann. Solches Lebenswerk gestattet erst das Ereignis Technik. Zur Kanalisierung der Anschauungen von Metaphysik bestand bisher kein Anlaß. Eine festlegende Definition wäre selbst metaphysisch. Umfassend ist das Phänomen aufzunehmen. Wer begreifen will, wie Metaphysik geschieht, muß sich auf sie einlassen. Anschaulich geleitet von der Weltzerstörung durch Metaphysik, kann eine Diskussion ihrer Bestimmungen nützlich sein. Zwar dürfen wir keinen Begriff der Metaphysik erwarten, denn dieser zeigte Wissen an und ist erst im Verwinden der Metaphysik erreichbar. Aber für einen Vorbegriff reicht die Verbindung von gegenwärtiger Anschauung und traditionellen Definitionen. Solcher Vorbegriff der Metaphysik verschärfte die Kritik an ihr, denn er verhindert ein Ausweichen. Von einem Pauschalangriff fühlt sich die differenzierte Metaphysik-Auffassung nicht betroffen, aber der Vorbegriff nimmt auch sie in Haftung. Die Beschränkung der Metaphysik auf bestimmte philosophische Strömungen unterschätzt sie aus durchsichtigen Motiven. Man will nicht für eine verfehlte Denkweise verantwortlich gemacht werden, obwohl doch weder Positivismus noch realer Sozialismus ihre Mitwirkung an der Zerstörung verbergen können. Offenbar bleibt selbst dann eine Gemeinsamkeit, wenn Metaphysik angeblich außer Kraft gesetzt worden ist.[15] Was weltweit

---

[15] W. Schirmacher: Fortschreitende Humanisierung der Natur. Probleme heutiger marxistischer Technikphilosophie, in: Akten des XII. Deutschen Kongresses für Philosophie, Innsbruck 1983.

Vernichtung bringt, ist auch das gemeinsame Erbe der Menschheit, die Metaphysik. Ihre zerstörerische Kraft ist erst aufzuheben, wenn sie begriffen wird.

Traditionell bezeichnet man als Metaphysik ein Denken, das die Wirklichkeit im Ganzen von ihrem Grund her zu bestimmen sucht.[16] Es ist nicht selbstverständlich, daß es ein Ganzes gibt, und ebensowenig, daß es begründet werden kann. Beide Vermutungen, so gewohnt sie inzwischen sind, bleiben kühn. Dies zeigt sich darin, daß die bisher gegebenen Bestimmungen vom Wirklichkeitsganzen und ersten Grund nicht zu halten waren. Im Schatten des Nihilismus befindet sich das heutige Denken. Ihm muß als Metaphysik das radikale Fragen nach dem Sein und dem Seinsgrund genügen. Zuletzt begnügt es sich mit der radikalen Fraglichkeit selbst, auch ohne Aussicht auf Antworten. Nimmt man diesem Metaphysik-Verständnis seinen erlittenen Anlaß, die Erfahrung des Nihilismus, verflacht es zu einer operationalen Definition. Dann wird zur Metaphysik jedes das sinnlich Gegebene überschreitende Fragen. Wer nach einem Hinter, Nach, Vor oder Über den Dingen fragt, denkt meta-physisch. Nach den Antworten läßt sich das moderne metaphysische Denken ordnen. Das reicht vom Positivismus, der die Möglichkeit einer Antwort zwar verneint, aber die Frage stellte, über Irrationalismus, Idealismus, Lebensphilosophie bis hin zum Materialismus. Sie alle setzen ein erstes Prinzip, sei es Natur, Gott, Geist, Leben oder Materie.

Doch besser zeigt die Geschichte des abendländischen Denkens, was mit Metaphysik gemeint ist. Metaphy-

---

[16] J. Salaquarda: Metaphysik und Erfahrung, in: Denken im Schatten des Nihilismus, hrsg. von A. Schwan, Darmstadt 1975, 3—25.

sik kann beschrieben werden als gewesene Geschichte der europäischen Philosophie. Zu beachten ist dabei der Wandel in der Auffassung von Metaphysik. Die Griechen sahen in der Natur ursprünglich den Urgrund. Der prima philosophia des Aristoteles fehlt noch der zentrische Zug späterer Metaphysik, die einem Prinzip absoluten Vorrang einräumte. Der Kosmos war Gesetz und dessen sichtbarer Ausdruck. Alle Sachverhalte hatten ihren Ort. Götter wie Menschen gehorchten der Notwendigkeit und dem Zufall. Solch heidnische Solidarität der Phänomene beendete das christliche Mittelalter. Es ließ keinen Zweifel am ontotheologischen Charakter der Metaphysik. Das höchste Seiende war Gott, und nach ihm hatte sich das übrige zu richten. Metaphysik bezeichnet nun die Wirkung des Jenseits im Diesseits. Die Dichotomie der Griechen, die ihrer Vorliebe für das dialektische Spiel entsprach, geriet in das theologische Machtkalkül und wurde zum Mittel, Gutes vom Bösen, Feinde von Anhängern, Gott und Teufel zu trennen. Der Humanismus der Neuzeit ersetzte Gott durch den Menschen. Drei fundamentale Wandlungen macht die Metaphysik der Neuzeit durch. Die erste wird durch Leibniz bezeichnet und begründet die Metaphysik der Subjektivität.[17] Seit Kant gibt es eine andere, die formale Form der Metaphysik. Ihre Grundfrage ist: Wie ist Wissen a priori möglich?[18] Hegel ist schließlich der Versuch, Subjektivität und Formalität in der absoluten Idee zusammenzudenken.[19]

---

[17] MA 35−133.
[18] WM 445−480. Vgl. E. Richter: Grundbestimmung und Einheit der objektiven Erkenntnis, München 1974, 92−119.
[19] HW 115−208.

Den Prinzipien der Erkenntnis, den Voraussetzungen der Erfahrung und den Postulaten der Ethik gilt die Untersuchung einer Metaphysik, die als Wissenschaft auftreten will. Hegels Metaphysik-Kritik trifft zwar ihre Form als Substanzontologie, aber unterstreicht zugleich ihr Recht, das unsichtbare Wesen der sichtbaren Erscheinung vorzuziehen.[20] In der absoluten Idee ist Metaphysik dialektisch verwirklicht, Weltgeist. Marx verwirft das Grundprinzip, nicht aber den Gedankengang. Nach seiner Umstülpung bleibt die Dialektik in Kraft. Weniger einverstanden waren die Positivisten. Sie bestritten die Möglichkeit metaphysischer Erkenntnis, hielten sie für ein Sprachproblem. Heidegger verstand die Geschichte der Metaphysik als Geschick der Seinsvergessenheit, die sich in der modernen Technik vollende. Das Setzen eines höchsten Seienden, hinter das nicht mehr zurückgegangen werden kann, zerstörte das Verstehen der ontologischen Differenz. Die Subjektivität ist mit sich selbst allein. Außer Seiendem ist nichts mehr zu entdecken. Jedes wird verrechnet im Bestand. Eindimensional geworden beraubt sich der Mensch des Anderen, ist unfähig zur Veränderung. Ausweglos erscheint die Lage in der vollendeten Metaphysik.[21] Kann nur ein Gott uns retten?

Das Fragen bringt uns nicht um. Wir bleiben auf dem Weg, wenn wir fragend das Vorgefundene überschreiten. Wir fragen eher zu wenig und zu oberflächlich. Im Fragen-können zeigt sich die unentstellte Metaphysik. Die Antwort jedoch, die metaphysische Weltauslegung ruft Zerstörung hervor. Was soll zerstöre-

---

[20] M. Theunissen: Sein und Schein, Frankfurt a. M. 1978, 9–91.
[21] HW 69–113.

risch sein am Gott der Philosophen,[22] dem allmächtigen, allgütigen Garant des Ganzen? Drückt nicht dieser Gottesbegriff die Erfahrung des Unbedingten aus? Ist nicht Gott unser Entwurf einer Seinsordnung und Vorbild für die Menschenwelt? Sind nicht auch andere Prinzipien wie Geist, Leben und Materie aufbauende Ideale? Noch de Sades Metaphysik des Bösen läutert durch ihre Langeweile unsere Grausamkeit.[23] Die Sachaussagen sind es nicht und ebensowenig die Erfahrung ihrer geschichtlichen Ablösung, die Metaphysik zerstörerisch machten. Die Weltentstellung begann, als die metaphysischen Antworten zu Denkvorschriften wurden. Sie dauert an, solange diese die Form des Auffassens auch dann noch prägen, wenn solche längst entleert ist. Die Wahrheit Gottes wurde unwahr, als sie das hierarchische Denken begründete. Der Tod Gottes brauchte nicht mehr zur Kenntnis genommen zu werden. Die erste Stelle füllte ein anderer Inhalt. Dieser kann das Subjekt, die Gesellschaft oder die moderne Technik sein. Zu Strukturen erstarrten die geschichtlich sich ausweisenden und vergänglichen Hinsichten auf Welt. Metaphysische Bestimmungsgrundsätze wie der Satz der Identität und der Satz vom zu vermeidenden Widerspruch sowie der Begründungsgrundsatz als Satz vom zureichenden Grund verwandelten sich in Denkgesetze. Ihnen soll jedes Denken gehorchen. Das kategorial sich auslegende Sein mit den Anschauungsformen Raum und Zeit etabliert ein Interpretationsnetz, dessen Geltung vernünftig nicht bestritten werden kann. Festgelegt ist, was Vernunft

---

[22] W. Weischedel: Der Gott der Philosophen, 2 Bde., Darmstadt 1973.
[23] A. Baruzzi: Mensch und Maschine. Das Denken sub specie machinae, München 1973, 117–172.

heißen darf. Instrumental, dichotomisch und hierarchisch gliedert sich eine materiale Welt, und so muß sie auch bestimmt werden. Je traditioneller Metaphysik wurde, um so so stärker verselbständigte sich ihre Form. Die sie gewährenden Sacheinsichten, ob sie eine Leere deckten oder das Wirkliche deuteten, gingen verloren. Die Ordnung der Welt, wie wir sie in Theorie und Praxis entwarfen und als Technik durchführten, entzog sich ihrem Anlaß und wurde abstrakt. Verantwortungslos gegenüber Mensch, Dingen und Kosmos gab sich Metaphysik ihre Letztbegründung selbst und geriet zur Methode, die sich an die Stelle der Wahrheit setzte. Am Ende steht die Menschheit ohne Sinne, besinnungslos der Raserei der Technik ausgeliefert, die als Ereignis Technik zu begreifen keine Metaphysik vermag.

Wie wir die Welt auffassen, ist entscheidend. In Heideggers Schritt zurück, seiner Radikalkritik der Metaphysik, wird unsere unumstrittene Denkweise, werden nicht umstrittene Theoreme befragt. Ist das denn möglich? Macht nicht das Fragen Gebrauch von den Denkgesetzen und Seinsbestimmungen? Sind wir nicht in unserem Vorgehen unausweichlich Metaphysiker in der Bedeutung des Vorbegriffs? Metaphysik ist nicht Lüge. Auf das äußerste beirrt, drückt noch das Nichts des Nihilismus Wirklichkeit aus.[24] Die Wahrheit der Metaphysik ist das Fragen. Dieses blieb nicht unentstellt, sondern engte sich als Wissenschaft bis zum Erfahrungsverlust ein, wurde im Glauben zum Schein oder verkam in professioneller Philosophie zur Geschäftigkeit. Die Wahrheit der Metaphysik ist nicht metaphysisch. Wir werden als Frager nicht metaphy-

---

[24] WM 103–122.

sisch, wenn wir die Art unseres Fragens in Frage stellen. So liegt die Frage nach der Vollständigkeit des Vorbegriffs von Metaphysik nicht nahe, sondern ist hervorgerufen durch die Annahme eines bestimmbaren Weltganzen. Auch die wissenschaftstheoretische Antwort, daß Vollständigkeit nicht erreichbar ist und wir mit Stückwerk zufrieden sein müssen, bleibt metaphysisch. Denn Selektion und Exempel, dichotomisch formuliert, sind Instrumente des Menschen und rücksichtslos gegen ihren Zusammenhang. Der Vorbegriff der Metaphysik war das Ergebnis des enttäuschten Blicks auf die Metaphysikgeschichte. Ist den Selbstaussagen früherer Philosophen aber zu trauen? Unterliegt nicht die Philosophie dem Geschick fortschreitender Seinsvergessenheit?[25] Dann zeigt die Metaphysik gerade nicht, was sie ist? Die großen Denker der Tradition sind nicht mit ihrer Wirkungsgeschichte zu verrechnen. Sie waren keine Metaphysiker. Je interessierter allerdings ein Philosoph an seiner Zeit und ihren Glaubenskämpfen war, um so eher benutzten ihn die Parteiungen und erstarrte sein Denken in Metaphysik. Nicht seinsvergessen waren die Philosophen, aber seinsunerfüllt. An diesem Mangel litten sie. Er ließ sie reden, wo sie besser geschwiegen hätten. Die Denker sprachen an, was die Sprache doch nicht zu erfüllen vermag. Vor dem Ereignis Technik konnte die sprachliche Zeige nur ins Leere schicken, in die Furcht und in den Tod. Metaphysik als Denkgewohnheit war das Zurückschrecken vor dem aufreißenden Nichts, der Verzweiflungssprung auf den Definitionsboden. Was die Philosophen angestrengt sagten, war geahnt,

---

[25] G. Haeffner: Heideggers Begriff der Metaphysik, München 1974, 103−106.

geträumt und gehofft. Unser unentwickeltes Wesen
ließ anderes nicht zu. Auf die Inhalte der Tradition
kommt es nicht an; sie sind uneigentlich, verzerrt und
höchstens zufällig wahr. Auf dem Weg zu bleiben,
sich im Wie des Wissens einzuüben, galt es. Bei den
großen Denkern ist eine Dynamik zu entdecken, die
kein Wort von gestern festhalten will. Dies wird in der
Interpretation unterschlagen oder doch verdunkelt,
denn der gesellschaftliche Nutzen der Philosophie bestand im dogmatischen Halt, den sie zu versprechen
schien. Jede Gegenwart verlangt Orientierung, Trost
und Hoffnung von den Philosophen. So geben sie Stei-
ne statt Brot. Damit werden Gefängnisse gebaut statt
das Leben gewagt. Solche Inhaltsdogmatik, in der sich
die Geschichte der Metaphysik als Weltanschauungs-
streit erschöpfte, ist zwar verheerend. Aber die laufen-
de Ersetzung der gültigen Wahrheit durch eine neue,
ganz andere und ebenso unbezweifelbare ergibt doch
Bewegung. Als lächerlich wirkender Skandal der Philosophie setzt sich der Wegcharakter des Wahren im
Theorietheater durch. Schwerwiegender ist, daß auch
das offene Wie der Denker entstellt in der Metaphysik
durchschlägt. Zwar hat das Bestehen auf Urteilen, die
man schwarz auf weiß bekommt, eine unkontrollier-
bare Aufnahme verhindert. Aber das reichte nicht, um
das anziehende Offene zu verschließen. So wird die
experimentelle Denkweise in eine Denkvorschrift um-
gefälscht. Hier entsteht Stabilität. In der Geschichte
der Metaphysik ändern sich die Namen, und neue Erfahrungen werden eingebracht, aber die Weise, in der
wir aufnehmen und bestimmen, bleibt dieselbe.[26] Sie
gilt so durchgängig, daß sie natürlich erscheint. Dann

---

[26] M. Foucault: Die Ordnung der Dinge, Frankfurt a. M. 1971.

aber ist das Wie unauffindbar, wurde zum Inhalt. Wie was und was wie zu bestimmen ist, zeigt sich nicht als Frage nach der Denkweise, sondern als ein im Hinblick auf Seiendes zu entscheidendes Problem. Die Seiendes hervorbringenden Formen sind selbst seiend geworden. Der Denkwandel bleibt oberflächlich, denn er arrangiert nur um, läßt mal dieser, mal jener Denk- und Seinsbestimmung den Vortritt. Die Griechen, die Klarheit liebten, bevorzugten den Satz vom Widerspruch samt seinem kleinen Bruder, den Satz vom ausgeschlossenen Dritten, für ihr dichotomisches Denken. Das christliche Mittelalter hielt sich an den Satz vom Grund, durch den sich die Hierarchie von Gott, Mensch und Welt bestätigt fand. Die subjektorientierte Neuzeit schließlich setzte auf die Instrumentalität, für die alles andere Seiende dazu dient, die Identität des Menschen herzustellen. Der Satz der Identität, der nur im menschlichen Selbstbewußtsein eine erfüllte Selbstbeziehung anerkennt, leitet Theorie und Praxis.

Was aber auch immer von den auftretenden Interessen herausgehoben wurde, in jeder Phase der Metaphysik blieb das Interpretationsnetz vollständig präsent und unzerrissen. Es schien mit den organischen Grenzen der menschlichen Erkenntnis übereinzustimmen. Gefragt wurde nicht nach unserem Recht, die eigenen Grenzen selbst festzulegen, und auch nicht, was unser Erkennen leitet. Wir ließen uns beherrschen von dem, was unser Erkenntnisstreben offenbarte, und formalisierten den leichten Fund. Dem Verborgenen und dem schwer Zugänglichen taten wir schon so Gewalt an. Den Eigennutz der Erkenntnis verfestigte, daß wir das Dunkel nur verstehen wollten, wenn es erhellt würde, und das Unzugängliche lediglich wahrnahmen, sobald es begehbar zu werden versprach. Die Erkenntniswahrheit erfüllte sich nicht, wenn wir unser Selbst einbrachten. Das reichte nicht aus, den Sachverhalt zu füllen. Die heutigen Wahrheiten geben wieder, was wir versäumen. die zerstörerische Technik konkretisiert unser autistisches Verhalten. Der selbst geleitete Mensch, der sich ans Offenbare hält, hat nichts in Händen als die Eigenwelt.

Der Ausbruch aus ihr beginnt mit dem Versuch, das Erkennen zu erfüllen.[27] Dazu vertrauen wir unserem Sachverhalt, der verborgen ist und ungebrochen wirkt. Keiner Gewalt unterwerfen wir uns, wenn wir das Ereignis Technik zulassen, und kein Begriffsrealismus täuscht uns. Geleitet vom Ereignis Technik, erfahren wir die hermeneutische Phänomenologie als Wahrheitstechnik. Ihr Gelingen oder Mißlingen hat Folgen. In der Radikalkritik gelangte die Theorie zu den Wurzeln und verwandelt sich zur Lebenstechnik. Wenn die Gattung Mensch ausstirbt, dann hat das am Ungenügen ihrer Wahrheitstechnik gelegen.

---

[27] Pro § 6.

III. Anwesenheit als metaphysisches Grundprinzip

1. Zeit und Sein

In die Gegenwart muß kommen, was ist. Auch Gewesensein und Zukünftigsein brauchen die Zeit, um ihre Anwesenheit glaubhaft zu machen. Die Vergangenheit ist verschwundene, die Zukunft voraussichtliche Gegenwart. In ihren Produkten, dem Gedächtnis und der Planung weisen sie sich jedoch schon als jetzt anwesend aus. Im Hervorbringen in seinen mannigfachen Gestalten erkannte sich der metaphysische Mensch. Er verstand sich als kleiner Schöpfer in der Nachfolge des göttlichen Kreators. Das Erscheinen der Dinge hinzunehmen reichte ihm nicht. Schon bei den Griechen wurde das Aufnehmen zum Bewirken umgeprägt.[1] Die Neuzeit verwandelte Gottes Weltenschöpfung in eine bewußtseinsbildende Leistung. Heute verstehen wir nur noch, was wir selber machen. Der Mensch schafft die Welt durch seine Arbeit. Der Kosmos wird zu unserer Setzung. Die ontologische Differenz, die uns die Erfahrung der Transzendenz offenhielt, ist eingeebnet. Allein das gegenwärtig Seiende mit seinen Mangelformen Vergangenheit und Zukunft gilt. Alles ist habhaft geworden, bestellbar und abrufbar. Der schöne Augenblick verweilt und wird Bestand. Gleichförmig ist die Zeit der Maschinentechnik. Un-

---

[1] HW 75–113. Vgl. GW 6.

aufhaltsam stößt sie unsere Produkte ins Sein. Offenbar gleichgültig gegen den Unterschied von Gelingen und Zerstören kommt es den Technikprodukten auf ihre Anwesenheit an. Sie sind Fakten. Damit vollendet sich der Grundzug der Metaphysik. Immer ist hoher Mittag jetzt. Die Sonne verbrennt die Erde. So weit geflohen vor der Vergänglichkeit klammern wir uns an das immer erneute Feste des jeweils Seienden. Die Unterbrechung nehmen wir nicht wahr. Der Film der Welt läuft. Um die Vereinzelung der Bilder wird das Auge betrogen. Der Ton des Abgrunds zwischen den Buchstaben ist verstummt.[2] Wir hören auf die Lehre der überbrückenden Sätze. Wir hängen mit unserem Leben am Seienden.

Doch die Furcht vor der Bewegung hat uns genarrt. Denn nichts ist flüchtiger als das Seiende. Der Augenblick ist immer schon vergangen, prozeßhaft.[3] Die Situation, in der wir ausruhen und umhergehen könnten, gibt es nie. Die eigenwilligen Produkte verlachen den Schöpfer. Erinnerung wie Hoffnung ist schillernd und ohne Verlaß. Nichtig ist der Inhalt. Woran wir Halt suchen, das hat sich schon verwandelt. Den Schein der Beständigkeit produziert das Bewußtsein aus Enttäuschung, erklärt zum Selben, was längst ein Anderes ist. Die Welt des natürlichen Bewußtseins ist ebenso verkehrt wie die des Selbstbewußtseins. Nur die Götzen der Anwesenheit sind ausgetauscht. Was den einen ihr Alltag, ist den anderen der Geist. Beide verkörpern eine Sicherheit, die dem Selbstbetrug entstammt. Verdreht zeigt sich aber das Wahre darin, daß

---

[2] J. Derrida: Die Schrift und die Differenz, Frankfurt a. M. 1972.
[3] A. N. Whitehead: Abenteuer der Ideen, Frankfurt a. M. 1971, 334.

das Unsicherste, das gegenwärtig Seiende, zum Garanten falschen Lebens erklärt wurde. Das Trugbild der Anwesenheit bezeugt die Stärke der Verirrung, aber hält auch die Möglichkeit zum Wandel offen.

Auf Anwesenheit zu verzichten, sollte nicht schwerfallen, und sprengt doch unsere Vorstellung.[4] Was bleibt, wenn wir uns nicht mehr danach richten dürfen, ob ein Sachverhalt anwesend ist, war oder sein wird? Wenn die Möglichkeit ohne Verwirklichung gedacht und die Phantasie aus Raum und Zeit ausbricht, in welche Bodenlosigkeit fallen wir? Das Dasein und sein „Ich denke, also bin ich" – kann es ohne Realität existieren? Wenn aber die Einsicht unabweisbar wäre, daß es kein Sein und keine Zeit gibt, sondern wir sie uns nur zum Überleben nehmen? Wäre es nicht auch dann gerechtfertigt, auf der Anwesenheit als menschlichem Lebensprinzip zu beharren? Müssen wir nicht einer unmenschlichen Natur das schöpferisch hinzufügen, was ihr fehlte, um menschenwürdig zu sein? Erstarrung ist zu meiden, und der Mensch muß in Bewegung bleiben, aber gerade daher will er den Fortschritt und ist offen für das wirklich Jetzige.[5] Jeder bemüht sich, auf der Höhe seiner Zeit zu leben. Spricht sich darin nicht deutlich das Vertrauen in das unbedingte Recht der Anwesenheit aus? Der flüchtige Augenblick wird im menschlichen Lebensplan – wie einst im göttlichen Heilsplan – sinnvoll eingeordnet und eingeschmolzen mit vielen ebensolchen Augenblicken zu einer Vergangenheit, Gegenwart und Zukunft umfassenden Beständigkeit. Auf ihr baut sich die Gesellschaft auf. Die Idee der Zeit ist vielleicht anthropo-

---

[4] WhD 142.
[5] E. Bloch: Das Prinzip Hoffnung I, Frankfurt a.M. 1967, 217–223.

morph, aber kann man dem Menschen das Menschsein vorhalten?[6]

Vernünftig schienen solche Bedenken, als die Zerstörung noch unmerklicher vor sich ging. Doch das Überleben der Menschheit steht nicht in Frage, weil sie von außen bedroht würde. Ihre Lebensform erweist sich als todbringend. Geht zu anderen Sternen, um zu sterben, werden die Vertreter der westlichen Zivilisation aufgefordert. Aber wir erhalten auch die Chance zur Wahrheit. Recht oder Unrecht der Argumente bleiben nicht mehr offen und dem Streit der Worte ausgeliefert. Ihr Resultat zeigt, ob sie lebensfeindlich oder überlebenswert sind. Jede Denkweise ist handlungsrelevant. Das irrige Denken bringt uns um. Gründen auf den Augenblick war von Anfang an unwahr und hätte dem Nachdenken so erscheinen müssen. Aber die flüchtige Materie der Anwesenheit widerstand der Formung am wenigsten und störte die Menschen nicht bei ihren Tagträumen. Sie linderten das naturbedrohte Erdenlos und beschwichtigten die Angst vor dem Tod. Das Leben der Menschen ist ein Traum, der bis zur industriellen Revolution folgenlos blieb. Seit sich aber die Träumer explosiv vermehrt haben, hat ihre Irrealität Folgen, die uns aus den Träumen reißen. Wer die Gegenwärtigkeit für beständig, die Seele für ewig, Gott für theologisch begreifbar und die Gesellschaft für gerecht hält, steht der Zerstörung fassungslos gegenüber. Er sucht vermeidbare Fehler, wo er doch der Fehler ist und seine Selbstzerstörung unausweichlich.

---

[6] R. Spaemann: Naturteleologie und Handlung, in: Zeitschrift für philosophische Forschung 32 (1978) 493. Siehe dagegen N II 127–135.

Einfach zu greifen, wie es geschieht, nichts hinzuzu-
dichten und nichts wegzunehmen bleibt die umstürz-
lerischste Forderung. Ob der sich ankündigende Tod
– wie einzelnen Menschen als Lebensrückschau – der
Gattung solch begriffliche Einsicht gewährt? Keiner
braucht weiter an das Wunder zu glauben, die Anwesenheit sei beständig. Wir können sie so nehmen, wie
sie von sich her für uns erscheint, als vergänglich,
flüchtig, unbrauchbar, uns daran zu halten. Die Zeit
darf wieder Zeit werden. Als gemessene Zeit ist sie
willkürlich und konventionell, aber als differenzierten
Ausdruck der Bewegung können wir sie empfinden.[7]
Nicht jeder Augenblick ist wichtig, wie uns der Mythos der Anwesenheit weismachen will, sondern keiner. Das lehrt die Zeit, der kein Sein standhielt. Die
Annahme einer überdauernden Substanz verstieß ele-
mentar gegen die Erfahrung der sich erinnernden
Menschheit. So fiel die starrsinnige Anwesenheit dem
geschichtlichen Denken zum Opfer, aber überlebte
doch in der geschmeidigeren Gegenwärtigkeit. Im
Schritt zurück, der uns näherbringt, ersetzt nicht das
Sein die Zeit, sondern beide gibt es zusammen.[8] Ihre
Funktion, das Anwesenlassen des Seienden, ist gewährt. Wenn nicht mehr der Augenblick blendet und
das Seiende haltlos erscheint, wie es ist, beginnen wir
darauf zu achten, wie da zugelassen und gegeben
wurde.
Halt verlangen wir zu Recht. Der falsche Halt läßt uns
abstürzen. Aber auch der wahre hält nicht fest, was in
Bewegung ist. Die Frage nach dem Sein sucht Halt. In
der Moderne antwortete die Zeit. Aber auf der Zeit-

---

[7] Pro § 32–36.
[8] SD 16–19.

lichkeit ließ sich nicht stehen, und in der Geschichtlichkeit ist nur der Wandel sicher. Nichts hält stand.
Dürfen wir überhaupt eine Antwort erwarten? Ähnel-
te sie nicht der Metaphysik der Anwesenheit?[9] Versuchen nicht alle Antworten, die Götter zu bannen und
ihre Hilfe herbeizuzwingen? Verwandelt jede Antwort
nicht den Sachverhalt in Bestand? Die heutige Antwort
ist die Kybernetik. Sie gestattet die Realzeit. Haben
aber die Computer mit deren Hilfe die Bewegung des
Kosmos gezähmt? Würde die Erde lebendiger, wenn
sie Bestand für Rechner geworden ist und im Weltmo-
dell abbildbar?
Sie soll sicherer werden, versprechen die Kybernetiker. Aber sie produzieren eine Sicherheit nach der Art
des Todes. Ihre Sicherheit um der Sicherheit willen
entspricht Nietzsches Willen zum Willen.[10] Beide bedeuten herrisch nur noch sich selbst und sind doch in
dieser unüberbietbaren Identität durch und durch
nichtig. Kein Leben erfüllt sie. Ist also Leben die Antwort? Begreifen wir dann, woran wir uns halten müssen? Wird im Begriff des Lebens konkret, was Werden
heißt? Das Werden entsprang dem Zusammendenken
von Sein und Nichts und erklärte Zeit. Aber Leben ist
zu verschwommen, um einen Begriff abzugeben. Es
braucht Interpretation. Durch Bewußtsein und Selbstbewußtsein erhält es Festigkeit. Die so ermöglichte
Vorstellung des Lebens aber ist abgeleitet und taugt
nicht zum Grundprinzip.
Ins Triviale wird abgeschoben, was ins Wissen zu he-
ben entscheidend sein kann. Das Leben entspricht
nicht den Bedingungen eines geregelten Diskurses.

---

[9] E. Vollrath: Die These der Metaphysik, Wuppertal 1968.
[10] VA I 64.

Aber wir begreifen am eigenen Leib glaubwürdiger und eindringlicher als durch beste Herleitung, was Leben und Tod heißen. Wir erleben und verdrängen, daß unser Leben dem Sterben immer ähnlicher wird. Die Welt des Menschen gelingt nicht. Die Vernunft kann den Untergang nicht fassen. Sie verweist auf die objektiven Bedingungen, die in der Menschheitsgeschichte noch nie so gut waren. Wir haben eine Überflußgesellschaft, aber wir merken nur in der Verschwendung davon. Leben heißt gelingen und gelingen lassen. Leben ist unteilbar und gilt erst voll. Es ist reine erfüllte Bewegung, erfahrbar und doch nicht zu fixieren. Leben spricht als fleischgewordenes Wort des Kosmos. Wir hören mit unserem Leben auf die Ordnung. Auf Gedeih und Verderb sind wir mit der Umwelt verbunden. Wie wenig es nützt, auf Kosten der Umwelt Vorteile zu erlangen, erleben wir heute. Den Kosmos, vom Mikro- zum Makrokosmos, den Reichtum seiner Formen bis hin zum Schweigen muß das Verhalten berücksichtigen. Wird den Sachverhalten ihrem und unserem Wesen gemäß entsprochen, gelingt uns Welt.[11]

Das Gelingen der Einheit von Mensch und Kosmos im Leben blieb bisher aus. Aber was heißt Gelingen? Für wen soll es gelten? Ist es identisch mit dem Verlangen nach Glück, unter dem jeder etwas anderes versteht? Stört nicht das Gelingen des einen das des anderen? Wird der Kampf ums Dasein berücksichtigt? Wie vereinbart sich der Begriff einer gelingenden Natur mit der Grausamkeit natürlicher Lebensprozesse, dem Fressen und Gefressenwerden? Hält man sich dagegen nur an das Anwesende, läßt sich beobachten und mes-

---

[11] SuZ § 12–13; VA II 51–55.

sen. Gelingen und Mißlingen kann im Gedächtnis festgehalten und für die Planung verwendet werden. Objektiv läßt sich das Subjektive feststellen und in der Pluralität unterbringen. Jeder Individualität ihre Anwesenheit, solange sie gesellschaftlich erfaßt und genehmigt wurde. In der Dialektik von Subjekt und Objekt, Individuum und Gesellschaft gestaltet sich Welt. Geht sie aber nicht eher unter? Der metaphysische Grundzug der Anwesenheit beirrt unser Denken. Sobald wir den Blick abwenden vom Zerstörungswerk und uns zu ihm verhalten wie zu unserem Sterbenmüssen, blenden uns die Argumente. Verblendet geben wir uns vorzeitig den Tod, wie es heroische Tradition ist.

Diese Verschwörung des Todes muß die philosophische Wahrheitstechnik beenden. Denn nicht die vagen Begriffe Ganzes und Leben sind gefährlich, sondern die präzisierten Vorstellungen von Gott, Welt und Mensch. Die Denkgewohnheit scheut die Konfrontation mit ihren Folgen. Nur für Gedachtes will sie verantwortlich sein, nicht aber für eine Weltentwicklung, die ihren Gedanken nicht entspricht. Die Philosophen haben die Welt verschieden interpretiert. Sie änderten damit mehr als sie ahnten. Doch auch jene, die sie verändern wollten, weigern sich, ihre unerwartet häßlichen Kinder anzuerkennen. Dem bisherigen Denken aber ist die sterbende Welt anzulasten. Der unzeitige Tod kommt nicht von außen, sondern ist die Quittung für ein verfehltes Leben. Ein Leben verfehlt sich nicht von selbst, sondern bewußt und willentlich. Der selbstbewußte Wille kann sich so fundamental über die Wirklichkeit täuschen, daß es einer Selbsttötung gleichkommt. Die Gattung Mensch will leben. Wenn wir statt dessen sterben, muß unser Denken unwahr sein. Hinter dem vertrauten Gesicht der Weltinterpretation verfault die Erde und wir mit ihr. Kein Hohn darf uns zurückhalten, unsere Armut einzugestehen.[12] Wir haben nichts, woran wir uns halten dürfen, und können keinem mehr vertrauen. Das ist die Wahrheit des Nihilismus. Wir wissen nichts, denn sonst würde das menschliche Leben nicht derart mißlingen. Aber wir beginnen, das Todeszeichen an der Stirn der herrschenden Theorien zu deuten. Sie lehren uns den Untergang, gleichgültig, was sie von sich behaupten. Ihrer Eindimensionalität verweigern sich immer mehr Menschen und sagen nein, auch wenn sie bis gestern mitgemacht haben. Der Schein des Gelingens kann nach Schopenhauer nur im Mitleid aufgehoben werden.[13]

Uns bleibt, was uns nicht verließ. Wir hielten nie für nötig, das unscheinbar Vertraute auszusprechen, uns auf das zu besinnen, was niemand bestreitet und von allen in Anspruch genommen wird. Noch die Metaphysik zehrte von der Sicherheit des fraglos Gegebenen. Wenn ihre Folgen aber nun diese Gabe in Frage stellen, dann bricht der Bann. Erst die Gefährdung des Lebens zeigt, wie wertvoll es ist. Der Begriff Ganzes gibt uns den Sinn für die Proportion zurück, entlastet von anthropozentrischer Anmaßung. Im Begriff Leben bestimmt sich unsere Rolle im Kosmos. Ebensowenig wie Ganzes kann Leben interpretiert werden. Was Gelingen sei, kann nicht nur, sondern muß offen gelassen werden. Was wir da hineinlegen, wäre metaphysisch, was wir Erfolg nennen, quälte andere und

---

[12] VA I 61/62.
[13] A. Hübscher: Denker gegen den Strom. Schopenhauer gestern — heute — morgen, Bonn 1973, 144.

damit auch uns selbst.[14] Dennoch ist der offene Begriff des Lebens nicht unbrauchbar. Er lehrt uns, den Unterschied zu achten, den er nicht setzt, aber ausdrückt. Ohne Rücksicht auf Füllung im Seienden weist der Begriff des Lebens Gelingen aus, ist die Probe aufs Exempel.

Der Mensch optiert für das Leben als höchstes Gut noch dort, wo er sein irdisches für ein ewiges Leben opfert oder sein Leben verliert, weil er es nicht der Gewalt eines anderen ausliefern will. Er täuscht sich zwar, denn weder wird das Leben durch Verlust verbessert noch ist es der Güter höchstes. Leben ist unser einziges Gut, und alles andere ist ohne es nichtig. Aber erfaßt wird auch im Trug, wie bedeutsam das Gelingen des Lebens ist. Mehr als Leben brauchen wir nicht. Wenn wir uns den vorzeitigen Tod vom Leibe hielten, hätten wir genug getan. Hierin liegt der Unterschied zur Lebensphilosophie, die wie Nietzsche das Leben gerade interpretiert, es als Wert, als Steigerung versteht. Heidegger faßt zusammen: „Erhaltung und Steigerung kennzeichnen die in sich zusammengehörigen Grundzüge des Lebens. Zum Wesen des Lebens gehört das Wachsenwollen, die Steigerung. Jede Erhaltung des Lebens steht im Dienste der Lebenssteigerung. Jedes Leben, das sich nur auf bloße Erhaltung beschränkt, ist schon Niedergang."[15] Dieser lebensphilosophische Gedanke der Selbststeigerung wird gegenwärtig wieder vertreten. Unbeirrt von dem Scheitern der Subjektivität nennt man die „Konvergenz von Überleben und ,gutem Leben' eine schlechte Uto-

---

[14] A. Schopenhauer: Die Welt als Wille und Vorstellung I. Sämtliche Werke 2, hrsg. von A. Hübscher, Wiesbaden 1972, 415–419.
[15] HW 229.

pie... Ohne Selbststeigerung keine Abwehr der Selbstvernichtung."[16] Heidegger wendet sich gegen solchen Lebensbegriff: „Das früh gedachte Wesen des Lebens ist aber nicht biologisch vorgestellt, sondern als die Physis, das Aufgehende."[17] Bereits eingeschränkt auf das Seiende, heißt Leben dann „Das Seiende in seinem Sein: die Natur".[18]

Bei Nietzsche zeigt es sich verschärft. Ihm bedeuten „Wille zur Macht, Werden, Leben und Sein ... das Selbe".[19] Denn Leben wird in der humanistischen Weltanschauung zum Bild: „Wie entschieden die Welt zum Bild geworden ist, sobald der Mensch sein Leben als Subjectum in den Vorrang der Bezugsmitte gebracht hat. Dies bedeutet: das Seiende gilt erst als seiend, sofern es und soweit es in dieses Leben ein- und zurückbezogen, d.h. er-lebt und Er-lebnis wird." Es geht um „das Gebild des vorstellenden Herstellens. In diesem kämpft der Mensch um die Stellung, in der er dasjenige Seiende sein kann, das allem Seienden das Maß gibt und die Richtschnur zieht."[20] Ein solches zum Willen gewordene Leben ist in der Gefahr, sich so zu versteigen. Hellsichtig sieht Heidegger die Folgen: Wenn „das Leben a. s. zu einem ‚technisch' herstellbaren Gemächte würde; in demselben Augenblick ... gäbe es auch keine Gesundheit mehr, so wenig wie Geburt und Tod. Bisweilen sieht es so aus, als rase das neuzeitliche Menschentum auf dieses Ziel los." Die Selbststeigerung endete damit, daß *der Mensch sich selbst technisch herstelle*; gelingt dies, dann hat der Mensch sich selbst, d.h. *sein Wesen als Subjektivität* in

---

[16] H. Ebeling: Selbsterhaltung und Selbstbewußtsein, Freiburg/München 1979, 149.

[17] HW 279.   [18] HW 296.   [19] HW 229.   [20] HW 94.

die Luft gesprengt, in die Luft, in der das schlechthin Sinnlose als der einzige ‚Sinn‘ gilt und die Aufrechterhaltung dieser Geltung als die menschliche ‚Herrschaft‘ über den Erdkreis erscheint. Die ‚Subjektivität‘ ist so nicht überwunden, sondern nur ‚beruhigt‘ im ‚ewigen Fortschritt‘ einer chinesenhaften ‚Konstanz‘...“[21]

Der Streit um das gute Leben, den Metaphysik entfachte und in der Werbung aufdringlich fortsetzt, ist nicht nur oberflächlich, sondern sinnlos. Sein Getöse übertönt das unzeitige Sterben, zu dem die Wege zum guten Leben führen. Die Metaphysik läßt die Folgen des Denkens und Handelns nicht unbeeinflußt zu. Die Gesellschaft in jedem System muß die nicht ausbleibenden Folgen weginterpretieren, sie anderen als den wirklichen Zusammenhängen zuordnen. Nur so sind sie für gesellschaftsinterne Zwecke zu benutzen. Die Sexualität ist ein Beispiel. Die weltweite Aufklärung über Sexualität hat sie keineswegs befreit, sondern nur verfügbar gemacht.[22] Dieser lebensfrohe Drang wurde verstümmelt, kanalisiert und verkauft. Er ist den Menschen eher Last als Lust. Das Gefühl für das Leben werden wir erst stärken, wenn wir die Störung des Gelingens einstellen. Der Mensch muß mitmachen statt vorschreiben.

Leben gewährt Sein und Zeit. Es wird nicht durch diese fundiert. Vom Leben lernen wir das Überleben. Dazu achten wir den Lebensfluß, das reine Strömen,[23]

---

[21] WM 257.
[22] M. Foucault: Sexualität und Wahrheit. Bd. 1: Der Wille zum Wissen, Frankfurt a. M. 1977.
[23] L. Landgrebe: Die Phänomenologie als transzendentale Theorie der Geschichte, in: Phänomenologie und Praxis, Freiburg/München 1976, 44.

und enthalten uns der Interpretation. Es genügt zu begreifen, was Nicht-Leben heißt. Dann wehren wir uns zu Recht. Das Leben ist kein Seiendes, sondern ein Gelingendes. Als Seiendes gestellt und als berechenbar gekennzeichnet, verliert es sein Wesen. Die biologischen Lebensmerkmale, aber auch das humanistische Ideal eines erfüllten Lebens bereichern nicht unser Wissen vom Leben. Sie führen uns irre.[24] Sie erklärten für tot oder zum unwerten Leben, was ihrem Grundschema von Zeit und Sein nicht gehorchte. Ein winziger Ausschnitt des Ganzen entschied fortan, was Leben und Tod sei. So entfernten wir uns extrem vom Wissen. Leben drückt die kosmische Bewegung aus und bestimmt deren Wirklichkeit für uns. Daran ist nichts statisch, und doch hält sich durch, daß alles Geschehen konkret wird. Jede Wirklichkeit vergeht ins Mögliche, und jede Offenbarheit verdankt sich dem Verborgenen. Das ist der Gang ihres Wesens. Wenn wir aber der Bewegung nicht genügen, sondern den Augenblick des Anwesens festhalten, bauen wir eine Zerrwelt.

Ist das nicht unvermeidlich und in der menschlichen Naturausstattung begründet? Anwesenheit ist doch eine Auslegung und abhängig vom Betrachter. Das Auge hält sich an das Sichtbare, und die für Sterbliche zu langsam ablaufende Bewegung nennen wir beständig. Was als historisch sich durchhaltend interpretiert wird, entscheidet das jeweilige Interesse. Ein Atomphysiker müßte es besser wissen und verhält sich doch außerhalb von DESY so, als ob der Unterschied von Sein und Bewegung existierte. Allerdings wäre seine Kenntnis der kosmischen Bewegung in ihrer Einseitig-

---

[24] VS 125.

keit ebenfalls Unwissen. Aber läßt sich nicht an der alltäglichen Wahrnehmung und ihrer Verarbeitung zu Verhalten zeigen, daß das Leben, solange es nicht verwissenschaftlicht wird, durchaus unverzerrt geschieht? Wir nehmen niemals das Gleiche wahr, ebenso niemals eine einzelne Sache. Laufend ändert sich der Sachverhalt und mit ihm unser Verhalten, das zu ihm gehört. Ein Gang durch die Straßen verlangt eine so komplizierte Verhaltensstruktur, daß deren einfaches Gelingen unglaublich erscheint. Es wäre nicht möglich, müßten wir uns an das wechselnde Seiende halten. Was sich durchhält, ist unsere Lebenstechnik. Deren sinnreiche Vielfalt hat die Wissenschaft nicht einmal zu katalogisieren vermocht. Menschliches Leben geschieht technisch. Im ständigen Üben und Lernen bildet sich eine Lebenstechnik, die wir seit dem ersten Schrei nicht mehr unterbrachen. Gedankliche Fehlhaltungen, aber auch körperliche Reduzierungen durch Krankheit und Alter schränken die Technik ein. Der Mensch lebt nicht als etwas, sondern in einer der ihm bestimmten Weisen, als ausdrückliches Wie, technisch. Technik sichert unser Leben bis in seine metaphysische Verstiegenheit. Technik läßt anwesen und sogar zu, daß dieses Lassen vergessen wird. Sie ist nicht aktiv oder passiv, sondern zusammenhaltend. Solche Technik ist keine Produktion. Sie führt weder hervor, was dann bleibt, noch setzt sie entgegen, um anschließend zu versöhnen. Ebensowenig fordert sie Mensch und Natur heraus, berechenbarer Bestand zu werden.[25]
Denn anders bliebe unsere Lebenstechnik der Trennung von Subjekt und Objekt ausgeliefert, wäre skla-

---

[25] WM 313/314.

visch und ohne Eigenwert. Gewaltfiktion ist die Vorstellung, durch Technik werde etwas hergestellt, ein Ziel erreicht oder Getrenntes vermittelt. Das mußten wir in den Lebensgang hineininterpretieren, um es herausfinden zu können. Der fremde Blick dagegen sieht eine immense Anzahl differenzierter Techniken am Werk. In ihren Weisen verändert sich der Weltzusammenhang, der unverborgene des Seienden ebenso wie der zugehörige verborgene des Nicht- und vielleicht Nie-Seienden. Diese Konkretionen mit ihrem Hintergrund sind nicht zu halten, denn ihre Anwesenheit in Sein und Zeit garantiert unsere Technik. Deren Bewegung aber kommt nicht zum Stillstand. Mehrdeutig begriffen, gewährte Lebenstechnik das Gewähren. Ohne sie rührt sich kein Hauch, und noch die Schlußtechnik des Todes erstrebt Meisterschaft. Sie aber, die uns alles bringt, ist selbst eine Gabe des Kosmos, unsere Bestimmung. Dieses Ereignis ist zu begreifen, nicht zu reflektieren. Es ist Bezug, nicht Rückbeziehung. Unser Leben könnte das Ereignis Technik zeigen, doch gegenwärtig wird es bezeugt durch unser Sterben.

2. Abwesenheit als Spur ins Wohnen

Was anwest, ist da und hat sich doch verloren. Im „Da-sein" ist das ursprüngliche Sein offenbar untergegangen und hat seinen Platz einem „Exzentriker" (H. Plessner) geräumt, der auf seine Unverwechselbarkeit pocht. Die Dinge, einmal benannt, werden zu Gegenständen, büßen ihr fest umrissenes Bild mit dem Verlust ihrer Eigengestalt. Die von Schopenhauer konsequent aufgewiesene „Welt als Vorstellung" vernichtete das „Ding an sich".[26] Anwesenheit wird so zur Schuld, die wir auf uns laden, weil wir nur vorstellend leben zu können glauben.

Aber ist diese negative Sicht der Anwesenheit nicht selbst von einer kosmologischen Voraussetzung abhängig, die höchst umstritten sein dürfte? Gibt es denn überhaupt die wahre Ordnung außerhalb unseres Vorstellens, einen wohlgeordneten Kosmos, der uns bisher bloß verschlossen blieb? Ob und wie sich Sein, Ding und Mensch authentisch ausweisen, bleibt doch eine leere Vermutung, denn nie anders als in dem als unauthentisch verketzerten Modus der Anwesenheit werden wir davon erfahren. Selbst dort, wo in der Moderne die individuelle Erfahrung zum allgemeinen Ursprung in der eigenen Brust vorzudringen wagte, entdeckte es eher das Chaos als Grund aller Erscheinungen, die zerrissene „Welt als Wille" (Schopenhauer), das Unbewußte.

Andererseits hat dem Menschen die Auskunft, daß unser Unwissen über die nicht erscheinende Welt durch unser Wesen bedingt und deshalb unaufhebbar ist, nie genügt. Er blieb auf der Suche nach der „Hinterwelt", das unbekannte Land wurde eifrig vermessen. Regeln und Strukturen waren angeblich zu finden, die sich vor allem dadurch legitimierten, daß sie zunächst und zumeist verborgen blieben. Inhaltliche Resultate allerdings werden heute nicht mehr ernstgenommen, zu durchschlagend war die nihilistische Kritik an der Geisterwelt. Aber nun werden diffizil Spuren gesichert, ein polysemisches „Bündel" (J. Derrida) als ausreichendes Zeichen akzeptiert und Wege ins Unwegsame

---

[26] G. Baum: Ding an sich und Erscheinung, in: Zeit der Ernte. Studien zum Stand der Schopenhauer-Forschung, hrsg. von W. Schirmacher, Stuttgart 1982, 201–211.

mittels Analogien gebahnt. Eine „neue Unvernunft"
kommt der siechen Vernunft zu Hilfe. Die Differenz
der Begriffe, ihr dichotomisches Spiel wird unversehens zum Garanten des vermißten „ganz Anderen".
Festigkeit verweist so auf ihre Auflösung, Anwesenheit zeigt auf Abwesenheit, die sie verbergen sollte.
Heideggers Wahrheitsverständnis verdankt sich der
Einsicht in das Zugleich von An- und Abwesenheit,
die Unverborgenheit (aletheia) ist ohne Verborgenheit
nicht angemessen zu denken. Wahrheit ist dann als
Geschehen zugelassen und nicht länger als Aussage
vereinseitigt. Derrida hat das Schweigen der Schrift
gegen das gesprochene Wort mobilisiert, den unhör-
baren und unsichtbaren „Unterscheid"[27] (différance)
denkbar gemacht, der jedes Sprachspiel in Gang setzt
und in Gang hält. Unverfügbar ist nach Heidegger wie
Derrida, was den Worten Sinn verleiht.
Ist die Abwesenheit ein Versteck, gefüllt mit Schätzen,
die uns die Alltagswelt vorenthält? Erfüllung und
Sinn, Gelingen und Zusammenstimmen, und dies alles
nach unseren Bedürfnissen – sollte das jenseits der
Anwesenheit zu finden sein? Ertragen wird vielleicht
die schlechte Realität nur, weil sie ein Paradies ahnen
läßt, dessen Ankunft nur aufgeschoben ist? Doch dies
sind Tagträume, keinen Augenblick mit der abstoßen-
den Härte des Natürlichen in Einklang zu bringen.
Das kosmische Gelingen besteht vom Menschen aus
gesehen in einer sinnlosen Abfolge von Tod und Leben, Vernichtung und Entstehen, und Krankheit,
Siechtum, Sterben ist unser unabwendbares Los. Schopenhauer lehrte uns, dies gegen den Anschein als „ewi-

---

[27] H. Kimmerle: Wege der Kritik an der Metaphysik, in: L'Hérita-
ge de Kant, Paris 1982, 354.

ge Gerechtigkeit" zu begreifen.[28] Die Dichotomie von An- und Abwesenheit erweist sich als sprachlicher Schein, die radikale Auflösung des Sinns läßt keine zweiwertige Logik zu.[29] Metaphysik — Nichtmetaphysik, Sagen — Nichtsagen, Anwesenheit — Abwesenheit sind Oppositionen, die zwei Positionen vorspiegeln, obwohl nur eine vorzeigbar ist. Schopenhauers „Welt als Vorstellung" und „Welt als Wille" existieren nicht nebeneinander, wie ihre sprachliche Darstellung nahelegt.

Der Sinn von Sein, den die Metaphysik als Anwesenheit vorstellt und verfehlt, steckt auch nicht in der Abwesenheit. Dies gilt, obwohl die ungesprochene Differenz zwischen den Buchstaben, die in lautloser Bewegung begriffene Zwietracht sich bei Heidegger wie bei Derrida dem rechnerischen Kalkül entzieht und die massive Ontologisierung der Welt spielerisch gefährdet. Aber offenbar ist die Dichotomie Sinn — Nichtsinn ebenfalls unbrauchbar, wenn der Seinssinn unser Denken anzieht. Hier kommt es darauf an, „strategisch" und kühn zugleich vorzugehen. Derrida verrätselt die Schrift, die plötzlich vieldeutiger war als das geschmeidigste Sprechen. Der Druck, die klassische Festlegung ist uns jetzt nicht geheuer, unbekannt geworden. Eine intelligible oder sinnliche Auflösung des Buchstabenrätsels verweigert Derrida. Das „einzige Wort" ist nicht zu erwarten.[30]

Dennoch beanspruchen die abendländischen Spra-

[28] A. Schopenhauer: Die Welt als Wille und Vorstellung I, a.a.O. 418f.
[29] J. Dittrich u. R. Kaehr: Einübung in eine andere Lektüre, in: Philosophisches Jahrbuch 86 (1979) 385—408.
[30] J. Derrida: Randgänge der Philosophie, Frankfurt a.M. 1976, 6—37.

chen, authentisch, bestimmt und deutlich zu sprechen. Die schrankenlose Interpretierbarkeit von Texten, die unausschöpfbare Mehrdeutigkeit der Schrift will die stimmliche Sprache gerade verhindern. Ihr Primat ist nach Derrida kennzeichnend für Metaphysik und drückt deren ontotheologische Verfassung aus. Das Zeichen wird von den interaktionistischen Sprechern als formal und äußerlich abgetan. Aber in seiner Materialität ist es eine unerwartete Spur zum Wesen der Sprache. Zeichen empfangen, worauf schon Saussure hinwies,[31] ihren Sinn aus den Unterscheidungen und sind also nie sie selbst. In einem Spiel fortwährender Verschiebungen innerhalb des Sprachsystems bleiben Zeichen nicht einmal als fremdbestimmte die gleichen. Das Gegenwärtige in seiner Abwesenheit darzustellen, ist die Rolle des Zeichens, denn es präsentiert, was doch nicht da ist. Streng genommen ist das Zeichen immer unterwegs zur Erfüllung, die es ankündigt, aber das Zeichen wird niemals dort ankommen. Die Anwesenheit des Zeichens hebt sich so selbst auf, denn anwesend wird nicht sein können, wofür das Zeichen steht, solange es das Zeichen gibt. Vergangenheit und Zukunft, Schemen und Hoffnungen nähren das Zeichen, das vernichtet wäre, müßte es geben, was es verspricht.

Diese strukturelle Unredlichkeit des Zeichens wirft ein schillerndes Licht auf den Charakter der Anwesenheit, deren verläßlichste Stütze doch das Sprachzeichen ist. Dies heißt: Anwesenheit bekundet Abwesenheit, gerade dort, wo sie solches — wie im Fall der Schrift — nicht im geringsten vorhatte. Denkbar wird nun, daß

---

[31] P. Aubenque: Sprache, Struktur, Gesellschaft, in: Philosophische Perspektiven 2 (1970) 9–25. Siehe F. de Saussure: Grundlagen der allgemeinen Sprachwissenschaft, Berlin 1967, 193 f.

Abwesenheit konstitutiv für Anwesenheit ist, und zwar so, daß Anwesen als Beziehung zur Abwesenheit erst voll zum Vorschein kommt.[32] Doch jede Dichotomie sollte ferngehalten werden, nicht An- oder Abwesenheit ist einzubringen, sondern ihr Zugleich. Damit kommt die Zeit ins Welt-Spiel, aber sie lehrt uns nicht Fortschritt, sondern Vergänglichkeit.

Im zeitstiftenden wie zeitaufhebenden Zugleich wurzelt auch unsere Wahrheit, und deren Unverborgenheit verstellt, wer nicht zugleich die darin waltende Verborgenheit achtet. Dies heißt für uns Sterbliche aber, keine der beiden Seiten zu wählen, weder Erfüllung noch Leere aushalten zu dürfen. Aber daraus kann keine Anthropologie der Fragilität entwickelt werden und auch „Mängelwesen" (Gehlen) sind wir dadurch nicht. Sein und Nichts, wirksam in solchen heroischen Träumen, sind bloße kosmologische Spielmarken, nicht einlösbar im „Geviert". Das Zugleich ist keine Antwort, sondern unsere Frage. Mit ihr begeben wir uns auf den ungebahnten Weg zur Welt.

Weg und Sprache sind untrennbar verbunden, das Sagen der Sprache braucht das Sprechen des Sterblichen.[33] Solche Sprache besteht nicht aus Zeichen, sie vertritt nichts anderes, weder An- noch Abwesenheit. Die Sprache „eignet dem alles Be-wegenden als dessen Eigenstes".[34] Sprache reicht ins Wohnen und läßt die Gelassenheit unseres Wesens zu. Die Sage der Sprache „versammelt als das Be-wegende des Weltgevierts alles in die Nähe des Gegen-einander-über, und zwar laut-

---

[32] HW 365.
[33] USp 11—33. Dies ist die ungenannte Quelle des Sprachvertrauens von J. Habermas: Theorie des kommunikativen Handelns, 2 Bde., Frankfurt a.M. 1982.
[34] USp 201.

los, so still wie die Zeit zeitigt, der Raum räumt, so still, wie der Zeit-Spiel-Raum spielt".[35] Als „Geläut der Stille" genießt Sprache die auf sich beruhenden Tätigkeiten, die nichts auf Erscheinen festlegen oder ins Dunkel wegdrängen. Die Sprachtechnik des Dichters ereignet unmerklich Welt, läßt sie nicht lediglich an- oder abwesen. Dies heißt: In jedem Augenblick der Lektüre ist das sprachliche Kunstwerk ein anderes, und doch ist uns Identität im Gedicht mehr als in jedem anderen Sachverhalt verbürgt. Ein „offenbar Geheimnis"[36] spricht sich darin aus, eine mediale Lebenskunst, die wir von der Sprache lernen.

Im Ereignis Technik sind wir der Beurteilung entzogen, denn diese ist für das Gelingen unwesentlich. Aussagen, die doch bloß anwesenlassen können, hinken dem Geschehen prinzipiell hinterher. Es ist Interpretation, sie dann wichtig zu nehmen. Die den Menschen in seiner Existenz verwirklichende Technik sagt uns Leben zu, aber sie sagt nicht das geringste über uns aus. Gegen das übliche Meinen ist damit die Aussage und nicht die Technik für uns gleichgültig. Kein Gerichtsurteil vermag Erfolg oder Mißerfolg der Technik abzuändern, auch wenn wir gegenwärtig so handeln als ob dies möglich wäre. Denn lange bevor es offenbar und damit beurteilbar wurde, war über Leben und Tod schon entschieden. Verstehen ist unnötig, denn wir bewohnen in der Weise des „Gevierts" ohne Bruch. Ohne Sprache ereignet sich Technik allerdings nicht, da die Sprache unsere umfassende Lebenstechnik bildet. Die bewegende Lebendigkeit der Sprache

---

[35] USp 215.
[36] P. Kremer: „Offenbar Geheimnis". Ein Leitwort in Goethes Werken, Diss. Düsseldorf 1973.

verweist die Aussage jedoch an ihren Ort, ins abge-
storbene Nachhinein.

Anwesenheit erweist sich im Ereignis Technik als
Schattenspiel, grellgeschminkte Larven tanzen einen
hoffärtigen Reigen. Auch als abwesend kann unsere
Lebenstechnik nicht charakterisiert werden, denn was
wäre mehr „da" als Atmen und Schlafen, Schauen und
elektronisch Rechnen. Gibt es etwas Wirklicheres als
Wohnen, bei sich im Einklang mit Welt zu Hause zu
sein? Oder will man dies unwirklich nennen, weil die
Realität uns nur Surrogate liefert und unser „Erfah-
rungsfeld" erst mühsam eingeübt werden müßte?[37]
Dann ist zu bedenken, daß Anwesenheit stets Schein
und Abwesenheit der Einspruch gegen das von Anwesenheit betriebene Vergessen ist. Zugleich auftretend,
widerlegen sie sich wechselseitig in ihrem Anspruch,
den Boden für unser Leben abzugeben. An- und Abwesenheit weisen schweigend über sich hinaus, in ein
Wohnen, das wir von jeher vermögen.

Unser Bewohnen betrifft keine Inhalte, sondern wir
wohnen im „Haus des Seins", der Sprache. Die Wahrheit des Wohnens erfüllt sich, wenn der in der Sprache
heimische Mensch seinem Zug im Ganzen genügt. Gelassen gedacht, versteift sich im Wohnen weder eine
besondere Identität auf ihr anwesendes Selbst, noch
gilt es, einer verborgenen kosmischen Ordnung zu
dienen. Auf Plotins Spur nähern wir uns zwar dem
„Erschweigen" und damit dem „Sagen des Denkens"[38], aber das Ereignis Technik steht in der Negation immer noch aus. Dabei ist es in der Möglichkeit

---

[37] H. Kükelhaus u. R. zur Lippe: Entfaltung der Sinne, Frankfurt
a. M. 1982.
[38] N I 471.

des Wohnens bereits angekommen und kann bedacht werden. Ungewiß und doch vertraut ist der vom Wohnen verwirklichte Verzicht auf Sein und Zeit, Anwesenheit und Gegenwärtigkeit. Denn als Sprachwesen existieren wir diesen Verzicht von jeher und wären ohne ihn längst als Gattung ausgelöscht. Wir wohnen in unseren Techniken und entfremden uns in Theorie und Praxis, jedenfalls solange, bis wir deren Abkünftigkeit und damit die mehrdeutige Spur ins unscheinbar Vertraute entdecken.[39] In der Zwietracht, nicht in der gewalttätig hergestellten Eintracht leben wir. Dieses vertraute Wohnen vor jeder bewußten und geplanten Einrichtung des Alltags ist jedoch durch Beschwörung und Erinnerung weder der Anwesenheit überliefert noch kritisch zur Abwesenheit verdammt. Wohnen gehört ins „Geviert", und was nicht dessen „Spiegel-Spiel" mit seiner voneinander unablösbaren Vierfalt mitzuspielen vermag, ist ohne es zu wollen lediglich Anlaß, sich mit dem Unwesen nicht abzufinden. Denn ohne Rücksicht aufs „Geviert" ist unser Planet unbewohnbar.[40]

Wohnen vollzieht sich als schonendes Verweilen bei den Dingen und als Rückgang in die Selbigkeit von Mensch, Technik, Ding. Gegenüber solchen Sätzen sind wir heute fast taub, und wir brauchen den Wink der poetischen Sprache, um wenigstens in den vorläufigen Sinn dieser Bestimmungen einschwingen zu können. Die „Unumgänglichkeit bestimmter logischer Di-

---

[39] W. Schirmacher: Ereignis Technik. Heidegger und die Frage nach der Technik, Diss. Hamburg 1980, 75 ff.
[40] W. Schirmacher: Bauen, Wohnen, Denken. Ethische Konsequenzen der Naturphilosophie Heideggers, in: Philosophisches Jahrbuch 89 (1982), 405—410.

stinktionen, die nicht eo ipso Dichotomien sind",[41] und semantische Präzision sind Forderungen, die instrumentell bloß der Kommunikation dienen, aber am von der Sprache erschlossenen Sachverhalt gerade nicht auszuweisen sind. Wir ahnen gegenwärtig bloß, daß großzügiger Friede („Greenpeace") und nicht rechthaberische Festlegung das wohnliche Element sind, von Ausbeutung frei und im Spiel zu gewinnen. Ohne Anspruch auf anderes, sind wir endlich vom Anwesenheitszwang befreit, müssen nicht definieren und mitteilen, nicht mittelbar und nicht unmittelbar erfahren. Denn dies sind alles Wege, die ihren Unterschied nur vorgeben, und nichts anderes bezwecken, als der Wirklichkeit habhaft zu werden, auf Umwegen oder direkt. Wohnen dagegen heißt, „zum Frieden gebracht sein, ... eingefriedet bleiben ... in das Freie, das jegliches in sein Wesen schont".[42]

Bauen und Denken, Sprechen und Fühlen hat wie alle menschliche Aktivität dem Wohnen zu entsprechen. Wohnen ist Aufenthalt bei den Dingen und im „Geviert". Nur wenn wir wohnen lernen, entgehen wir dem tödlich anwesenden „Gestell", den Folgen der modernen Technik. Wohnen ereignet sich „im Retten der Erde, im Empfangen des Himmels, im Erwarten der Göttlichen, im Geleiten der Sterblichen ... als das vierfältige Schonen des Gevierts".[43] Wer Heideggers

---

[41] B. Dinkel: Rezension von W. Schirmacher: Ereignis Technik, Diss. Hamburg 1980, in: Salzburger Jahrbuch für Philosophie 28 (1983). Vgl. auch die Rezensionen derselben Arbeit in: Philosophisches Jahrbuch 88 (1981) 194 f. (W. Strombach); in: lier en boog 5 (1982) 71 f. (H. Berghs); in: Philosophischer Literaturanzeiger 35 (1982) 352−356 (U. Wergin); in: Archives de Philosophie (1983) (K. Hammacher).
[42] VA II 23.
[43] VA II 25.

Aufweis gelassen zuhört, kann durchaus begreifen, worin sein Weltverhalten verkehrt ist und weshalb es einer „Kehre" bedarf. Die Erde retten ist bereits Programm der ökologischen Bewegung, die immer stärker wird, deren Wachsen mit der Zunahme der Zerstörung zusammenhängt, und die so aller Voraussicht nach zur entscheidenden gesellschaftlichen Kraft um die Jahrtausendwende werden wird. Vom Denken des „Gevierts" müssen die Ökologen angeregt werden, Rettung einzig darin zu sehen, die Erde auf sich beruhen zu lassen. Das uns verbleibende „Machen" besteht im wiedergutmachenden Rückzug aus jeglicher Naturbeherrschung.[44] Statt uns an der Erde und ihrer Geborgenheit, die ohne Aufforderung auch uns Erdenkinder schützt, durch Eingriffe zu vergreifen, haben wir uns dahin zu öffnen, wo uns Offenheit erwartet. Doch gerade dies versäumen wir und weigern uns, die unaufdringliche Weite des Himmels, das stille Geschehen der Natur in einer ebenso unscheinbar-vertrauten Lebensweise zu erwidern. Wir spreizen uns im Gegenteil auf, produzieren, sichern ab und beherrschen uns und anderes. Unauffällig wesen lassen wir weder Welt noch Ding. Noch die jetzige Betonung der ökologischen Seite unserer Existenz[45] geht nicht ab vom setzenden Stellen und verfehlt darin eklatant die Natur, die uns im „Geviert" nicht als Erde, sondern als Himmel aufgegeben ist.

Unfähig sind wir auch, den Gott zu erwarten, Hölderlins Gott und nicht den Gott der Theologen. Das uns unendlich übertreffende und doch endlich betreffende

---

[44] R. Maurer: Revolution und Kehre, Frankfurt a.M. 1975. Vgl. W. Schirmacher: Naturbeherrschung, in: Historisches Wörterbuch der Philosophie 6, hrsg. von J. Ritter u.a., Basel 1983.
[45] D. Birnbacher (Hrsg.): Ökologie und Ethik, Stuttgart 1980.

Zusammengehören aller Wesen vermögen wir bisher nicht ohne Interpretation zu lassen. Die Göttlichen erwarten bedeutet aber ein Warten ohne Anspruch und gleichwohl voll Achtung einüben. Eine solche Haltung, die mit Unterwerfung unter eine höhere Macht nichts zu schaffen hat, sollte auch nicht als Pantheismus mißverstanden werden. Das Warten ohne zu erwarten[46] entspricht eher dem, was wir von altersher weise nennen, und ist keine ontotheologische Setzung, sondern sorgsames Hören darauf, „wie Leben lebt".[47] Weisheit zu den Göttlichen hütet sich davor, das Unsagbare sagbar zu machen, denn anwesend wird das Geheimnis zum Götzenbild. Sogar das Sein selbst muß sich mit der „verhüllten Ankunft seines unausschöpfbaren Wesens"[48] begnügen. Im Wohnen werden wir angeleitet, zu Sterblichen zu werden, was einfach auszusprechen und äußerst schwer bis zu Ende zu denken ist. Für jede Ahnung müssen wir dankbar sein. Und dennoch ist es der vom Ereignis her mögliche „Einblick", daß wir als Sterbliche ins „Geviert" geschont sind, der Anwesenheit und damit Metaphysik absichtslos und endgültig verwindet.

Bisher ging uns das Anwesende nach verschiedenen Weisen der Anwesenheit an, und diese bestimmen „die Epochen der abendländischen Seynsgeschichte". Das „Gestell" der Technik wurde nach Heideggers Darstellung vorbereitet in den Epochen des „Herstandes" aus der Verborgenheit, des „Geschaffenen", des „Gegenständigen des Gegenstandes" und schließlich des „Beständigen im Sinne der Bestandstücke des Bestan-

---

[46] Gel 42.
[47] R. zur Lippe: Am eigenen Leibe. Zur Ökonomie des Lebens, Frankfurt a. M. 1979, 24.
[48] VA II 37.

des".[49] Sein gibt es nur in bestimmten geschicklichen Prägungen: „Φύσις, Λόγος. Ἕν, Ἰδέα, Ἐνέϱγεια, Substanzialität, Objektivität, Subjektivität, Wille, Wille zur Macht, Wille zum Willen."[50] Niemals war der Mensch dabei als Sterblicher ausdrücklich im Spiel, stets wurde seine Endlichkeit in eine höhere Einheit aufgenommen und so dispensiert. Nirgendwo ist dies deutlicher als im „Bestand" der „Gestell"-Epoche, in der Sterblichkeit ausgelöscht schien und wir „eingefroren" ewig leben sollten. Doch nun überfällt uns die verdrängte Sterblichkeit hinterrücks in der Zerstörung der Welt durch moderne Technik, und wir lernen unsere Lektion. Die Folge der Seinsgeschicke ist beendet, denn Anwesenheit hat sich bis ins Ungenügen ausgetragen.[51] Im Wohnen wird Mensch und Dingen in gleicher Weise genügt, weltet eine Welt, die nicht länger erscheinen muß, um anerkannt zu sein. Dem Techniker Mensch reicht das Gelingen, das nicht mehr dem menschlichen Maß unterliegt. Im Ereignis Technik „entwachen" wir zu unserem Wesen, als anspruchslose Mitbewohner des Ganzen zu existieren.

3. Ontotheologische Verfassung der Metaphysik

Leben verwirklicht nicht herausfordernde Anwesenheit, sondern ereignende Technik. Die Frage nach dem, was anwesen läßt, erwies, wie abgründig der Grundzug der Metaphysik ist. Unvernünftig erscheint der Griechen Einfall, Unsterbliches vom Sterblichen, Ständiges vom Vergänglichen zu unterscheiden und damit eine ontologische Basis für die metaphysischen

---

[49] GS 12/13.   [50] ID 64.   [51] SD 56.

Leitprinzipien Sein und Zeit zu schaffen.[52] Denn das nach den gleichen Maßen Seiende ist ewig das Vergängliche. Der unbewegte Beweger wird doch bewegt. Ein Logos aber verwest, der die Vergänglichkeit nicht verstehen will. Die neuzeitliche Vernunft, die sich von der Erinnerung an den Kosmos befreite, schuf durch Vernunftgebrauch diese Welt. Die Orientierung am Ganzen, die in der Krise einen Ausweg eröffnete, verstellt die Metaphysik zweifach. Die Anwesenheit selbst wird im allgemeinen als Sein und in höchster Form als Gott vorgestellt. Damit ist das Ganze doppelt interpretiert. Die Götter wechselten, und das Sein verkam zur logischen Kopula, aber die ontotheologische Verfassung der Metaphysik ersetzt weiterhin die Frage nach der Wirklichkeit.[53]

Denkend richtet sich unser Handeln, das bekommt einen tödlichen Hintersinn. Anwesenheit jedoch ist Pflicht. Neunfach verriegelt sind die Schlösser. Aus dem Gefängnis von Sein und Zeit entkam bisher kein Denken. Neunfach verzerren wir die Welt, da wir der Metaphysik folgen. Zwar verdanken sich deren Weltbestimmungen ursprünglich einem Anlaß und dieser bleibt entdeckbar. Damit ist Metaphysik Leitfaden der Kritik an ihr und deren größtes Hindernis. Das Welt hervorbringende Anwesen hat vergessen gemacht, daß sein Entbergen eine vergängliche Gabe ist. Anwesenheit spricht nicht für Wirklichkeit. Die Zeit gibt Bewegung wieder und leitet insofern alle anderen Bestimmungen an. Aber das rechtfertigt nicht, daß sie diese zu beherrschen sucht und so den Nihilismus hervor-

---

[52] G. Picht: Wahrheit, Vernunft, Verantwortung, Stuttgart 1959, 108−135.
[53] ID 53−73.

143

treibt. Mit der Zeit wollen wir nicht der Bewegung genügen, sondern sie kanalisieren und in unser Belieben stellen. Gegenwärtigkeit garantiert Planbarkeit, denn lediglich die Gegenwart wird fortgeschrieben. Pures Gegenwartsein ist übriggeblieben von jener reichen Seinserfahrung, in der sich die Zusammengehörigkeit von Mensch und Kosmos zeigte und unser Urvertrauen entstand. Das Eigenste als allgemein gültig zu begreifen und im Miteinander keinen Unterschied zu setzen, erlaubte die Seinsfrage. Von ihr fiel das Denken ab.

In Anwesenheit, Zeit und Sein verschloß die Metaphysik den Zugang zum Wirklichkeitsstrom. Verschwenderisch in ihren Antworten schickte sie die Fragenden in die Irre. Jede Denkepoche lieferte Bausteine für das metaphysische Gebäude. Die Einheit des Kosmos im Lebensverständnis aufgelöst zu haben, ist das Erbe der griechischen Metaphysik. Sie begründete Wissenschaft und die sie heute steuernde Gestell-Technik. Was ist? fragten die Griechen. Ihre Antwort war, daß nicht nur eines sei. Die christliche Metaphysik stützte sich auf das griechische Seinsverständnis, dessen heidnische Dichotomie sie zur religiösen Hierarchie ausbaute. Warum ist? wird gefragt. Nach dem Tode Gottes setzt sich in der Hierarchie das Subjekt an die oberste Stelle. Wozu dient? ist jetzt die Leitfrage. Instrumentalität zeichnet die Struktur der neuzeitlichen Metaphysik aus.

Doch die anhaltende Zerstörung der Welt stellt die Hauptbestimmungen des Denkens[54] radikal in Frage. Anwesenheit, Zeit, Sein, Dichotomie, Satz vom Widerspruch, Hierarchie, Satz vom Grund, Instrumenta-

---

[54] GS 33 f.

lität und Satz der Identität müssen unwahre Weltbedeutungen sein. Sie lassen uns nicht leben. Wir verfassen onto-theologisch die Wirklichkeit, statt sie zu erfassen. Der metaphysische Grundzug der Anwesenheit in Sein und Zeit überlagert die Technik und entstellt sie bis zur Unkenntlichkeit. Auch die anderen herrschenden formalen und materialen Prinzipien verdecken die sie gewährenden Techniken. Die metaphysische Technikvorstellung ist fernzuhalten. Techniken erfüllen auf menschliche Weise den Auftrag des Ganzen und nichts weiteres. Das Selbstverständnis des heutigen Denkens, das sich nicht als metaphysisch erkennt, durchbricht Heideggers Radikalkritik. Seine Wahrheitstechnik hütet bei aller Radikalität gegenüber der Metaphysik die Zeichen ihrer Herkunft. Allein sie weisen uns den Weg der Einheit von Mensch und Technik.

IV. Erbe der griechischen Metaphysik

1. Dichotomie

Der Riß, mit dem sich die Griechen vom Mythos losrissen, geht durch den modernen Menschen. Er entzweit ihn mit sich selber, von der Natur und der Gesellschaft. Was als Unterschied begann, als freies Spiel mit Tag und Nacht, Himmel und Erde, Mensch und Natur, erstarrt im todbringenden Widerspruch. Ihn heilt kein Monismus. Ob man die Welt als ursprüngliche Einheit oder als von Anfang an mannigfaltig vorstellt, die dichotomische Gewohnheit setzt sich durch. Noch die Komplementarität braucht zwei Seiten, die zusammenkommen, und die dialektische Überwindung der Spaltung benötigt des Widerspruchs lebendige Kraft. Zum Denkbaren fällt uns das andere ein, zum Sein die Zeit, zum Anwesen die Verborgenheit. Da wirkt die Erfahrung, daß manches Bestand hat, anderes rasch vergeht, und beides ertragen werden muß. Beschreibt man die Kluft im Gegensatz, formuliert man zugleich die Aufgabe, Brücken zu bauen. Zweiwertig ist die herrschende Sachlogik. Der Konflikt zwischen Individuum und Gesellschaft, das Problem von Theorie und Praxis, der Ost-West-Streit, aber auch die Funktionsweise der Computer ist dichotomisch.

Die Dichotomie ist das Erbe der griechischen Metaphysik in der Gegenwart. Die dichotomische Sprachregelung nimmt auf, daß es Anderssein gibt und daß der menschliche Geist trotz größter Universalität nicht mit dem Seienden identisch ist.[1] Wir sind verschieden von der Welt. Das eint uns mit den anderen Sachverhalten, die untereinander ebenso unterschiedlich sind. Unerwartet ist die Selbigkeit, die in der Verschiedenheit aufbricht. Sie läßt uns hoffen. Die in einem unaufhörlichen Tränenstrom fließenden Leidenswörter machen nicht das letzte Wort aus. Zu Krankheit, Hunger, Unterdrückung, Tod gibt es Gegenbegriffe, in denen sich ein geglücktes Leben anzeigt. Das Leid, von dem wir Menschen je und jäh angegangen werden, erhält Sinn erst durch unseren Widerspruch. Im Widerspruch formulieren wir die Identität.[2] Ohne mythische Autorität, die das heilende Wort verbürgte, sind wir der Vergänglichkeit ausgeliefert. Zeit und Sein treten auseinander. Zeit erzwingt die Verschiedenheit, aber ermöglicht auch Dichotomie. Mit ihr erhält das uns gefährdende Differente, das Nichtmenschliche Festigkeit und Identität. Das andere wird bezogen auf das Eigene, ist ein negatives Sein. An dem nehmen wir in der Zeit teil, verändern uns. Gerade in der Widerlegung wird das Nichts dazu gebracht, uns unseres Seins zu versichern. Dichotomisch arbeiten Zeit und Sein zusammen. Sie sind als verschiedene in der Anwesenheit dieselben. Zeit und Sein bilden die vorbildliche abendländische Dichotomie.[3] Ihr entsprechen philosophisch so einflußreiche wie Allgemeines und Besonders, aber auch alltägliche Dichotomien wie Alter und Jugend. Die einteilende Zweiteilung der Welt erwies

---

[1] R. Wiehl: Einleitung des Herausgebers, in: Platon: Der Sophist, Hamburg 1967, XXVf.

[2] N I 602.

[3] EiM 157, vgl. 152f.

sich als fruchtbar. Überschaubar und leicht zu identifizieren ist diese Schwarz-Weiß-Zeichnung. Sie entsprach dem Lebensgefühl des in Gefahr befindlichen Menschen. Freund–Feind, Eigenes–Anderes, von der Fähigkeit, alles Begegnende unmittelbar einzuordnen und entsprechend zu behandeln, hing das Überleben ab.

Die Frage, ob die Unterscheidung zutraf, war zweitrangig. Besser ein toter Freund zuviel als einen Feind am Leben gelassen. Mit unseren Vorfahren brauchen wir nicht zu rechten. Ihre Instinkte genügten den äußeren Bedingungen. Die Dichotomie war die angemessene Logik der Steinzeitmenschen. Aber bei den die Dichotomie kunstvoll einsetzenden Griechen bestand diese Existenznot nicht mehr. Hier diente die dichotomische Logik schon dazu, die Welterfahrung nach Interessen zu filtern. Ein Beispiel dafür ist die Dichotomie von Menschen und Sklaven. Sklaven sind nicht menschlich. Solch parteiischer Unvernunft kam die archaische Selbstverständlichkeit der Dichotomie gelegen. Die Dichotomie drückte nicht Welt aus, sondern schrieb ihr vor, wie sie beschaffen zu sein hatte. Doch selbst dieser verengte Zugang brachte so viel Brauchbares zum Vorschein, daß die Gewalt gegenüber den Phänomenen sich nicht als Mangel bemerkbar machte. Bei all dem, was im Licht der Dichotomie von Theorie und Praxis erstmals erschien, kam sich der zuvor im Glauben kurz gehaltene Mensch beschenkt vor. Uns Erben aber würgt die Erfahrungsenge wie eine Garotte. Das systematische Nicht-wissen-Wollen der Wissenschaften gleicht bei der Effizienz ihrer Technik einer Höllenfahrt. Das Freund-Feind-Denken ermöglicht die Scheinprobleme großer Politik und läßt die Probleme ungelöst. Die Umwelt zwingt den technischen Menschen nicht zum Krieg, sondern unsere ererbte dichotomische Sicht der Dinge legt die Feindseligkeit nahe. Die Vorsicht gegenüber den Gefahren ist zur größten Gefahr geworden. Dichotomische Erfahrung hindert uns an der Erfahrung des Lebens.

Das bisherige Denken besteht aus Dichotomien. Ihr einheitlicher Name Meta-Physik verbirgt nicht die sie stiftende Dichotomie von Natur und Übernatur. Verdankt sich die metaphysische Durchsetzungskraft allein der archaischen Herkunft? Oder zeigen die Dichotomien verzerrt einen uns angehenden Sachverhalt? Es müßte dies der bedeutsamste sein, um ihre Begründungsfähigkeit trotz Unwahrheit zu erklären. Wie bringt der Mensch es fertig, die fortlaufende und unmerklich ineinander übergehende Bewegung des Lichtes mit seinen unendlich reichen Schattierungen in hell und dunkel, Tag und Nacht zu zerstückeln? Gegen unsere Sinne halten wir dies für gerechtfertigt. Was ermöglicht die Hartnäckigkeit dieses Irrtums, und welche Wahrheit entzieht er? Die Dichotomie antwortet auf die Frage: Was ist? Wahr an ihr ist, daß es Vielfalt gibt. Selbst die Erfahrung der Einheit bleibt mehrdeutig. Unwahr jedoch wirkt, daß die unendliche Bestimmtheit auf zwei voneinander abhängige Bestimmungen reduziert wird. Dennoch muß die Differenz, die Zwiefalt, der Unterschied vom Sein, das uns betrifft, handeln. Anders müßte man an den Teufel glauben, der ohne seinen Widerpart Gott jedoch nicht auskommt.

Die Dichotomie und ihr uns blendender Schein von Wahrheit wird von der ontologischen Differenz gewährt. Sie wird allerdings dichotomisch mißverstanden, sobald man das Verhältnis von Sein und Seiendem als Partnerschaft, ja überhaupt als Verhältnis auffaßt. In seinem Aufsatz „Der Spruch des Anaximander" hat Heidegger zunächst überraschend die Seinsvergessenheit, „die Vergessenheit des Unterschiedes des Seins zum Seienden"[4] nicht als „Mangel, sondern (als) das reichste und weiteste Ereignis, in dem die abendländische Weltgeschichte zum Austrag kommt", verstanden. Allerdings fügt er später selbstkritisch an: „Der Unter-Schied ist unendlich verschieden von allem Sein, das Sein *des* Seienden bleibt. Daher bleibt es ungemäß, den Unterschied noch mit ‚Sein' — sei es *mit*, sei es ohne y — zu benennen."[5] Die Dichotomie entsteht im „Anwesen des jeweilig Anwesenden",[6] dem Geschick des Seins. Denn die „jeweilig anwesenden Wesen ... weilen, verweilen..., verharren: sie halten sich an sich... Sie versteifen sich auf das Andauern... Doch dadurch spreizt sich auch schon jedes Weilige auf gegen das Andere. Keines achtet auf das weilige Wesen des Anderen." Aber sie bleiben bezogen auf die sie gewährende ontologische Differenz: „Das Anwesende im Ganzen zerstückt sich nicht in das nur rücksichtslos Vereinzelte und zerstreut sich nicht in das Bestandlose... die Je-Weiligen lassen eines dem anderen gehören: die Rücksicht auf einander."[7] Fug und Un-Fug nennt Heidegger die beiden Weisen des Je-Weiligen. Insofern sie sich nicht „völlig in den schrankenlosen Eigensinn der Aufspreizung zum bloß beharrenden Fortbestehen zerstreuen, um so in der gleichen Sucht einander abzudrängen, aus dem gegenwärtig Anwesenden, lassen sie Fug gehören".[8] Solche Dichotomie, Fug und Un-Fug, wird nicht nur gewährt vom

---

[4] HW 364.   [5] HW 365.   [6] HW 357.   [7] HW 359.
[8] HW 360.

Unterschied, sondern kehrt im Schritt zurück auch in ihn ein. Die ontologische Differenz sichert zwar unsere Identität, aber gerade dadurch, daß sie uns entlastet, mit dem Ganzen verglichen zu werden. Der Kosmos kann nicht interpretiert werden. Dieses ausdrückliche Nichtwissen gewährleistet den Sinn für Proportionen. Es bewahrt den Menschen vor dem Übermaß, aber auch vor Selbstbescheidung.

Es gibt universales Unwissen und bestimmtes Wissen. Wer das Ganze als solches auslegt, irrt; ebenso, wer einem Seienden – und sei es das höchste – kosmisches Maß zuspricht. Solche Irre macht uns lebensunfähig. Davor soll uns das Mahnzeichen der ontologischen Differenz schützen. Die Dichotomie ist deren verzerrter Widerschein, denn nichts ist an der ontologischen Differenz dichotomisch. Der Mensch ist eins mit dem Ganzen, dessen bestimmte Bewegungsweise. Die gedachte Differenz trägt die lebendige Identität nur aus, aber tötet und zerteilt sie nicht. Die Zwiefalt verbürgt sich für die Freiheit der Phänomene, von denen keines das Recht zur Gewalt über andere besitzt. Das kosmische Maß sichert den Abstand des Unterschieds, ohne den wir wie in die Enge getriebene Ratten übereinander herfielen. Gelassenheit ist eingelassen in das unwissende Vertrauen zum Ganzen und öffnet sich maßvoll Mensch und Dingen. Sie entspricht dem Unterschied von Seienden und Sein, gewährt Leben. Die Dichotomien gehen in Gelassenheit auf und verschwinden in der Vielfalt. Gelassenheit zeigt sich als Lebens-Technik. Sie ist weit davon entfernt, nur eine Haltung zu sein.

2. Satz vom Widerspruch

Der Denklehrsatz vom zu vermeidenden Widerspruch entspricht der Dichotomie. Offensichtlich ist dies in seiner Form als Satz vom ausgeschlossenen Dritten. Etwas bestimmt sich dadurch, daß es kein anderes ist. Im Anderssein verbirgt sich das eigene Profil. Ist das nicht umständlich, reichte es nicht, etwas als es selbst auszugeben? Geht nicht besser der Satz der Identität dem Satz vom Widerspruch voraus? Dem Selbstausweis mißtraut man seit Aristoteles.[9] Zu nahe ist er an der mythischen Tautologie des unbefragbaren „Ich bin, was ich bin". Außerdem ist er ungeeignet, die Welt, die wir nicht sind, zu erforschen. Die Dinge können selbst nicht reden; zumindest haben wir nicht gelernt, ihnen zuzuhören. So sind sie nur anerkannt in Dichotomie zum Menschen. In der Beziehung zu ihm und seinen Bedürfnissen werden die Dinge, was sie sind. Dann erhalten sie Grund und Ziel.

Der Satz vom Widerspruch ist der festeste aller Grundsätze.[10] Er übertrifft darin den Satz der Identität. Was könnte einleuchtender sein als die Feststellung, daß ein Etwas nicht zugleich sein und nicht sein kann? Wer will widersprechen, wenn gesagt wird, einem Sachverhalt könne dieselbe Bestimmung in derselben Beziehung nicht zugleich zukommen und nicht zukommen? Raum und Zeit unterscheiden und legen durch Unterscheidung fest. Aber auch für Aussagen gilt, daß entgegengesetzte Aussagen nicht zugleich

---

[9] Aristoteles: Metaphysik, 1061 a 34 — 1063 b 35. Vgl. P. Aubenque: Le Problème de L'Etre chez Aristote, Paris 1977, 124—134.
[10] Aristoteles: Metaphysik, 1011 b 15. Zum Diskussionsstand vgl.: Concepts et Catégories dans la Pensée antique, hrsg. von P. Aubenque, Paris 1980.

wahr und falsch sein können. Gewiß gibt es mehrere Arten von Gegensätzen, konträre, diametrale und kontradiktorische. Nur die kontradiktorischen sind Widersprüche, deren Existenz real nicht möglich ist und die anzunehmen ein Denkfehler wäre. Die anderen betreffen Verschiedenheiten, existieren nebeneinander. In jedem Fall aber bestimmt sich ein Seiendes durch Widerspruch, durch Abgrenzung und durch ein Nicht-Ich. Der Satz vom auszuschließenden Widerspruch ist daher der Satz der Bestimmtheit. Mit ihm erreicht unser Weltumgang jenen Grad an Erwartungssicherheit, der uns zu Prognosen und damit zur Wissenschaft befähigt.

Grundlagen wurden gelegt, die erst im Wandel von antiker zur neuzeitlichen Wissenschaft herauskamen. Insofern auch noch für uns „Wissenschaft da gegeben (ist), wo es um theoretische Erkenntnis geht", stehen wir nach Ritter in der von Aristoteles ausgehenden Tradition. Allerdings ist Theorie dort „Selbstzweck", hat „mit dem Wirklichen des Lebens und seinen Notwendigkeiten nichts zu tun". Wissenschaft bringt nichts hervor, auch nicht Kunst oder Vernunft. Anderes gilt für die Gegenwart: „Weil die moderne Gesellschaft die Anwendung der Wissenschaft, ihrer Methoden und Resultate voraussetzt, fordert sie Wissenschaft zunächst und zuerst, weil ihr eigener Fortbestand und Fortschritt den Dienst der Forschung und die Anwendung ihrer Entdeckungen einschließt. Gegen die Tradition der aristotelischen Theorie hat sich die gesellschaftliche Bestimmung der Wissenschaft gesetzt."[11]

---

[11] J. Ritter: Metaphysik und Politik, Frankfurt a. M. 1969, 11–13. Vgl. VA I 37 ff.

Die Differenz, die Trennung von der uns umgebenden Welt steht am Beginn der Wissenschaft. Sie ist von sich her dichotomisch, denn sie drückt den Kampf des Menschen mit Nichtmenschlichem aus. Griechischer Kosmosglaube und mittelalterliche Weltabgewandtheit verdeckten dies jahrhundertelang, bis Francis Bacon aussprach, was schon lange geschah: Wissenschaft dient menschlicher Macht.[12] Der Satz vom ausgeschlossenen Widerspruch will nicht die Wahrheit des Seins im Seienden erkennen, sondern richtet das Seiende so zu, wie es unserem Überlebensinteresse dient. Ähnlich dem Tier, das von seiner Welt nur wahrnimmt, was seiner Existenz nützt, wählte der Mensch mit Hilfe des Widerspruchssatzes eine dichotomische Außenwelt. Seine Wissenschaft untersuchte, was er konstruierte. Aber waren diese Konstruktionen wirklichkeitsfremd? Mußte sich Wissenschaft nicht erst entwickeln bei unvermeidlichen Irrtümern? Aristoteles vertraute darauf, daß der Wahrheit die Wirklichkeit zustimmt, gegen die falsche Aussage aber Einspruch erhebt. Wie unwahr muß dann die zerstörerische moderne Wissenschaft sein? Sie gründet auf dem Satz vom Widerspruch. Also irrt der Satz vom Widerspruch? Schlimmer noch, er fabriziert seine Richtigkeit.

Das Seiende wird abgerichtet, ihm zu gehorchen. Doch der den Weg versperrende Gegenstand ist da und kann das schmerzhaft anzeigen. Hart im Raume stoßen sich die Dinge. Diese Realpugnanz rechtfertigt den Satz vom Widerspruch.[13] Ist nicht die Durchläs-

[12] F. Bacon: Neues Organon, Berlin 1962, 305 f.
[13] L. Coletti: Marxismus und Dialektik, Frankfurt a. M. 1971, 5−41. Dazu vgl. W. Schirmacher: Idealistische und materialistische Dialektik, in: Philosophischer Literaturanzeiger 31 (1978) 380 f.

sigkeit der Gedanken, ermöglicht in den widerspruchsvollen Sätzen der Sprache, nur ein Zeichen des Unernstes? Wäre das Denken real, könnte es keinen Widerspruch ausbilden. Aber hat nicht erst der Satz vom Widerspruch den Gegenstand geschaffen, der im Wege steht? Ein uns zugehöriger Sachverhalt wurde aufgelöst in Raum, Zeit und Kategorien, uminterpretiert in einer Ansammlung isolierter Einzeldinge. Diese stehen nun im Verhältnis von Selbigkeit und Verschiedenheit, sind Zusammenhänge geworden. Was berechtigt den Menschen aber zu scheiden, was zusammengehört? Angst und Mißtrauen verführten ihn, das Unverstehbare und doch Wirkliche zu ordnen. So verstellte er sein Wissen. Da wurde Gegenstand, was ein Mitgehen erlaubt, und geriet die Fülle von Bezügen zum Anstoß.

Gewiß geschieht die Zerstörung, und sie erfaßt uns. Ebenso gewiß ist die heile Welt, die uns umgreift. Aber nicht in derselben Hinsicht, nicht zur gleichen Zeit, nicht am selben Ort, nicht auf gleiche Weise? Ist das Gift von Seveso heilend, sind die zerstörten Kindergesichter gelungen? Der Satz vom Widerspruch will eine Trennung als selbstverständlich aufzwingen, die er anordnete. Was er Hinsichten nennt und dasselbe und Ort und Zeit sind gleichgültige Bestimmungen, nachträglich abgelesen, an einer sezierten Phänomenleiche gewonnen. Denn nirgendwo deutlicher und drängender meldet sich die Gestalt als in der Verunstaltung. Dies ist nicht widersinnig, sondern sinnvoll. Was der Satz vom Widerspruch trennt, ist nur zusammen wahr. Gleichgültig ist die Summe und sind die sie bildenden Einzelheiten. Niemals machen sie das Ganze aus. Hier wird nicht die Ganzheit angesprochen, nicht im „trüben Gewässer der ‚Werte‘ und ‚Ganzheiten'" gefischt,[14] sondern das Ganzsein-können der Sorge,[15] das Zusammengehören von Denken und Sein ist im Spiel.

Der Zusammenhang des Ganzen ist die Art, die allem, so gering und beliebig es scheinen mag, das Leben verwirklicht. Das Ganze ist kein Was, sondern ein Wie. Jedes ist jederzeit das Ganze und nur als solches begreifbar. Der Satz vom auszuschließenden Widerspruch ignoriert die Lebensart des Ganzen. Er vermag nur tote Dinge zu katalogisieren. Dann ist richtig, daß das Auto vor der Tür steht oder nicht steht, aber es ist zugleich unwahr. Es trifft weder das Wesen des Autos noch das der Menschen. Wie Mensch und Auto zueinander gehören, kommt nicht in den Blick. Den festesten Grundsatz kennzeichnet der Geist des Todes. Der Satz vom Widerspruch beschreibt eine gemordete Welt. Sie kündet vom Sieg der Dichotomie. Aber mit den Sachverhalten töten wir uns selbst. Dieses Gemetzel nennen die Menschen Wissenschaft.[16] Ihre Erfolge sind unsere Niederlagen. Je präziser sich eine Einzelwissenschaft ihr Gebiet aus dem Ganzen herausschneidet, um so eher verbluten wir.

Der Satz vom Widerspruch will verhindern, daß Gedanken sich kreuzen, verwirren. Er fordert das bedächtige Denken, das sich Schritt für Schritt prüft. Er verlangt Methode und schließlich System. So besetzt der Widerspruchssatz den Sinn der systematischen Methode. Das Wie des Ganzen, das sich in jeder Konkretion aufweist, wird unkenntlich. Statt den Weg des Sachverhalts zu gehen und sich bis zur Vollendung anzufüllen, reduziert die dichotomische Methode. Die entstehende Leere verspricht ihr metaphysischer Ent-

---

[14] EiM 152.   [15] SuZ § 62.   [16] HW 75–88.

wurf auszugleichen. Statt sich im System zu halten, wird systematisch der Zusammenhang ausgeklammert und der Bezug vernachlässigt.

3. Vom Gesetz zum „Gestell" der Wissenschaften

Die Wissenschaften setzen die dichotomische Welt, die sie brauchen, mit Hilfe des Satzes vom Widerspruch.[17] Wissenschaftliche Gesetze sind willkürlich und somit gewalttätig, aber nicht völlig unwahr. In der Dichotomie werden zwei mögliche der unendlich vielfältigen Seiten des Sachverhalts angegeben. Zwar sind sie kaum wiederzuerkennen. Der Satz vom Widerspruch hat sie vereinseitigt, aufgeputzt und zum Gebrauch hergerichtet. Aber noch jeder wissenschaftliche Erfolg besteht in einer Antwort der Natur, verdankt sich der Herkunft der im Gesetz verletzten Phänomene. Die Wissenschaften jedoch verstehen die Natur nicht. Deren Aufschrei halten sie für eine brauchbare Reaktion. Ihr Ehrgeiz scheint darin zu bestehen, die Zerstörung des Zusammenhangs von Mensch und Kosmos möglichst genau vorauszusagen. Den Augenblick in der Anwesenheit zum Lebensparadigma zu erklären und das abwesende All zu mißachten, brachte Dichotomie hervor. Diese Gewalttat erhält in den Wissenschaften eine alltäglich vernutzbare Form. Gegenstand hat das anwesende Seiende zu sein. Als Gegenüber und Entgegenstehendes wird es zum Stand gebracht und theoretisch beschreibbar. Nach dem Gesetz *ist* nur, wessen Gegen-Sein festgestellt wurde.

---

[17] FD 49–83.

Die Gegenständigkeit des Anwesenden ist für die Wissenschaften wesentlich und bezeugt zugleich deren Unwesen. Denn es ist unwahr, daß das Geschehen uns Menschen entgegensteht. Wir sind in der Bewegung, die niemals zum Stand kommt. Gegen uns ist kein Sachverhalt gerichtet, denn deren Sache hält uns am Leben. Sie ist für uns, was sie an und für sich ist. Ganzes und Mensch gehören einander und brauchen nicht zusammengebracht zu werden. Ebenso unwahr wie der Gegenstand ist die Vorstellung, die ihn dem Denken darstellt. Etwas vor uns stellen heißt, dieses Phänomen aus seinem Leben mit uns reißen und es in seiner unwesentlichen Gestalt dem Mißbrauch[18] ausliefern. Die als Gegenständlichkeit vorgestellte Realität läßt sich widerstandslos einteilen und in Gebiete abstecken. Ihnen verdanken die Einzelwissenschaften ihre Gegenstände. Gesetze werden formuliert und regeln die wissenschaftliche Arbeit. In der nachstellenden Methode wird sichergestellt, daß kein Seiendes wahrgenommen werden kann, das nicht Gegenstand ist.

Mit der zur Technik gewordenen instrumentalen Wissenschaft wurde der Sicherheitsgrad so erhöht, daß es eine Alternative zur Gegenständlichkeit der Welt nicht mehr gibt. Alles menschliche Leben ist gestellt – und zugleich damit sichergestellt. Uns steht nichts anderes mehr gegenüber. Die zweite Natur besteht aus Teilen, die wir gebaut haben. Sie hat Bestand, weil sie unser Bestand ist. Die wissenschaftlich-technische Welt steht an und für sich. Was in ihr entsteht, hat sie herausgefordert. Die Gesetze der Wissenschaften verwandelten sich in technische Geräte. Die Oberfläche des Planeten

---

[18] HW 368.

Erde bedeckt das gigantische Gestell der modernen Technik. Es ragt und wirkt bis in die Atmosphäre. Seine Ideologie ist der Fortschritt, seine Wahrheit die Zerstörung.

Läßt sich das umstandslos behaupten? Geht die Welt nicht weiter? Wird in ihr nicht auch gelebt, statt nur gestorben? Rettet die Medizintechnik nicht täglich Menschen? Kann man den Fortschritt in der Lebensqualität — wenigstens für die reichen Industriestaaten — übersehen? Doch wir leben noch, weil die Technisierung am Beginn steht. Die Lebensregungen werden von der modernen Technik bisher lediglich gestreift und beeinträchtigt, aber nicht bestimmt. Die planetarische Herrschaft der Technik ist vorläufig ein Mythos, der uns zur Drohung wird. Der Fortschritt erweist sich weder als dauerhaft noch als wünschenswert. Die Technik läßt nur dort, wo sie Entwurf blieb oder in punktueller Vollendung ihre wahre Seite ahnen. Was sie dem Menschen einbrachte, ist ihrem Unwesen abgerungen. Das Unwesen drückt das verfehlte Wesen aus, verweist auf seine Aufhebung. Dies erklärt die Realität der Technik. Auch die größte Verfehlung ist eine kosmische Möglichkeit, und der Weg zum Tod bleibt konkret. Die heutige Welt stirbt erfolgreich, aber sie gelingt nicht.

Als tödliche Methode wirkt die von den Griechen entdeckte Wissenschaft. Sie gab sich nicht mit der gegenständlichen Erfahrung und deren Einteilung zufrieden, sondern fragte nach den Ursachen.[19] Mit ihrer Kenntnis ließ sich die Welt so beherrschen, daß auch noch die Zukunft den Erwartungen gehorcht. Blieb die aristotelisch bestimmte Wissenschaft erfahrungsnah, was

---

[19] Aristoteles: Metaphysik, 993 b 24.

verzerrt genug ist, so brach die instrumentale Wissenschaft mit solch unsicherer Praxis. Denn nicht auszuschließen war, daß die Phänomene durch die Erfahrung durchschlugen und deren Gegenständlichkeit ins Wanken brachten. Dem Liebenden ist nicht zu trauen, wenn er sich auf Erfahrung berufen kann. Als Wissen wird lediglich noch zugelassen, was die Instrumente zeigen. Die wissenschaftlich-technische Gewalt ist nicht zu brechen, denn sie unterwarf Frage und Antwort.[20] Den vollkommenen Kreis der Ignoranz wird erst das Sterben der Gattung sprengen.

Was aber soll an die Stelle der Wissenschaft treten? Ist eine neue Wissenschaft, die sich mit denselben Problemen befaßt, überhaupt denkbar? Muß sie nicht Wissenschaft vom anderen sein? Wie können wir Sachverhalte in der Sprache zulassen, sie dabei nicht als Gegenstände vorstellen? Ändert das unsere Wahrnehmung, die auswählt und den Kontrast zur Bestimmung braucht? Gibt es eine Theorie, die nicht vorschreibt, sondern nur aufnimmt? Müssen nicht wenigstens die Regeln dieser Aufnahme festgelegt werden, und ist das keine Gewalt gegenüber den Phänomenen?[21]

Wir haben keine neue Wissenschaft zu konstruieren oder ihr andere Phänomene zuzuweisen. Denn dann blieben wir unter der Herrschaft der Unterscheidung von Sein und Seienden, auf der die Metaphysik gründet. Die Anwesenheit zeigte uns weiterhin das Aussehen des Ganzen und nicht mehr.[22] Gelassenheit ist angebracht. Keine Vorbedingungen brauchen akzeptiert zu werden. Denn nichts wissen wir, und was als sicher

---

[20] USp 263 f.
[21] W. R. Glaser: Soziales und instrumentales Handeln, Stuttgart 1972, 92–118.
[22] N II 408.

ausgegeben wird, erweist sich als das sicher Unwahre. Gewalt gegenüber den Phänomenen wirkt als Gewalt zurück. Es bleibt offen, was ein Phänomen ist. Jedenfalls ist es nicht das, was zunächst und zumeist erfahren wird. Sachverhalte gehen den Menschen an, denn er geht in ihnen. Aber er beherrscht sie nicht. Immer schon sind wir eingelassen, brauchen nirgendwo hin. Es hat keine Eile, wir stehen unter keinem Zwang. Gelassen leben wir, während wir durch Hast, Angst und Sicherheitsverlangen vor der Zeit sterben. Frei spricht die Sprache, wenn sie sprechen darf.

Wählen wir denn aus, wenn unser Lebensvollzug begrenzt scheint? Oder ist nicht alles Geschehen von dieser Art, jeder Stein und jeder Hauch einmalig im Kosmos des je Eigenen? Besteht unsere Wahl nicht nur darin, das mit dem Leben Gewählte zu verfälschen? Statt der Sprache die Wahl zu lassen, soll sie wahllosen Regeln folgen, vorher schon durch Interpretation wissen, was ihr zufällt. Das ist Abfall. Die Stelle der Wissenschaft kann nur sie selbst vertreten, so wie sie von sich her für uns ist: eine menschliche Lebensregung und Weise des Ganzen. Das Unwesen der Wissenschaft entstammte der Dichotomie, die verzerrt die ontologische Differenz wiedergibt. Die Wahrheit dieser Differenz birgt auch die Wahrheit der Wissenschaft. Mit ontologischer Unwahrheit dagegen triumphierte die moderne Technik. In ihr ging die Negation unter und zeigte sich als Zerstörung.

Die ontologische Differenz von Sein und Seienden ist mißdeutbar. Sie setzt dann eine Trennung, die es nicht gibt. Ihre Wahrheit drückt Zwiefalt aus, die aus Vielfalt kommt. Es gibt nicht Zwei. Selbst die Vorstellung des einen Seins ist zu verwinden. Doch die Einheit der ontologischen Differenz hat das Sein nicht eingeordnet ins Seiende, sondern im selben Maß begriffen, gleichermaßen für alles. Denn es gibt auch kein Seiendes.[23] Das Ereignis ereignet sich, und Sein wie Seiendes haben nichts Eigenes. Das Sein nicht, da es der Gegenwart verfiel. Das Seiende nicht, da es sich vom Lebensstrom des Sachverhalts losriß und schon tot war, ehe es im Bewußtsein erschien. Die Vielfalt ereignet sich und bringt ins je Eigene den Sachverhalt. Vereignet ist jeder Sachverhalt dem Ganzen, der Weise seiner Einheit. Ohne Zusammengehören wäre jede Einzelheit vereinzelt. Das Ganze ist konkret, und jede Konkretion verwirklicht das Ganze. Das Ganze ist die Vielfalt des einen Ereignisses, das wir Kosmos nennen. Es gibt nicht das Ereignis und darüber hinaus den Baum und den Menschen. Jede Endlichkeit geschieht unendlich, und das Unendliche ist jederzeit endlich.[24] Das ist keine paradoxe Formulierung, sondern eine Sachverhaltsangabe. Welt, Erde, Kosmos geschieht vielfältig auf dieselbe Weise, nicht dichotomisch.

Wissenschaft begreift das Geschehen in unserem Vollzug. Sie gibt das Verhalten des Menschen im Sachverhalt als Sprache hinzu. Wissenschaft geschieht selbst. Die Unterscheidung in Theorie, Praxis und Technik ist ein Abfall von Wissenschaft. Wissend handeln wir als Natur. Wissenschaft ist daher immer schon Technik handelnder Menschen. Nichtdichotomische Wissenschaft betreiben wir, indem wir ausdrücklich leben. Sie drückt das Lebenswissen in der Sprache aus. Wissen vollendet sich in der Weise des Ganzen, ist ganzes Wissen und vom Ganzen wissen. Eine Wissensart ist unwissenschaftlich, wenn sie beansprucht, mehr als

---

[23] SD 20.
[24] R. Wiehl: Einleitung in die Philosophie Whiteheads, in: A. N. Whitehead: Abenteuer der Ideen, Frankfurt a.M. 1971, 37−48.

ihre bestimmte Ausprägung zu sein. Läßt sie wie das dichterische Wissen offen, wie sie im Ganzen des Wissens fortwährt, ist solcher Zugang vorwissenschaftlich.

Wissenschaft entsteht in Sachverhalten, denen der Mensch intentional gehört. Wissenschaft ist die Selbstauslegung des Sachverhalts durch den Menschen. Wissenschaft ist Theorie, Praxis und Technik in einem. Sie übergibt das Wissen, ist Gedächtnis und weiß sich zugleich von der Bewegung überholt, ist Selbstkritik der Erinnerung. Die Wissenschaft entspricht der kosmischen Zugehörigkeit und spricht in den Sachverhalten aus, wie wir uns in ihm verstehen. Der Sachverhalt der Wissenschaft hat keine feste Grenze, aber in unserem Leben eine Dichte. Das Nächste ist das wissenschaftlich am schwersten zu begreifende. Doch als unscheinbar Vertrautes gibt es unserem Wissen die Überzeugung. Nur von uns können wir sprechen. Geschieht das auf die rechte Weise, handeln wir von allen Sachverhalten.[25]

Wissenschaft ist gerechte Auslegung. Sie schreibt nicht vor, sie bevorzugt nicht, sie weiß nichts besser. Sie wird belehrt. Wissenschaft will keinen Zusammenhang herstellen, nicht Unvereinbares zusammenbringen, die Spaltung von Subjekt und Objekt überbrücken. Wissenschaft will überhaupt nichts. Sie hat keine Ziele. Sie weiß nichts und vertraut der Selbigkeit des Geschehens. Was wir begreifen, werden wir begreifen. Dazu brauchen sich die Menschen nicht anzustrengen. Wissenschaft geschieht so unmerklich wie das Atmen.[26] Sie braucht weder Quantität noch Qualität. Wenn uns

---

[25] MA 285.
[26] M. Horkheimer: Zur Kritik der instrumentellen Vernunft, Frankfurt a.M. 1967, 258.

heute solche Wissenschaft eine ungeheure Anstrengung abverlangt, dann bezeichnet das den Grad unseres Zerfalls. Denn was hindert uns, das überkommene
Wissen, die eingedrillte Subjektivität, die alltägliche
Selbstverständlichkeit einzuklammern? Warum sollten
wir annehmen, sie seien wahr und die Welt, in der wir
leben, existent? Was wissen wir von Wahrheit und
Existenz, das über Vorurteile hinausginge?
Diese Fragen bestimmen die phänomenologische Bewegung. Husserls epoché, den radikalen phänomenologischen Entschluß zur Erkenntnis, hat Heideggers
Dasein als unsere Seinsverfassung ausgewiesen. Mer-
leau-Ponty vertiefte deren leiblichen Zug, während
Sartre die totalisierende Bewegung als Gesellschaft ein-
bringt. Doch noch ist die Phänomenologie beirrt vom
Horizont der Ontologie und der Verheißung der Geschichte. Erst der späte Heidegger versammelt im
Ende der Metaphysik auch noch die Denk- und Seins-
voraussetzungen, verwindet Anwesenheit, Zeit und
Sein in das Ereignis, das schon Husserls epoché anzog.
Nicht Welt zu sein und doch ganz Welt zu sein, geschieht im Ereignis Technik.
Allerdings berechtigt uns nichts, die phänomenale Gestalt der Sachverhaltsmomente zu ignorieren. Als sie
selbst, so wie sie sich uns zeigen, wird Wissenschaft
auch die Naturgesetze, die gesellschaftlichen Regeln
und die Selbsteinschätzung des einzelnen aufnehmen.
Sie sind Perspektiven des Phänomens, Variationen
desselben Themas. Deren Ansprüche, maß- und hem-
mungslos wie sie durch Jahrtausende dauernde Herrschaft geworden sind, werden als Rollenspiel genommen.
Was die gewohnten Weltdeutungen bedeuten, zeigt
sich erst, wenn sie zurückgenommen werden in die

unendliche Vielfalt des Sachverhalts. Deren endlicher Ausdruck ist die Wissenschaft. Von der Gefühlsregung über das Gedankenspiel bis zum Gerät, in Zusammenarbeit mit anderen, selbst im Gebet variiert Wissenschaft einen Sachverhalt vorurteilsfrei. Kein Zugang ist ausgeschlossen. Das Verlangen nach Offenheit bleibt bei allen Antworten erhalten. Die Wege sind von der Ganzheit geschützt, irren nicht als Eindeutigkeit. Jede Antwort fragt in sich zurück, in das Wie ihrer Zusammengehörigkeit mit allem anderen. Sie achtet die verborgenen und selten entborgenen Bestimmungen. Wie erscheint das anschaulich Gegebene der sich auf sie richtenden Lebenstätigkeit? Es erscheint in der Weise des Ganzen, unendlich bezogen und gewährt. Die Fülle des Wie bleibt unausdenkbar, aber prägt den Zugang zum Phänomen.

Unmittelbar zu erfassen sind gerade auch die Einstellungen zur Welt, die unsere Leistung ausmachen. Jede dieser Weltauffassungen, ob Theorie, Praxis oder Technik ist zu begreifen, wie sie ist. Weniger zu tun wäre unwissenschaftlich. Ein mehr an Weltzuwendung kennzeichnet den Wissenschaftler. Wissenschaft heißt jeder Absonderung und Vereinzelung wehren und so variationsreich und phantasievoll wie menschenmöglich forschen. Kein Eingehen auf den zu Anfang weitgehend unbestimmten Sachverhalt darf in seiner Wirksamkeit wissenschaftlich eingeschränkt werden. Nur die Anzeichen bestimmen das Phänomen, zeigen, ob wir es verfehlen oder auf dem Wege treffen. Die heutige Praxis, die Effizienz des wissenschaftlichen Vorgehens nach den Antworten auf gestellte Fragen zu bemessen, ist armselig im Vergleich zu wirklicher Wissenschaft. Unbegriffen und eng ist der Horizont der eigenen Fragen, die meist nicht von der Sache aufgeworfen wurden, sondern Theorien genügen wollen. Solche Form von Wissenschaft geht nicht unter, aber wird gesprengt. Sie ist nicht Vorbild, sondern ein Bildversuch.

Ergänzt durch Ergebnisse aller nur denkbaren anderen Weltaufnahmen wird erst mit Weile der Sachverhalt im Wie seines Erscheinens deutlicher. Dann ergeben Dichte und Weite, Offenbares und Verborgenes in all ihrem nicht-dichotomischen Ineinanderübergehen das Sich-zeigen des Phänomens. Der Sachverhalt, dem wir gehören, zeigt sich nicht zum Zugucken, sondern sagt seine Veränderung zu. Er *ist* nicht mehr nur, sondern wird. Wir verwandeln uns technisch, gemäß der wissenschaftlichen Anzeige. Wissenschaft ist Sprachtechnik. Der Wissenschaftler spricht alle Sprachen, von der mathematischen bis zur schizophrenen. Unsinn variiert einen Sachverhalt ebenso wie Tiefsinn. Der Wissenschaftler zensiert nicht, sondern gibt dem Zugang seine Stärke.[27] Deren Ansprüche sind neutralisiert, erscheinen als Merkmale. Der Wissenschaftler kennt sie, aber er erkennt sie nicht an. Die wissenschaftliche Wahrheit des Sachverhalts ergibt anschaulich die mehrdimensionale Karte der Gegebenheitsweisen. Vom Schweigen bis zum Schrei, von der grotesken Verkennung bis zum eindringlichen Ankommen zeigen Sachverhalte, wie sie für den Menschen sind. Der subjektive Standpunkt, der angibt, wie es aussieht, wenn ein Phänomen zugespitzt ein Leben trifft, vertritt sich ebenso wie der objektive Standpunkt, dessen Gleichgültigkeit gegenüber der persönlichen Beziehung offenkundig ist. Der Wissenschaftler nimmt nicht Stellung im alten Streit zwischen beiden Auffas-

[27] USp 250–256.

sungen. Ihm genügt, daß die Egozentrik des Subjektiven wie die Heuchelei des Objektiven unübersehbar wird. Denn ihre Dichotomie ist aufgebrochen im Vergleich mit der Vielfalt der Welthandlungen. Den Welterfahrungen den Schutz nehmen, den der metaphysische Kriegszustand bot und keinem Programm glauben, sondern es als ein solches sichtbar werden lassen, bedeutet Wissenschaft.

Heißt das mehr Faktoren als bisher berücksichtigen, und statt eine Rechnung vereinfachen, sie bewußt komplizieren? Wir würden schnell an die Grenzen menschlicher Leistungskraft stoßen. Auch für den Computer erreicht die bei vielen Faktoren dann mögliche Summe der Querverbindungen unpraktikable Ausmaße. Doch Sinn der Wissenschaft ist nicht, noch mehr Sachverhalte ohne Rücksicht auf ihr Eigenleben mathematisch zuzurichten. Was mit seiner Berechenbarkeit überzeugt, ist wenig genug am Phänomen, dessen Unberechenbarkeit in markanten Zeichen spricht. Die Nebenfolgen, die in der ökologischen Krise zur Hauptsache wurden, bleiben unberechenbar, aber sind nicht unabsehbar. Die wissenschaftliche Variation der Einsichten mit ihrer vorurteilsbewußten Weite des Fragens hätte im Alptraum, in den Werken der Kunst, in der Angst der Zeitgenossen jede Nebenfolge aufgewiesen. Nicht als chemische Formel und nicht als neue Technologie gewiß, sondern in einer hochmütig bisher wissenschaftlich nicht wahrgenommenen Spekulation. Die poetische Ahnung und die Wahrheit im alltäglichen Irrtum sind wissenschaftlich aussagekräftig und je nach Phänomen wirklicher als jede Exaktheit.[28]

---

[28] WhD 56–60.

Der Begriff des Sachverhalts enthält die ganze Wahrheit und nicht nur ihre definitorische Unform. Der Wissenschaftler wird kein Einzelwissenschaftler mehr sein, sondern ein Sachverhaltswissenschaftler. Er vermag alle Wege zu gehen. Wissenschaftler sein heißt methodisch leben und keine einzelne Methode bevorzugen. Die Sprache, vom Dichten bis zum Zählen, ist das Element des Wissenschaftlers, aber im Gegensatz zum Dichter oder Mathematiker versteift er sich nicht auf einen Zugang als den vermeintlich wahren. Der Wissenschaftler hütet das Recht aller Zugänge. Aber muß er sich nicht irgendwann für eine bestimmte Interpretation entscheiden? Ist der methodisch universal gebildete Wissenschaftler nicht schon zeitökonomisch ein Fossil aus enzyklopädischer Zeit? Bleibt seine Aufgabe nicht abstrakt, solange unterschiedslos von allen Phänomenen gesprochen und die intersubjektive Verbindlichkeit seines Vorgehens nur vorausgesetzt wird?

Doch Mensch ist Mensch. Im Ereignis Technik werden wir zu Technikern. Der Techniker Mensch übt Wissenschaft aus. Was der Wissenschaftler tut, kommt allen Menschen zu. Darin liegt die Verbindlichkeit der Wissenschaft. Sie beruht in der Einheitlichkeit des Ganzen. Der Wissenschaftler hat keinen Anlaß, sich während seines Begreifens zu entscheiden. Eine „Lösungsstrategie der totalen Suche" (H. M. Lipp) will die Systemtechnik[29] sein, aber sie erweitert tatsächlich bloß den Anwendungsbereich der Dichotomie. Erst ein Verlassen der dichotomischen Logik entspräche der Technik, vor allem, wenn wie bei Günther eine Negativsprache „einen Codex für Handlungsvollzüge

---

[29] G. Ropohl: Eine Systemtheorie der Technik, München 1979.

anbietet".[30] Die auf Zahlen, nicht auf Worte gegründe-
te Negativsprache versucht mit Hilfe der Menschen,
die Komplexität des Lebendigen zu begreifen und danach zu handeln. Inhaltlich ist die Seinsfülle gerade
nicht wiedergebbar, denn allein die Lebendigkeit eines
einzelnen Körpers überstiege alle heutige Beschreibung, sei sie mathematisch oder sprachlich. Aber präzise will Günther die Struktur des Zusammenhangs
der Phänomene, das bewegliche Geflecht ihrer Beziehungen durch Zahlen angeben. Jede Zahl hält die Stelle
für ein einzigartiges Phänomen und verweigert im Gegensatz zur zweiwertigen Logik der Tradition die dichotomische Abstraktion. Günthers durch Hegel an-
geregter, Heidegger ungewollt naher und doch durch
die Verwendung der Zahlensprache eigenständiger
Versuch, die moderne Technik zu verstehen, beruft
sich auf den „ausgeschlossenen Dritten", auf den
„dritten Wert jenseits und als Folge der Total-Alterna-
tive von absoluter Positivität und klassisch-absoluter
Negativität".[31] In diesem drückt sich die Fruchtbarkeit
des Negativen aus, denn die „Iterierbarkeit des Negativen ist bodenlos".[32] Für den Wissenschaftler bedeutet dies größtmögliche Freiheit, dem sich zeigenden
Sachverhalt zu folgen.
Zeigt sich das Phänomen unvollkommen — was nicht
mit undeutlich gleichzusetzen ist —, so irrt der Wissenschaftler. Zeitökonomie dagegen ist nur eine Methode unter anderen. Ihre Gefährlichkeit ist heute offensichtlich. Als gefährliche Lebensweise ist sie wissenschaftlich einzubeziehen. Aber es ist kaum anzu-

---

[30] G. Günther: M. Heidegger und die Weltgeschichte des Nichts,
in: Nachdenken über Heidegger, hrsg. von U. Guzzoni, Hildes-
heim 1980, 115.
[31] Ebd. 99.   [32] Ebd. 115.

nehmen, daß sie überzeugt, wenn sie gezeigt wird, wie sie ist. Enzyklopädisches Wissen richtet sich nach dem quantitativen Ideal, will Kenntnisse anhäufen. Deren Beliebigkeit hat nicht erst der Positivismus aufgewiesen. Zu berücksichtigen ist der enzyklopädische Drang durchaus, aber Wissenschaft gehorcht ihm nicht. Der Sachverhalt selbst ruft die wissenschaftlichen Methoden hervor. So ist gewährleistet, daß die Eigenheit des Phänomens zur Geltung kommt. Zugleich wird deutlich, daß alle Sachverhalte derselben Bewegung genügen und in ihr übereinkommen. Denn auch die größte Differenzierung der Erscheinungsweisen erreicht nie, daß eine Methode exklusiv zu einem bestimmten Phänomen gehört. Sondern in jedem wirklichen Zugang zeigt sich ein Sachverhalt so, wie er von sich her für uns ist. Allerdings unterscheiden sich die Phänomene nach der Intensität und der Art ihres Sich-Zeigens in den verschiedenen Methoden. Dort, wo sie sich angesprochen fühlen, sprechen sie sich am nachdrücklichsten aus. Vielfältig spricht Wissenschaft die Sachverhalte an. In jeder denkbaren Weise ist sie deren Mund. Wenn der je eigene Sachverhalt sprechen kann oder schweigen muß, tut er dies als Wissenschaft.

Unbegriffen haben sich die Menschen in der Arbeit großer Naturforscher wie im alltäglichen, aber sensiblen Umgang miteinander schon wie Wissenschaftler verhalten. Sie fanden Zugang durch aufmerksames und Meinungen ausschaltendes Hinhören. Sie erprobten vorurteilslos eine Reihe von Sichtweisen, deren jede ihnen einen Aspekt des Sachverhalts eröffnete.[33] Unter dem Diktat des Nutzens verlor sich diese Offenheit schnell. Die Erfahrungsweisen reduzierten sich auf die

---

[33] R. Wiehl: Dialog und philosophische Reflexion, in: Neue Hefte für Philosophie 2/3 (1972) 41–94.

170

erfolgversprechendste Methode. Im zwischenmenschlichen Bereich nennt man dies mit einer Spur Verachtung die Macht der Gewohnheit. In der Wissenschaft soll es ein reifes Stadium bezeichnen. Wissenschaft aber ist immer am Anfang, ist kreatives Nichtwissen und verweigert sich einem anderen Horizont als dem universaler Erfahrbarkeit. Die Feststellung einer wissenschaftlichen Erfahrung, abgegrenzt gegen alltägliche, philosophisch-spekulative und poetische Erfahrung, ist gewalttätig, selber unwissenschaftlich. Der Wissenschaftler ist ebenso Mystiker und Poet, er rechnet, träumt und spinnt; er hält alles für möglich und reibt sich wund an seiner Begrenztheit. Aber all dies ist er im Spiel, denn für nichts davon entscheidet er sich existentiell.

In jeder Erfahrungsweise ist der Wissenschaftler Treuhänder, trägt ihre Ergebnisse ein in die Karte des Sachverhalts. Auf das Sich-Zeigen nimmt er keinen Einfluß; auch seine eigene Subjektivität scheint so, wie sie ist. Keiner standardisierten Reihenfolge von Zugängen folgt der Wissenschaftler. Entsprechend dem Grad an Offenheit des Wissenschaftlers, den er zu thematisieren hat, und seiner bereits erreichten Erfahrungsfähigkeit, die die Ergebnisse ausweisen, spricht sich der Sachverhalt methodisch aus. Denn anders als in der Methode, auf dem gemeinsamen Weg, als Zugang kann sich ein Phänomen nicht zeigen. Methode und Sache sind für den Menschen eins; jedoch ist nicht der Weg von uns erfunden, sondern als gefundener begriffen.[34] Der unplanbare, aber in der Sprache mitgehbare Weg des Sachverhalts drückt die wissenschaftliche Tätigkeit aus.

---

[34] WM 445–480.

V. Beitrag der christlichen Metaphysik

1. Hierarchie

Wer nach Höherem strebt, handelt schon hierarchisch. Hoch und niedrig, Herr und Knecht sind ihm nicht gleich genehm. Mehr herrscht über das Weniger, Gott über die Menschen. Jeder will Meister sein. Die Demokratisierung der Gesellschaft, die überkommene Hierarchien abschaffen will, sieht sich erst erfüllt, wenn alle die gleiche Höhe haben. Mit dem Unten will nicht einmal die Nivellierung etwas zu schaffen haben. Die Dynamik dieses Dranges nach oben und die damit verbundene Idee des Fortschritts ist neuzeitlich. Die Welt der Abstufung und Rangordnung dagegen stellt den Beitrag der Metaphysik des Mittelalters zum gegenwärtigen Denken dar. Die christliche Hierarchie bedeutet eine Verschärfung der griechischen Dichotomie. Sie engt die Weltauffassung erneut ein und versucht durch Gewalt wettzumachen, was ihr an Wahrheitskraft fehlt. Im griechischen Kosmos hatte jedes Seiende seinen Ort, das Gesetz von Notwendigkeit und Zufall galt für alle. Der unbewegte Beweger verließ die Seinsebene nicht, die Gründe gaben sachlich Produktionsprozesse an.[1] Die Dichotomie beschränkte zwar den Blick auf zwei Aspekte der Sachverhalte, und die teleologische Sinndeutung gab schon an, in

---

[1] VA I 8–11.

welcher Richtung gegangen werden sollte. Aber auch Zurückgehen war möglich, kein Abgrund trennte die feindliche Dichotomie. Gleicherweise Seiendes zu sein, verband. Die auch von den Griechen betriebene Ausbeutung der Natur und der Mitmenschen war unlegitimiert. Auf die Frage, warum der freie Bürger über den Sklaven herrschen dürfe, antwortete das dichotomische Denken unzureichend: Es ist so. Es sind voneinander — gemäß dem Satz vom Widerspruch — zu trennende Seiende.

Die Hierarchie dagegen begründet alle Formen von Herrschaft, legitimiert sie in einer neuen Ordnung des Kosmos. Der Hierarchie geht die Dichotomie voraus. Das Seiende muß erst bestimmt werden, ehe es geordnet werden kann. Warum ist Seiendes? Dies beantwortet der absolute Vorrang des Schöpfergottes. Der gestufte Weg von Gott zu seinen Geschöpfen, von oben nach unten bis zur geistlosen Materie,[2] bezeichnet zugleich eine Abstufung von Herrschaft. Mit dem gleichen Recht, mit dem Gott über uns herrscht, beherrschen wir die Erde. Das Verhältnis von Ober- und Unterordnung prägt unsere Welteinstellung. Nach dem Tode Gottes ist die religiöse Begründung weggefallen, die traditionellen Herrschaftsmuster in Gesellschaft und Familie werden ausrangiert, aber die Hierarchie blieb wirksam, selbstverständlich. Keine Ordnung, ob in Gesellschaft, Wissenschaft oder Kybernetik ist ohne sie denkbar. Aber entspricht die Hierarchie nicht alltäglicher Erfahrung? Die Menschen leben nach Rangfolgen, die ihre Werte und Hoffnungen be-

---

[2] P. Aubenque: Plotin und der Neuplatonismus, in: Geschichte der Philosophie I, hrsg. von F. Chatelet, Frankfurt a.M. 1973, 210–226.

treffen. Haben Krankheit und Gesundheit den gleichen Rang für uns? Beweist nicht dieser Denkversuch gegen das Sterben der Gattung, daß Tod und Leben nicht nur unterschieden, sondern in eine Rangfolge gebracht werden müssen? Verzichtete man aber auf eine vorgefaßte Hierarchie, ließe den Sachverhalt sprechen, gehörte es dann nicht zum Meister, den Gesellen anzuleiten, und zum Herrscher, zu herrschen? Legt uns nicht gerade die hörende Vernunft eine Rangordnung nahe?[3] Ist Hierarchie nicht ein Fortschritt gegenüber der Dichotomie, schon Ausdruck der Bewegung? In der Hierarchie der Welt erhält der Mensch seinen Ort zugewiesen wie die Dinge. Verhaltenssicherheit und Voraussagbarkeit werden verbessert. Auf die Kinderfrage: Warum? gibt es eine erwachsene Antwort. Doch sie ist tödlich. Zwar suggeriert die hierarchische Denkgewohnheit einen normalen Weltzustand, doch unsere Erfahrung nimmt wahr, daß der Extremfall gegeben ist. Nichts stimmt zusammen. Die Gründe fallen in den Abgrund der Frage: Warum sterben wie vor der Zeit? Diese Warumfrage erhält keine Antwort. Für

---

[3] R. Maurer: Revolution und „Kehre", Frankfurt a. M. 1975, 199–202. Maurer versucht seit längerem, Heidegger für eine ambitionierte Gegenwartskritik in Anspruch zu nehmen. In 15 Punkten hat Heidegger 1974 zu Maurers Aufsatz: Von Heidegger zur praktischen Philosophie (ebd.) Stellung genommen und dabei entschieden abgewehrt, das „Denken der Seinsfrage" (B 4) mit praktischer und politischer Philosophie zu vermischen. Wie sollte auch eine bei aller kritischen Haltung zur Moderne doch konventionell metaphysische Philosophie, die ausdrücklich Platon zum Vorbild nimmt, die Radikalität Heideggers erreichen? Maurer beschwört zwar immer, wie völlig anders Denken, Handeln, Fühlen werden müßte (zuletzt am Ende von: Ökologische Ethik?, in: Allgemeine Zeitschrift für Philosophie [1982] 39), aber wagt nicht, mit der „Kehre" zu beginnen. Denn dazu müßte er seine eigene philosophische Einstellung überprüfen und kühn gegen sich selber denken lernen.

sie ist in der Hierarchie kein Platz. Die Antwort würde die hierarchische Ordnung beseitigen. Denn wir sterben, weil wir „Warum" fragten und eine begründete Hierarchie errichteten. Es gibt keine Rangfolge der Sachverhalte. Nichts berechtigt zur Herrschaft. Jedes Phänomen vertritt nur sich. Seine Leere und Fülle hat es zu verantworten. Das Phänomen entspricht der Bewegung. Noch der Tod wandelt eine Leere in eine neue Fülle. Unterwegssein in allen Graden, das Durchlaufen der Teile, das Verwirklichen und Entwirklichen des Möglichen gehört zum Sachverhalt. Im Wahren und Beirren. Von außen kommt nichts. Denn innen ist jederzeit das Ganze.

Die Idee der Hierarchie gewährte die ontologische Differenz. Der Unterschied des endlichen Menschen vom unendlichen Kosmos wird in der Hierarchie ausgedrückt, aber ebenso von ihr vergessen. Mit Gott als dem höchsten Wesen beginnt Hierarchie, die heilige Herrschaft. Die onto-theo-logische Verfassung bestimmt das Begreifen. Das Unbegreifliche ist ausdrückbar, wenn auch nur in der Allmachtssprache. Die Stellung des Menschen ist gesichert. Wir kennen in Gott den Grund unserer Existenz, verlassen uns auf ihn. Die ursprüngliche Differenz scheidet nicht, sondern schenkt dem Menschen einen allgütigen Vater, nimmt ihn in die göttliche Familie auf. Die Hierarchie bezeugt, daß wir endlich sind und Teil des Ganzen. In ihr spricht sich die Erfahrung möglicher Fülle aus. Zwar gelingt uns selten ein göttlicher Augenblick, der uns zeigt, wie Leben sein kann. Aber die Erinnerung daran macht Hierarchie einleuchtend. Hierarchie sagt, der Mensch ist noch unerfüllt. Wäre es schon in der Fülle, entstünde keine Leere, in der das Erfüllungsversprechen, die Hierarchie gedeiht. Der Mensch ist mehr als der jetzige Mensch. Diese Gewißheit[4] vermittelt Hierarchie.

Dennoch ist sie nur ein verzerrter Ausdruck der Bewegung, der Existenzweise des Sachverhalts Mensch wie aller Sachverhalte. Das Werden des Menschen beendet sein ihn verwandelnder Tod, nicht ein Endzustand. Hierarchie will die Bewegung ordnen, aber verordnet ihr Stillstand. Hierarchie will die kosmische Ordnung wiedergeben. Aber auf das menschliche Maß reduziert, rechtfertigt sie die gewalttätige Weltvorstellung. Die Frage nach dem Grund fragt nach demjenigen, der Gewalt ausüben darf. Die Hierarchie ist eine Gewaltordnung. Was jemand geschaffen hat, darf er gebrauchen. Das Geschöpf schuldet dem Schöpfer sein Leben. Im Extremfall darf er es vernichten. Gott gegenüber führt dies zur Demut; sie wird entschädigt durch den Rest der Schöpfung, die wir uns nun untertan machen dürfen. Wir sprangen mit den Dingen um, wie wir es von keinem Gott erwarteten.

Doch der Grund, der anderswo als im Sachverhalt angesiedelt wird und ihn zu beherrschen beansprucht, ist eine Erfindung. Es gibt ihn sowenig wie den Gott, der dies so eingerichtet haben soll. Der Hierarchie fehlt die phänomenale Erfüllung. Sie ist ein Sachverhalt der Leere, benachbart dem Tod. Krankheit und Gesundheit vertreten sich selbst, ziehen an und stoßen ab nach ihrer Weise. Sie haben miteinander zu tun, aber bedingen sich nicht. Kranksein muß der Mensch durchstehen wie das Gesundsein. Die Frage, was ihm besser gefällt, ist gleichgültig. Der Mensch hat zu nehmen, was ihm zukommt. Wehren kann er sich jedoch gegen die unberechtigte Krankheit und die ihm vorenthaltene

---

[4] N II 425–427.

Gesundheit. Aber auch dies entspricht dem Wesen beider Sachverhalte und würde von einer Hierarchie nur verfälscht. Da ist kein absoluter Wert Gesundheit und kein Unwert Krankheit. Die Abwesenheit des notwendigen Leidens wäre lebensgefährlich.

Für das Leben und gegen ein unzeitiges Sterben zu sein, entspricht ebensowenig einer Werthierarchie. Kein lebendes Wesen kann seinen Tod wollen. Willkommen wird er erst, wenn das Leben ausgelebt ist. Das Denken gegen den Tod der Gattung folgt seiner Bewegung und weist ab, was ihm ungemäß ist. Die zuhörende Vernunft vernimmt keinen Ruf nach Herrschaft. Denn Herrscher gibt es nicht. Ihm eignet kein Sachverhalt. Er beansprucht Gewalt für fremde Phänomene, um er selber zu werden. Sein Wesen ist die Anmaßung. Den Meister dagegen gibt es. Er herrscht nicht. Der Meister handelt gemäß. Im erbärmlichsten Anfang erkennt er die mögliche Vollendung. So behandelt er den Anfänger wie seinesgleichen, meisterlich. Indem der Meister sein Wesensbild erfüllt, lehrt er unmerklich, durch Vorbild. Nie würde er einen Übergriff dulden. Er läßt sein, denn Gelassenheit ist sein Wesen. Die Hierarchie aber bringt den Menschen um das Wissen, daß er vor Ort und Zeit eingelassen ist in die Bewegung des Ganzen. Bis in den Tod kann er auf universale Gerechtigkeit vertrauen.

2. Satz vom Grund

Die Griechen suchten nach dem Warum, sobald sie die Frage nach dem dichotomischen Was beantwortet hatten. Denn bestes Wissen war, den Grund zu kennen. Ihre Wissenschaft erweiterte sich im Ergründen des

notwendigen Zusammenhangs. Ob platonische Idee
oder die vier Gründe des Aristoteles, es war nicht
selbst Seiendes, was Seiendes begründete. Noch wird
die ontologische Differenz geachtet.[5] Auch die griechische Frage nach der höchsten Idee und dem ersten
Grund führte in sich zurück, beruhigt und gerecht;
griff nicht fordernd aus. Der Ursprung einer Sache traf
sie im innersten, aber beherrschte sie nicht. Den
Grund von etwas zu wissen, ermöglichte wahre Erkenntnis, rechtfertigte nicht einen Besitzanspruch.
Nicht das fremde, das eigene wies der Grund auf.
Doch die Verfehlung des Grundes zeigt sich schon
dort, wo er gefestigt und als ein einmal gefundener
Grund der Erinnerung übergeben wurde. Aristoteles
scheiterte zwar beim Versuch, die ersten Gründe in
eine erste Philosophie einzubringen. Aber im Scheitern legte sein systematisches Wagen ein Sprachnetz
über die Erfahrung, daß eine weniger paradiesische
Denkweise nur noch zuzuziehen brauchte.
Heidegger hat den Satz vom Grund ausgezeichnet als
den Leitsatz des „gegenwärtigen Zeitalters, das vom
Grundsatz des zustellenden zureichenden Grundes
durchwaltet wird".[6] In ihm wird Vorstellen und Wirklichkeit dasselbe. Fragen wir nach dem Grund des Seienden, antwortet uns die Vorstellung der Subjektivität. Besinnungsloser Wille und berechnende Logik
kommen heute im Grund zusammen, sind Gestell.
Der Satz vom Grund ist Frage und Antwort zugleich,
ist der Grundsatz des in der Wissenschafts-Technik
herrschenden Planens. Der Satz vom Grund ist der
Satz der Herrschaft. Als solcher wirkt er sich in Wis-

---

[5] WM 123−125.
[6] SvG 436 ff., vgl. 191−211.

senschaft wie Gesellschaft aus. Doch in der Wissenschaft braucht der Satz vom Grund den Satz vom Widerspruch, denn nur dieser ist der Satz der Bestimmtheit. In der Gesellschaft kommt der Satz vom Grund nicht ohne den Satz der Identität aus, ohne den der Mensch nicht erster, ausgezeichneter Grund wäre. Der Satz vom Grund ist allein ohnmächtig. Dennoch unterscheidet er sich als der Begründungsgrundsatz von den Bestimmungsgrundsätzen der Identität und des Widerspruchs. Insofern ist Heideggers Hervorhebung gerechtfertigt. Aber alle drei Denkgesetze erfüllen — wie die Seinsbestimmungen — ihre Aufgabe, erschließen und lassen verkennen. Eine Rangordnung wäre demgegenüber unwesentlich.

Das Mittelalter hat unser Verständnis des Satzes vom Grund entscheidend vorgeprägt. Dies ist nicht Heideggers Auffassung. Zwar kennt auch er die „ungewöhnlich lange Incubationszeit des Satzes vom Grund", den erst Leibniz „als Satz" ausgesprochen habe,[7] aber er betont seinen neuzeitlichen Charakter: „Durch die Zustellung des zureichenden Grundes empfängt dieses Vorstellen jene Einzigartigkeit, die das neuzeitliche Verhältnis des Menschen zur Welt bestimmt, und d.h. die moderne Technik ermöglicht."[8] Denn der „Grund wird als ratio, als Rechenschaft gedeutet" und so das „Denkwürdige ... der Raserei des ausschließlich rechnenden Denkens"[9] preisgegeben. Dem „unbedingten Anspruch des Satzes vom Grund in der Gestalt der vollständigen Rationalität" entspricht die „ungehemmte, vollständige Technisierung der Welt und des Menschen".[10]

Aber das Wesen des Grundes verweist vor allem auch

---

[7] SvG 14/15.   [8] SvG 148.   [9] SvG 210/211.   [10] SvG 138.

auf die Transzendenz des Menschen, sein Hinausstehen in den Kosmos. Dieser wird vom Mittelalter begriffen als das „Ganze des Geschaffenen".[11] Die Welt ist dann „das Seiende im Ganzen und zwar als das entscheidende Wie, gemäß dem sich menschliches Dasein zum Seienden stellt und hält".[12] Heidegger sieht richtig, daß „gerade der neuzeitliche ‚Subjektivismus' und nur er das Seiende im Ganzen entdeckt, verfügbar gemacht und Herrschaftsansprüche und Formen ermöglicht hat, die das Mittelalter nicht kennen konnte und die außerhalb des Gesichtskreises des Griechentums lagen".[13] Das Mittelalter hätte sich die neuzeitliche Rolle des Satzes vom Grund nicht träumen lassen. Doch Heidegger übersieht die blasphemische Strukturgleichheit von Schöpfergott und neuzeitlichem Subjekt. Wir sind nicht wie die Menschen des Mittelalters, sondern wie ihr Gott. Heidegger ist zuzustimmen, wenn er herausarbeitet, daß das Mittelalter nicht systematisch-herausfordernd, sondern gewiß-doktrinär[14] über den Grund verfügte. Aber gerade damit schuf es die Erinnerung an eine sichere Hierarchie, die das moderne Herausfordern um jeden Preis wiedererlangen will, was sich bis zur Selbstzerstörung zuspitzt. Der Beitrag des Mittelalters für das heutige Denken besteht gerade in dem Schein von Sicherheit, den Gott als der von vornherein zugestellte Grund hervorrief. „Durch die von der Kirchenlehre als absolut verbindlich verkündete Offenbarungswahrheit ist jene Frage, was das Seiende sei, überflüssig geworden. Das Sein des Seienden besteht in seinem Geschaffensein durch Gott."[15] Wann kann das Subjekt von sich das sagen: „Das Sei-

---

[11] WM 144.   [12] WM 145.   [13] N II 172.   [14] N II 453/454.
[15] N II 131/132.

ende hat seinen Grund in Gott, ist ‚ens creatum‘,...
das von Gott Geschaffene"?[16]

Die christliche Hierarchieauffassung verwandelte den
Satz vom Grund, der dem Wesen der Sachverhalte antwortete, in den Satz vom zureichenden Grund, vor
dem sich die Sachverhalte verantworten sollten. Denn
der göttliche Wille ist jetzt Beweggrund allen Geschehens. Dieser ungriechische Diktator ist Anfang von
allem, Prinzip und Gesetz. Der eine und einzige Gott
duldet keine anderen Gründe neben sich. Von ihm
allein leitet sich die Hierarchie der Gründe ab. Sein
Wille bestimmt die anderen Willen. Der Satz vom
Grund verfällt zum abstrakten Ausdruck der ontologischen Differenz. Noch erinnert er daran, daß jedes
Phänomen unendlich übertroffen wird und diese
Unendlichkeit dem Sachverhalt sein Maß gibt. Aber
vergessen ist, daß das Ganze nicht interpretiert werden
kann und seine Bewegung nur endlich gelingt. Die
Definition Gottes als höchstes Seiendes und absoluter
Grund entfernt den Menschen von der Wahrheit. Un-
gehört blieb die Gegenbewegung der Mystiker, die
Gott als Un-Grund begriffen. Die Usurpation des Sin-
nes durch Gott im christlichen Mittelalter, wie ihn der
Satz vom zureichenden Grund vornimmt, betrifft
Realgrund und Erkenntnisgrund. Wissenschaft wird
für Jahrhunderte unmöglich. Bei der verordneten Er-
fahrungseinschränkung ist nicht einmal gegenständli-
ches Wissen zu erhalten.

Die Aufklärung glaubte, durch Säkularisierung des
Satzes vom Grund festen Boden zu erhalten. Kausalität soll nicht mehr den Aufbau der realen Welt beschreiben, sondern ist Bedingung möglicher Erfahrung

---

[16] SvG 136.

in Raum und Zeit. Der Satz vom Grund gerät zum allgemeinsten Ordnungsprinzip des vorstellenden Denkens. Kant weitertreibend, unterschied Schopenhauer in seiner Dissertation erstmals präzise die vier Arten des Satzes vom Grund (Erkenntnisgrund, Grund des Werdens, Seinsgrund, Motivation) und zeigte, daß unser erkennendes Bewußtsein mit Notwendigkeit in Subjekt und Objekt zerfällt.[17] Doch „dem in der Erkenntniß, welche dem Satz vom Grunde folgt, in dem principium individuationis, befangenen Blick" entzieht sich die Wahrheit, daß „dem Dinge an sich die Formen der Erscheinung nicht zukommen".[18] Schopenhauers Erfahrungsmetaphysik soll uns gerade vom „Trug des Satzes vom Grund" befreien.[19] Die Aufkündigung ewiger Wahrheiten und die Beschränkung auf die Erkenntnisfunktion des Satzes vom Grund macht also ihn nicht wissenschaftlicher. Der Herrschaftswille Gottes ist durch den Willen des Subjekts nur ersetzt. Das hierarchische Denken, das Wissenschaft nicht zulassen kann, bleibt in Kraft. Erst wenn der Grund als Einheit der Identität und der Differenz, als Freiheit zum Sein begriffen wird,[20] zerbricht die Hierarchie. Die modernen Wissenschaften bereiten dies vor, aber die kausalitätsgläubige Wissenschaftstheorie hat es noch nicht zur Kenntnis genommen.

---

[17] A. Schopenhauer: Über die vierfache Wurzel des Satzes vom zureichenden Grund. Sämtliche Werke 7, hrsg. von A. Hübscher, Wiesbaden, § 16.
[18] A. Schopenhauer: Die Welt als Wille und Vorstellung I. Sämtliche Werke 2, hrsg. von A. Hübscher, Wiesbaden 1972, 418.
[19] A. Hübscher: Denker gegen den Strom. Schopenhauer gestern − heute − morgen, Bonn 1973, 42.
[20] SvG 186.

In der modernen Gesellschaft jedoch herrscht der Satz vom Grund ungebrochen.[21] Noch die Demokratisierungstendenz, die Herrschaft für jedermann will, folgt dem Schein von Kreation, der dem Beherrschen anhaftet. Denn wer über den Grund verfügt oder wer doch Anspruch auf Zustellung eines Grundes erheben kann, ist mächtig, Herr und Gebieter. Er allein ist wirklich. Nur er ist auch rational. Das Begründen der Sprache und das Bewirken einer Sache, Begründung und Kausalität sind zwei Ausprägungen desselben Leitsatzes: nihil est sine ratione.[22] Was zu sein beansprucht, muß begründet sein. Der Grund bewirkt Seiendes. Was verursacht, herrscht vor. Alle Gewalt geht vom Volke aus, geht über an seine Repräsentanten und kehrt verwandelt zurück zum Bürger. Jede Phase dieses Herrschaftsprozesses ist begründet und hat daher Sinn. Dem Denken können seine beherrschten Objekte nicht solche Realität verleihen wie jene aus Fleisch und Blut der Gesellschaft. Worte sind biegsam und durchlässig, und leicht läßt sich auf sie verzichten. Aber dafür versichert manche Philosophie gleich doppelt, sie gehorche dem Satz vom Grund, sei begründetes Argumentieren.

Kein größerer Vorwurf ist denkbar, als grundlos zu handeln, gesetzlos zu sein, unbegründet zu reden. Mit welchem Recht aber diffamiert man das Leben? Die geordnete Welt wird mit jedem Tag bodenloser, gesetzloser, sinnloser. Jede Zerstörungserscheinung hat gute Gründe. Nichts geschieht ohne Grund – das ist die Wahrheit. Der getöteten Welt werden ihre Gründe zureichend zugestellt. Die Gewalt des Anspruches auf

---

[21] N. Luhmann: Soziologische Aufklärung I, Wiesbaden 1974, 23.
[22] SvG 191–211.

das Warum hat sich durchgesetzt. Die Verhältnisse sind zum Zwang, die Umstände zur Macht entartet. Die in den Gründen verfestigte Welt ist jedem ausgeliefert, der sie rational ausbeutet. Zurechenbar wird das Verhalten, und schuldig sind wir alle. Das Vorstellen kennt sich in den Gründen aus, differenziert sie so lange, bis es den passenden Grund, die eigentliche Ursache gefunden hat. Zwar lehnt die pluralistische Gesellschaft wie die analytische Wissenschaftstheorie ab, mittelalterlich, d.h. monokausal zu denken. Man ist bereit, eine Reihe von Ursachen und Gründen für die komplexen Erscheinungen anzunehmen. Dennoch will man einzelne Gründe kennen und läßt an deren Verantwortlichkeit nicht rütteln. Statt aber die Täter zu fassen, wird mit dem Satz von den Gründen die Untat erst herbeigeführt. Denn es ist eine Verletzung unseres Wahrnehmens, Gründe für ein Geschehen angeben zu wollen, das vom Ganzen erhalten wird.

Der Mensch zeugt den Menschen — waren nicht wenigstens Himmel und Erde, Vergänglichkeit und Unendlichkeit daran beteiligt? Mußte nur der Zeugungsakt hinzukommen, nicht ebenso das Atmen und der Sauerstoff der Bäume, das Licht der Sonne und das unendlich Besondere, das sich als Leben zeigt? Ohne das Zeugen ginge es nicht, aber ginge es denn ohne die Schwerkraft, ohne die Gene, ohne die Haut? Der Satz vom Grund reduziert einen Sachverhalt auf *ein* Handeln und *eine* Wirkung, der in seiner Fülle ungeheure Vielfalt birgt. Am lebendigen Zusammenhang zerbricht jede Hierarchie, denn gemessen an seinem Geschehen wird ihre Gewalt offenbar. Wo der Satz vom Grund herrscht, ist Todesleere. Lebensfülle ermöglichte er nur, wenn er als Satz der Freiheit zum Grund gehört würde. Dann springt der Satz vom Grund in den Abgrund, verwirft seine Gründe und begreift Grund und Sein als das Selbe.[23]

Die Gründe des Seienden sind nicht seiend. Sie lassen sich nicht ohne Gewalt festhalten. Sie müssen in ihrem Wesen geachtet werden. Nicht im Fragen nach dem Warum, sondern in der freien Anerkennung des Weil achten wir Sterblichen den Boden unserer Existenz. Dann kommt der Daseinsentwurf in die Nähe des kosmischen Entwerfens. Weil die Menschen lebendig sind, gehören sie zur Fülle des Miteinanderlebens. Weil sie begreifen, erfahren sie im Wie die Vielfalt des Weltwissens und erlernen unsere Lebenstechnik. In ihr nur zeigen sich die Sachverhalte, werden konkretisiert. Die Fülle des Eigenen in der Offenheit des Erscheinens läßt unsere Technik gelingen. Das macht ihr Funktionieren aus. Gelassenheit, die sich auf das Weil einläßt und die Anmaßung des Warum aufgibt, erfährt die Weile des Sachverhalts. Die Fülle des Zusammenhangs, die im abgründigen Grund aufscheint, darf jedoch nicht als Substanz, Objektives oder Kosmos da draußen mißverstanden werden. Fülle gibt es einzig als Erfüllen.

Der Menschen Worte für die erfüllteste Art des Erfüllens ist Liebe.[24] Ein Leben ohne Liebe gilt uns als das ärmste, als ungelebt. Liebe ermöglicht dem Menschen menschliche Nähe. Er scheint sich aufzugeben und wird doch mit sich beschenkt. Seine Dichte nimmt zu und seine Offenheit. Der Liebende durchbricht träumerisch die Rollen und das Bild des anderen. Liebe macht blind für das Geblendete, sehend für das Gelichtete. In der Liebe gibt es kein Warum, sondern wir

---

[23] SvG 184—188.
[24] H. Kuhn: Liebe, München 1975.

genießen ihr Weil. Lieben heißt leben und zusammen-
gehören im selben. So vermögen die Menschen einen
Stein zu lieben, den Sonnenaufgang und in dem
schlimmsten, leersten Augenblick selbst den Tod.
Nichts lieben wir Menschen mehr als den Menschen.
Hier erfüllt sich das Menschsein. Liebe ist die Technik
der Gesellschaft, mitmenschliche Grundtätigkeit ohne
Grund.

Die mittelalterliche Hierarchie ist zuerst auch eine
Hierarchie der Liebe. Gott eignet die mächtigste Liebe.[25] Seiner Liebesordnung analog ordnet sich die gesellschaftliche Hierarchie. Auch einige Aufklärer sahen in der Menschenliebe das Fundament der Gesellschaft. Im Gesellen desselben Lebensraumes wird der
Freund angesprochen, der Mensch als Bruder. Solidarität gilt noch den Industriestaaten als gesellschaftlicher Grundwert. Aber ist es nicht abstrus, Lieben als
Wirklichkeit des gesellschaftlichen Handelns anzuge-
ben, als Entsprechung des Satzes vom Grund, als
Wahrheit der Hierarchie? Für Hannah Arendt war
Liebe sogar „weltzerstörend" und wurde als „vermutlich mächtigste aller antipolitischen Kräfte" einge-
schätzt.[26] Die Menschen besitzen Liebeserfahrung —
enttäuschte und erfüllte. Dies jedoch ist ihre Privatan-
gelegenheit. Die Trivialisierung der Liebe in Religion,
Ethik und Werbung, ihre hemmungslose Vermarktung
als Sex sind zwar gesellschaftliche Phänomene, aber
zeigen auch, daß Liebe kein Thema des öffentlichen
Zusammenlebens ist. Die Übertragung des privat Erlebten auf die anders geartete gesellschaftliche Realität

---

[25] Des Heiligen Augustin Bekenntnisse, hrsg. von H. Schiel, Freiburg i. Br. 1952, 3/4.
[26] H. Arendt: Vita activa oder Vom tätigen Leben, Stuttgart 1960,
238.

macht den Fehler des Dilettanten, verwechselt in guter Absicht die Seinsebenen. Ganz Gefühl und Sonntagspredigt ist die Maxime, die Gesellschaft sei eine Liebesgemeinschaft. Mit einem Achselzucken wird jeder zustimmen. Die politischen und ökonomischen Strukturen der Gesellschaft wie die bisher unabbildbare Komplexität ihrer sozialen Beziehungen verbieten, die einfache Lösung ernst zu nehmen. Der Satz vom zureichenden Grund schützt mit seiner Hierarchie von Prioritäten gerade vor der schrecklichen Vereinfachung der Weltverbesserer. Die Probleme entstehen im Detail und scheinen nur in einer alles überfliegenden Perspektive verschwunden.

Aber wie ernst kann ein Begründen genommen werden, dessen Detaillösungen die Zerstörung des Ganzen zur Folge haben? Die Klugen widerlegt der Zustand der Welt. Ihre überlegenen Reden klingen wie Hohn in den Ohren der sterbenden Gattung. Die Törichten erhalten späte Genugtuung. Zwar ist das Wort „Liebe" heruntergekommen und der Sachverhalt trotz öffentlicher Aufmerksamkeit unbekannt. Dieses Schicksal teilt Liebe mit Kosmos und Technik. Die tödliche Regie der Metaphysik hat mit Absicht die Notausgänge durch Trivialisierung unsichtbar gemacht. Doch für Whitehead erweist sich die Liebe als grundlegend für das Universum, wobei die Liebe zu Gott erneut das „fundamentalste Liebesverhältnis" darstellt.[27] Auch dem phänomenologischen Blick zeigte sich unbeirrt Lieben als vollendete Lebenstechnik. Grundlos glückt es, begreift und gelingt ihm Vollzug. Lieben konkretisiert die zwischenmenschliche Nähe, die wir Gesell-

---

[27] Ch. Hartshorne: Das metaphysische System Whiteheads, in: Whitehead, hrsg. von E. Wolf-Gazo, Freiburg/München 1980, 42.

schaft nennen. Noch im Haß und Neid, der die heutige Welt von Ost und West, von Nord und Süd regiert, spricht die verfehlte Liebe.

3. Gesellschaftsbestand und Wesen der Liebe

Von Anfang an ist der Mensch gesellig. Im Verbund mit anderen Menschen nur meistert er das Leben. Gesellschaft verwirklicht die Natur des Menschen, läßt ihn sich zu sich selbst finden. Dieses Selbst entwickelt sich sozial und übernimmt Rollen und Normen. Es hat Anteil am Gedächtnis der Gattung und bezieht das von anderen gebaute Haus. Dennoch lebt der Mensch unverwechselbar seine Rolle und nach seiner Norm. Erst im Tod oder in der dem Tod nahekommenden Erstarrung aus Angst vor der Bewegung ist er bestimmbar, ein Ding mit Eigenschaften. Die Gesellschaft ist ein verwickeltes System von Handlungen, Gruppen und Verhaltensnormen. Aber sie geschieht nicht neben dem Individuum, sondern als seine Organisation des Menschseins. Die ökonomischen, juristischen, ökologischen Verhältnisse, in denen wir uns vorfinden, sind lediglich Momentaufnahmen eines Prozesses, Lösungsangebote früherer Generationen. Gewöhnlich sind sie unbrauchbar geworden. Doch hartnäckig hält sich die Organisationsweise des Gesellschaftlichen seit den Griechen. Sie wurde in ihre Form gebracht durch die mittelalterliche Hierarchie und logisch gehalten vom Satz vom Grund. So bekannt sind die gesellschaftlichen Gestalten, daß wir an ihrer anachronistischen Begründungsmanie keinen Anstoß nehmen, sie in kybernetische Funktionen umdeuten. Das Prinzip des herrschenden Grundes – um dreimal dasselbe zu sagen — tritt in so vielen Verkleidungen auf, daß den Grund nur die Etymologie noch aufspürt. Schon die griechische Gesellschaft als Verkehrsform der Bürger verdankt sich ausbeuterischer Herrschaft. Denn nur Freie, die dies nicht ohne Sklaven wären, können Bürger sein. Die Versklavten haben im Laufe der Geschichte andere Namen getragen, aber es waren Menschen und Dinge. Sie sind unverzichtbar zur Begründung der Gesellschaft. Die Industriegesellschaft in den entwickelten Staaten beruht auf der Ausbeutung von Natur und Rohstoff-Ländern. Unseren Lebensstandard bezahlen 50 Millionen Menschen jährlich mit dem Hungertod[28] und die gesamte Erde mit anhaltender Zerstörung. Durch Hierarchie wird diese Gewaltherrschaft geordnet, durch internationales Recht das Unrecht abgesichert, durch Souveränität die Macht ungleich verteilt. Ob nach außen oder innen, der Ort ist jedem Staat, jeder Gruppe, jedem einzelnen begründet zugewiesen. Die Zuständigkeiten sind geklärt. Eine Laufbahn wurde geschaffen, damit auch das Streben seine Ordnung hat. Der Anspruch auf einen gesetzlichen Richter besteht, Verschulden wird individuell gesühnt, Fehlverhalten ordentlich abgerechnet. Noch in der Ökologie greift das Verursacherprinzip. Ordnung ist Leben. Schichten berücksichtigt die Erziehung. Eigentum bestimmt die ökonomischen Verhältnisse, objektiv und subjektiv. Bedürfnisse erzeugen Waren und werden von diesen erzeugt. Gründe sind lieferbar. Menschenrechte sollen den Menschen vor seinem Staat schützen, der im Ernstfall erst sein Gesicht zeigt, über Leben und Tod entscheidet. Bis in

---

[28] M. Guernier: Die Dritte Welt: drei Viertel der Welt. Bericht an den Club of Rome, München 1981.

den letzten Grund herrscht die Gesellschaft. Selbst die Zukunft ist nicht mehr offen, wird für uns und unsere Enkel geplant, ist Prinzip Zukunft.[29]

Dichotomie stellte uns vor; Hierarchie ordnet uns nun ein. Den Menschen beschreibt eine Identitätskarte. Auf Schritt und Tritt umgeben uns Gründe. Vollbegründet ist das Leben, in all seinen Phasen vermessen, in den Traum hinein. Noch der Freiraum wird zugemessen, Grenzüberschreitungen sind gebührenpflichtig. Abenteuerlos, aber sicher; Freiheit durch Ordnung! Wir gehören zur Gesellschaft, auf uns kann man zählen. Der Konsensus ist hergestellt. Die Verortung erlaubt das Kürzel. Wir sind ein Personenkennzeichen, der Arm im Krankenhaus, der Bananensaft im Lokal. Aus unseren Teilen besteht das Gesellschaftsganze. Wir sind der Bestand. Schwierigkeiten sind im Inneren lösbar, das Gehäuse bleibt bestehen. Im Gesellschaftsbestand der Gegenwart hat sich die mittelalterliche Ordo-Vorstellung[30] weltweit durchgesetzt. Doch nichts ist lebloser als der Bestand. Von Liebe keine Spur. Alle Entwicklung ist Schein. Im eigenen Dreck, ob Müll oder Neurose, ersticken wir, Rattenbestand im enger werdenden Gesellschaftskäfig. Die Kälte des modernen Lebens ist nicht zu beklagen, auch nicht der Zynismus der Politiker und die Gleichgültigkeit der Bürger. Das sind nur Zeichen des Todes. Näher kommt das Sterben der Gattung. Sogar der Bodensatz familiärer Liebe wurde gesellschaftlicher Bestand, gesetzlich geregelt und normenkontrolliert. Die Entscheidung ist nicht, ob die Menschen ein besseres oder

---

[29] L. Wittgenstein: Tractatus logico-philosophicus, Frankfurt a. M. 1978, 5.1361.
[30] Augustinus: Vom Gottesstaat, 2 Bde., München 1978.

schlechteres Leben leben, sondern es heißt: Liebe oder Tod.[31] Die Erde verzeiht der Masse Mensch keine Fehler, duldet keine Erprobung, räumt keine Bedenkzeit ein. Liebesfähig sein bedeutet Überlebensfähigkeit besitzen. Die regierenden Macher und die ihnen zuarbeitenden Professionellen in Verwaltung, Wirtschaft und Kultur haben keine innere Produktivität. Ihnen fehlt Fürsorge, Respekt, Verantwortung, Wissen und Lust. Die Lebensfülle beuten sie aus, tragen nicht zu ihr bei. Wer sollte die politischen, wirtschaftlichen und kulturellen Eliten ersetzen? Kann man den Sinn des Staates leugnen? Müllabfuhr, Schutz vor Verbrechern, Berufsausbildung − wir brauchen die staatliche Ordnung. Wer verteidigt uns gegen äußere und innere Feinde? Arbeitsteilung, Gerichte und Infrastruktur, wie anders als im kollektiven Verband ließen sich diese Probleme lösen? Den Freiraum des einzelnen schützt derselbe Staat, der in seinen Gesetzen den moralischen Konsens wahrt. Gesellschaftliche Institutionen gleichen die Instinktunsicherheit des Menschen aus. Aber funktioniert die Gesellschaft denn? Wird der Staat nicht immer unregierbarer? Verfallen die Institutionen nicht? Sind die Eliten überhaupt Eliten? Die Lieblosigkeit des Bestandes, die den Menschen zum Rädchen des Gesellschaftsgetriebes und zur Ziffer eines Planes machte, hat ihre Versprechen nicht gehalten. Das Leben wurde nicht überschaubarer, sondern undurchsichtiger, nicht sicherer, sondern bedrohlicher. Radikale gesellschaftliche Reparaturen brachten keine Entlastung. Die Krise der modernen Gesellschaft macht vor keinem Gesellschaftssystem halt. Es ist die Gesellschaftsweise, die Art der Problemlösung, die zerstöre-

---

[31] T. W. Adorno: Minima Moralia, Frankfurt a. M. 1971, 16−17.

risch wirkt. Auf der dichotomischen Objektivierung baut die innere wie äußere Hierarchie auf, logisch gesichert durch den Satz vom Grund. Die in Seiendes zerstückelte Welt wird stückweise eingeordnet, bei Bedarf neu zusammengesetzt und fortgeschrieben. Wir erkennen das konstruierte Warum und mißachten das gelingende Weil.[32] Eine solche Welt geht unter.

Sind gesellschaftliche Verhältnisse aber in erster Linie Liebesverhältnisse? Eher müßte man politische und wirtschaftliche Machtverhältnisse als die Grundlagen der Gesellschaft bezeichnen. Doch Macht ist nur die zweite, die realistische Antwort, nachdem Liebe, die ideale erste undurchführbar erschien. Macht soll die Liebe ersetzen. Was nicht in Liebe zustande kam, ein ungezwungenes und erfülltes Miteinanderleben, soll Macht regeln. Die Macht weiß, daß sie zweitrangig ist. Sie kann nicht Grund einer Gesellschaft sein.[33] Christliche Nächstenliebe wie marxistische Brüderlichkeit charakterisieren die gesellschaftliche Gestalt als Ziel. Die Welt der Liebe steht noch aus. Durch Machtausübung sollte sie hervorgebracht werden. Wir erfuhren inzwischen, daß Macht nur Macht erzeugt. Die revolutionärste Gewalt etabliert lediglich ein neues Regime. Macht hat die Stelle der Liebe usurpiert. Von welcher Liebe ist die Rede? Ist die Vaterlandsliebe gemeint, die allen Gesellschaften teuer ist? Oder die Liebe, die als Eltern- und Kinderliebe die Keimzelle des Staates, die Familie zusammenhält? Wie ist es mit der sexuellen Liebe, sublimiert als ein erstrangiger Wirt-

---

[32] SvG 67–75.
[33] H. Mörchen: Macht und Herrschaft im Denken von Heidegger und Adorno, Stuttgart 1980. Hinzuweisen ist auch auf R. Schürmann: La principe d'anarchie. Heidegger et la question d'agir, Paris 1982.

schaftsfaktor? Oder sind die gesellschaftlichen Gefühle eher als Sympathie und Freundschaft zu beschreiben? Welche Beziehung besteht dann zwischen Gefühlen und Institutionen, Verhältnissen und Normen? Sind Gefühle nicht nur ein gesellschaftlicher Bestandteil, gehören zum Normensystem?

Das Wesen der Liebe jedoch ist kein Gefühl. Es wird nicht erfaßt in einer Liebesklassifikation. Wir lieben nicht. In den gesellschaftlich zugelassenen und erwünschten Liebesformen wird Macht ausgeübt. Herrschaft über das Seiende, wissenschaftlich festgelegt in Vorstellungen, ist das Gesellschaftsprinzip. Was Liebe genannt wird, bildet etwa in der Ehe Institutionen, ist Produktionsfaktor und Normbestätigung. Macht-Liebe, nicht Liebe herrscht. Liebe kann nicht herrschen, nur lieben. Das Wesen der Liebe geht der Macht voraus. Es wird bewegt vom Zusammenhang aller Sachverhalte, ist der Hang zum freien, eigenen Miteinander. Das Wesen der Liebe ist keine Erfindung des Menschen, sondern dessen Weltstimmung. Als Lieben entspricht es dem Begreifen. Beide verwirklichen die Technik des Lebens. Wir erkennen nur so viel, wie wir lieben. Wir lieben nur so viel, wie wir erkennen. Erkennendes Lieben bringt den Menschen hervor, funktioniert als seine Technik. Der Mensch kann seine Stimmung verdrängen oder ihr bewußt absagen, aber nicht ändern. So sind nicht nur Philosophen Liebende, sondern alle Menschen.

Bisher hat die humane Lebensweise der forcierten Selbstzerstörung widerstanden. Der Einklang mit dem Ganzen läßt uns vorläufig weiterleben. Wir atmen noch. Aber die „Gerechtigkeit im Ganzen" wird auch dem Haß entsprechen, den Macht und und Gewalt ausdrücken. Unberührt von der Hierarchie und ihrer

Herrschsucht gegenüber den Sachverhalten wirkt das unscheinbar Vertraute. In der Seltenheit einer Liebe tritt das Vertrautsein ins Licht. Wir begreifen, wie Liebe geschieht. In dieser Allerweltserfahrung, die nachträglich wie ein Trug erscheint, kann die Weltweise des Liebens aufgewiesen werden. Das Unwesen der Macht verlangt die Anwesenheit der Phänomene. Jedes Erscheinen ist erlaubnispflichtig. Der Kairos der Liebe dagegen kommt ohne Erlaubnis, ergreift alles, und wir wissen nicht wie.[34] Das Wesen der Liebe kehrt um und um. Nichts bleibt, wie es war. Eine Umkehr des Denkens erfordert vor allem Liebe. Was wir intim erfahren, ist das öffentlichste Verhalten. Es ist offen für den Eindruck, frei von Angst.

Im Gegensatz zu Scheler und Jaspers hat sich Heidegger mit dem Phänomen Liebe nicht eingehend beschäftigt. Seinem ontologisch ausgerichteten Blick begegnete es im In-Sein des „Da-seins als Befindlichkeit".[35] Heidegger führt dort aus: „Unter den Titeln der Affekte sind die Phänomene ontisch längst bekannt ... Ungeachtet bleibt, daß die grundsätzliche ontologische Interpretation seit Aristoteles kaum einen nennenswerten Schritt hat tun können. Im Gegenteil: die Affekte und Gefühle geraten thematisch unter die psychischen Phänomene, als deren dritte Klasse sie meist neben Vorstellen und Wollen fungieren. Sie sinken zu Begleitphänomenen herab." Heidegger unterstreicht, daß es ein Verdienst der phänomenologischen Forschung ist, „wieder eine freiere Sicht auf diese Phänomene geschaffen zu haben. Nicht nur das; Scheler hat vor allem unter Aufnahme von Anstößen Augustins und Pascals die Problematik auf die Fundierungszu-

---

34 HW 263.   35 SuZ 178.

sammenhänge ... gelenkt."[36] An dieser Stelle gibt Heidegger zwei seiner seltenen Zitathinweise. In beiden Zitaten, von Augustinus und Pascal, wird die *Liebe* als Voraussetzung des Erkennens bestimmt.[37] Doch Heidegger ist mit Schelers Vorarbeit nicht zufrieden, denn die „existenzial-ontologischen Fundamente des Aktphänomens überhaupt (bleiben) im Dunkel". Das „ursprüngliche Erschließen" aber geschieht in der „Befindlichkeit", deren „existenzial-ontologisch bedeutsamste ... die Angst"[38] ist. In ihr zeigt sich „in einer ursprünglichen, elementaren Konkretion ... das Freisein *für* das eigenste Seinkönnen...", das „Dasein als Sorge".[39]

Wieso soll die Angst besser geeignet sein als die Liebe, die menschliche Seinsweise zu charakterisieren? Wird die Sorge damit nicht pessimistisch eingestimmt? Binswanger und Bollnow haben solche Bedenken angemeldet.[40] Pöggeler erinnert daran, daß Binswanger Heideggers Ansatz zu korrigieren versucht hatte. „Er hat der Sorge als einer vermeintlich einseitigen Auslegung des menschlichen Daseins die Liebe entgegengestellt und so die Sorge nicht im Sinn der *formalen* Fundamentalanalyse des Daseins genommen. Binswanger sagt heute selbst sehr richtig, er habe Heideggers ‚apriorische Freilegung der Sorgestruktur des Daseins' in seinem Buch ‚noch völlig als anthropologische

---

[36] SuZ 184/185.
[37] A. Ignatow: Heidegger und die philosophische Anthropologie, Meisenheim 1979, 179.
[38] SuZ 185/186.
[39] SuZ 254.
[40] L. Binswanger: Grundformen und Erkenntnis des menschlichen Daseins, Zürich 1942; O. F. Bollnow: Das Wesen der Stimmungen, Frankfurt a. M. 1974.

Lehre mißverstanden'."[41] Grundbefindlichkeit ist die
Angst, gerade weil sie sich um nichts Bestimmtes ängstigt, sondern „das Wovor der Angst ... die Welt als
solche ... ist das In-der-Welt-sein selbst". Diese Stelle
erläutert eine spätere Randbemerkung Heideggers:
„als Bestimmendes des Seyns als solchen; das schlechthin Unverhoffte und Unaustragbare – Befremdliche".[42] Dies kann man Todesangst und „Todesromantik" nennen. Es ist aber das Gewahrwerden der Frage:
Warum ist Seiendes und nicht vielmehr Nichts?[43] und
damit das Ende aller traditionellen Antworten. Die
Sorge ist „verstehendes Sein zum Ende ... eigentliches
Sein zum Tode".[44] Die „ursprüngliche Einheit der Sorgestruktur liegt in der Zeitlichkeit".[45] Die Vernunft
vermag zu erkennen, daß „ihre Endlichkeit ... Verendlichung (ist), d.h. ‚Sorge' um das Endlich-sein-
können".[46]
Entscheidend kommt es darauf an, „ob wir die Sterblichen sein können, die wir sind, nämlich die, die im
Zuspruch des Seins stehen. Nur solche Wesen vermögen zu sterben, d.h. den Tod als Tod zu übernehmen."[47] Dies klingt dem todesverdrängenden Bewußtsein so, als ob wir uns zum Sterben drängen sollten. So
schreibt Bouckaert: „For Levinas the relation to death
puts us in touch with the mystery of the radical alterity
which takes the initiative away from us and fills us
with fright. Only in the relation to the Other can this
frightening alterity assume a meaningful sense and

---

[41] O. Pöggeler: Der Denkweg M. Heideggers, Pfullingen 1963,
302.

[42] SuZ 248/249.   [43] WM 122.   [44] SuZ 405.   [45] SuZ 433.

[46] KPM 196.   [47] SvG 209.

open a new future."[48] Die gesellschaftlichen Folgen sind bei Heidegger nicht anders,[49] aber er bleibt nicht wie Levinas im Humanismus befangen, flüchtet nicht vor der Erfahrung des Todes in die vermeintliche menschliche Nähe. Weil wir wissen, daß wir sterben müssen, gilt es das Leben zu leben. Keine Stunde ist zu verschwenden, keine ungerechte Welt zuzulassen, kein vorzeitiges Sterben des einzelnen und kein selbstverschuldetes der Gattung hinzunehmen. Zugleich aber lehrt uns die unüberholbare Möglichkeit des Todes, daß wir nicht aus eigener Kraft existieren, daß daher das Gelingen des Lebens nur als Wahrung des Seins im Ereignis geschehen kann.

Das Seiende wird gewährt, es ist vergänglich und hat kein Recht, sich aufzuspreizen. Als „Platzhalter des Nichts" hüten wir das Sein, erfüllen darin unsere Sorge. So leben wir bis zum Tode und vegetieren nicht bloß dahin. „Eines Tages werden wir lernen, unser vernutztes Wort Wahrheit aus der Wahr zu denken, und erfahren, daß Wahrheit die Wahrnis des Seins ist und daß das Sein als Anwesen in sie gehört. Der Wahrnis als der Hut des Seins entspricht der Hirt..."[50] Damit erreicht Heidegger den Sinn der spinozistischen Amor Dei intellectualis. Sein Vorlaufen zum Tod, die Einsicht in die Vergänglichkeit, erblickt dasselbe wie Spinozas Vernunftliebe sub specie aeternitatis. Ob Angst oder Liebe, ihre Befindlichkeit „...steht in die Offenheit des Seins hinaus, als welche das Sein selber

---

[48] L. Bouckaert: Ontology an Ethics, in: International Philosophical Quarterly 10 (1970) 404.
[49] W. Schirmacher: Heideggers Radikalkritik der Technik als gesellschaftlicher Handlungsentwurf, in: Proceedings of the 15th World Congress of Philosophy I, Sofia 1973, 338−387.
[50] HW 348.

ist, das als Wurf sich das Wesen des Menschen in ‚die Sorge' erworfen hat".[51]

Liebe ist nicht Fürsorge, die zunächst und zumeist ein Nachstellen, Beherrschenwollen und Bevormunden ist. Eine Vorstufe der Liebe ist jene Fürsorge, „die für den Anderen nicht so sehr einspringt, als daß sie ihm in seinem existenziellen Seinkönnen *vorausspringt,* nicht um ihm die ‚Sorge' abzunehmen, sondern erst eigentlich als solche zurückzugeben. Diese Fürsorge, die wesentlich die eigentliche Sorge — das heißt die Existenz des Anderen betrifft und nicht ein *Was,* das er besorgt, verhilft dem Anderen dazu, *in* seiner Sorge sich durchsichtig und *für* sie *frei* zu werden. Die Fürsorge erweist sich als eine Seinsverfassung des Daseins, die nach ihren verschiedenen Möglichkeiten mit dessen Sein zur besorgten Welt ebenso wie mit dem eigentlichen Sein zu ihm selbst verklammert ist."[52] Liebe ist auch nicht ein Affekt oder eine Praxis: „‚Theorie' und ‚Praxis' sind Seinsmöglichkeiten eines Seienden, dessen Sein als Sorge bestimmt werden muß. Daher mißlingt auch der Versuch, das Phänomen der Sorge in seiner wesenhaft unzerreißbaren Ganzheit auf besondere Akte oder Triebe wie Wollen und Wünschen oder Drang und Hang zurückzuleiten, bzw. aus ihnen zusammenzubauen."[53] Liebe ist Dasein. Dasein heißt „Sorge des in ihr ekstatisch erschlossenen Seins des Seienden als solchen, nicht nur des menschlichen Seins".[54] Solch kosmischer Sinn der Liebe war schon charakteristisch für die frühe griechische Naturphilosophie und wirkte in der Renaissance nach.

Heidegger hat nach einer Mitteilung von Pöggeler in seiner Vorlesung „Hölderlins Hymnen" vom Som-

---

[51] WM 350.   [52] SuZ 163.   [53] SuZ 257.   [54] EiM 22.

mersemester 1942, „Liebe als eine bestimmte Weise des Ausstehens der Wahrheit des Seins herausgestellt, und sie" — so interpretiert Pöggeler — „dem Zum-Tode-sein unter(geordnet)". Von „Unterordnung" jedoch ist in dem von Pöggeler angeführten Heidegger-Zitat nicht die Rede: „Das Innehalten der exzentrischen Mitte des menschlichen Seins, der selbst ‚zentrische' und ‚zentrale' Aufenthalt im Exzentrischen hat seine Vorstufen in der Liebe. Die eigentliche Sphäre des Stehens in der exzentrischen Mitte des Lebens ist der Tod."[55] Ähnlich wie Hegel (auch dieser einst von Hölderlin zur Liebe angeregt) scheut Heidegger die große ontische Kraft der Liebe, die es dem Denken schwermacht, den ontologischen Sachverhalt rein zu erfahren. Daher zieht Heidegger es vor, am Tod (wie Hegel am Widerspruch) das Wesen des Seins zu demonstrieren. Dennoch ist die Nähe von Liebe und Sorge unverkennbar und „Vorstufe" nicht abwertend gemeint. Heidegger nennt auch die „Herausarbeitung der Sorge als der transzendentalen Grundverfassung des Daseins ... nur das erste Stadium der Fundamentalontologie. Für den weiteren Gang zum Ziel muß sich gerade die bestimmte Führung von seiten der Seinsfrage in wachsender Unerbittlichkeit auswirken."[56] In den „Erläuterungen zu Hölderlins Dichtung" klingt Liebe als Freude in der ihr gemäßen Weise an: „Die dichtende Freude ist das Wissen davon, daß in allem Freudigen, das schon begegnet, das Freudige grüßt, indem es sich spart ... Darum ist die Freude des

[55] O. Pöggeler: Der Denkweg M. Heideggers, a.a.O. Vgl. jetzt auch O. Pöggeler: Neue Wege mit Heidegger?, in: Philosophische Rundschau 29 (1982) 39–71, und dessen Kritik an der Heidegger-„Gesamtausgabe".
[56] KPM 215.

Dichters die Sorge des Sängers, dessen Singen das Freudigste als das Gesparte hütet und das Gesuchte in der sparenden Nähe nah sein läßt."[57]
Die Liebe als Sorge will nichts, sondern schont das Verborgene. Sie weiß die Ferne als ihre Nähe. Sie ist Seins-Weise, nicht dem Seienden verfallen. Liebe ist Gelassenheit. „Darum gilt für die Sorge des Dichters nur das eine: ohne Furcht vor dem Schein der Gottlosigkeit dem Fehl des Gottes nahe zu bleiben und der bereiteten Nähe zum Fehl so lange zu harren, bis aus der Nähe zum fehlenden Gott das anfängliche Wort gewährt wird, das den Hohen nennt."[58] Die Selbigkeit von Sorge, Hüten, Warten, Gelassenheit werden wir denken lernen. Ein gesellschaftliches Verhalten als Liebe wahrte die Seienden in ihrem Sein, den Menschen im Ereignis, die Dinge in der „Bedingnis". Das Aufheben der Verwahrlosung der Welt ist die gesellschaftliche Aufgabe. Ihre Konkretheit zeigt sich darin, daß kein Phänomen außer acht gelassen wird. Noch ist es nicht so weit: „Dürftig ist die Zeit, weil ihr die Unverborgenheit des Wesens von Schmerz, Liebe und Tod fehlt. Dürftig ist dieses Dürftige selbst, weil der Wesensbereich sich entzieht, in dem Schmerz und Tod und Liebe zusammengehören. Verborgenheit ist, insofern der Bereich ihres Zusammengehörens der Abgrund des Seins ist."[59] Ohne Verwindung der Metaphysik gibt es keine Liebe.
Lieben zeichnet aus, der Seins- und Denkprinzipien nicht zu bedürfen, die von der Metaphysik als unhin-

---

[57] Erl 25.   [58] Erl 27, vgl. Gel 42f.
[59] HW 275. Diesen grundlegenden Sachverhalt verfehlt die einleuchtende Kritik an Heidegger bei H. Mörchen: Adorno und Heidegger, Stuttgart 1981. Vgl. M. Hielscher: Heidegger/Adorno: eine Entgegnung, in: Merkur (1982) 739–740.

tergehbar ausgegeben werden. Lieben ist souverän. In dieser Lebensweise geschieht unversehens und ohne Aufheben Ewigkeit. Die Zeit hat ihre beherrschende Rolle ausgespielt. Keiner klammert sich an die Gegenwart. Sie ist kein Wert. Liebeserfüllung gilt der Sache nach, schert sich nicht um Umstände. Tradition und Normalität sind ebenso nichtig wie das Realitätsprinzip. Jedes Wunder hält der Liebende für möglich, verwirklicht es. Denn wundern heißt, die herrschende Welt sprengen, sie neu sehen und empfinden lernen. Lieben läuft alle Reifungsphasen zurück, ist oral, genital, anal und all das, was Psychologen nie entdeckten.[60] Lieben erweitert seine Sinne über das menschliche Maß, auf das kosmische Maß hin. Im alltäglichen entdeckt es eine verwandelte Welt. Wir gehen unter als Menschen und werden wiedergeboren als Liebende. Unsere Vernunft ist dann seismographisch geworden, erschließt Zeichen und Winke, von denen der Verstand nichts wußte. Gelassen sinnlich erfährt Lieben die Einmaligkeit der Sachverhalte, traut ihr gegen die überkommenen Kenntnisse. Rückhaltlos ist das Vertrauen der Liebe.

Dem sich absichernden metaphysischen Denken erscheint sie daher wie ein Sprung. Aber Lieben springt nirgendwo hin, denn es ist bei sich. Es fühlt sich unbedroht, reich und geborgen. Lieben verlangt keine Sicherheit, es ist sicher. Lieben ist eingelassen in seinen Grund, der abgründig genug ist, der Bewegung zu genügen. Lieben kennt keine Scheu, Scham und Zurückhaltung. Es will keine eigene Person, die etwas behalten müßte. Der Liebende ist uneingeschränkt für den

---

[60] E. H. Erikson: Identität und Lebenszyklus, Frankfurt a. M. 1966.

anderen da, erlebt, wie er auf diese Weise er selbst wird. Für den Verstand ist das eine Paradoxie, deren Wirklichkeit er nur hinnehmen kann. Liebe braucht kein Verhältnis, in dem zueinandergehalten wird, was getrennt ist. Liebe ist Im-Verhältnis-leben, existiert als dieses Verhältnis. Liebe, lieben und Liebende wurden ununterscheidbar. Sie sind der Zug ins Volle, Vollzug des Lebens vor Anwesenheit, Dichotomie und Hierarchie.

Doch wie kann die grundlose Liebe eine Gesellschaftsform bilden? Das als Liebe gelebte Leben kommt nicht nur selten vor, sondern muß vermutlich die Ausnahme bleiben. Wie sollten wir im Alltag solche Liebe brauchen? Gerade aus der Betonung des Neuen, Ungewohnten, Abenteuerlichen in der Liebe folgt, daß sie nicht geeignet ist, eine Gesellschaft zu regeln. Soll die Straßenverkehrsordnung, eine Prüfungsabnahme oder die Tätigkeit des Chirurgen dem Einfall überlassen bleiben, offen sein gegenüber einem Augenblickswandel? Planen und berechnen ist nicht Sache der Liebe. Lieben heißt entwerfen, phantasieren, erproben. Der Liebende tanzt und singt, aber begründet nicht. Sein grenzenloses Vertrauen ehrt ihn, aber ist solche Naivität nicht gefährlich? Liebe ist wissende Lust. Doch wie soll dann eine Kultur entstehen, die auf Triebverzicht gründet?[61] Jede Arbeit ist anstrengend und ungeliebt, auch wenn sie Momente des Glücks enthält. Das gesellschaftliche Zusammenleben verlangt Rücksichtnahme, schränkt die individuellen Bedürfnisse ein. Das Leben ist kein Tanz. Der Sachzwang lastet auf den Menschen. Aber beweist nicht der Zustand der Sach-

---

[61] S. Freud: Abriß der Psychoanalyse. Unbehagen in der Kultur, Frankfurt a. M. 1960, 132/133.

verhalte, wie notwendig es ist, den Dingen ihre Melodie vorzuspielen, auf daß sie zu tanzen beginnen? Weniger als bisher können wir den Sachverhalten nicht entsprechen. Wer weiß denn, ob sich nicht im Spiel erst die Phänomene zeigen?[62] Das Weltspiel verlacht menschlichen Ernst, der Lebensangst ist. Noch auf dem Grab der Menschheit werden die Dinge weitertanzen.

Die allein persönlich zu erlebende Liebe benötigt keine Vermittlung ins Objektive. Es gibt nicht zweierlei Wahrheit. Die Frage nach der Bedeutung des Liebens für Produktionsverhältnisse, Eigentumsrechte und Arbeitsbedingungen ist berechtigt und auch beantwortbar. Nur die Voraussetzungen dieser Frage sind unhaltbar. Zwar ist wirtschaftliche Produktion und Verteilung von Lebens-Mitteln ein Sachverhalt, aber die ökonomische Praxis verfehlt ihren Sachauftrag. Die heutigen Arbeits- und Produktionsbedingungen sind technisch gesehen eine Quälerei. Man rechtfertigt sie ökonomisch und realpolitisch, doch sie funktionieren nicht. Ebenso sind für die Gesellschaftsformen aus der Gesamttätigkeit brauchbare Teile ausgegliedert worden. Trotzdem behandelt man das Stückwerk — in metaphysischer Tradition — wie das Ganze. Vorausrechnen und der Handgriff am Fließband werden aber nur von einem Teil-Menschen getragen. Sie sind für den Menschen gleichgültig. Von ihnen aus kann sein Leben nicht bestimmt werden.

Die Abwesenheit der Technik konnte den Eindruck entstehen lassen, Handwerk, Rationalisierung und Planung beträfen das Wesen des Menschen, weil sein

---

[62] SvG 188.

Hirn und seine Hand sie ausführten.[63] Da Maschinentechnik diese Tätigkeiten inzwischen mehr und mehr übernimmt und automatisiert, zeigt sich, wie unwichtig der Mensch in diesem Zusammenhang ist. Sein Einsatz ist die stärkste Fehlerquelle. Für das Herrschaftsdenken vollzieht sich eine Abdankung des Menschen, aber wir erleben eine Befreiung. In der entwickelten Maschinentechnik, die alle wichtigen gesellschaftlichen Aufgaben übernehmen könnte, wird sich unsere Lebenstechnik vollenden. Die neuen Sachbereiche werden human organisiert wie die als natürlich empfundenen biologischen Vorgänge unseres Organismus. Wie Wärmehaushalt, Verdauung und Stoffwechsel werden auch Verwaltung, Gerichtsbarkeit und Gesundheitsdienst auf die ihnen gemäße Weise unmerklich und störungsarm funktionieren. Lieben heißt nicht, jeden Sachverhalt gleichmachen. In der Liebe gibt der Mensch dem Phänomen, was es von sich her braucht. Der Anschein einer radikalen Kehre im Akt der Liebe ist nicht ein Zeichen von Chaos, sondern klagt die in der Metaphysik entstellte Welt an. Deren hierarchische Ordnung rief die Unordnung hervor. Im Lieben kehren wir zum Ganzen zurück.

---

[63] E. Kapp: Grundlinien einer Philosophie der Technik, Einleitung von H. M. Sass, Düsseldorf 1978. Vgl. SvG 196 f.

VI. Struktur der neuzeitlichen Metaphysik

1. Instrumentalität

Alles, was ist, dient dem Menschen. Jedes Ding hat Mittel zu sein. Das ist die Grundüberzeugung der Neuzeit. Was keinen Nutzen hat, ist fehlerhaft. Tradierte Freiräume der Nutzlosigkeit werden nicht beachtet. Die Werke der Kunst waren einst frei von dem Anspruch, nützlich zu sein. Aber das gilt als anachronistisch. Moderne Kunst ist Gebrauchskunst, von jedermann für jedermann herstellbar, Ausdruck bewältigter Ängste und Wünsche. Dem therapeutischen Nutzen der Kunst entspricht die Trostfunktion der Religionen.[1] Auch die Wertfreiheit der Wissenschaft ist wissenschaftstheoretisch ein Mittel, die brauchbarsten Ergebnisse zu erzielen. Die Grundlagenforschung hat nur keinen unmittelbaren Nutzen. Kein Politiker darf nutzlose Vorschläge machen. Nützlichkeiten lassen sich unterscheiden und nach ihrem Wert ordnen. Man strebt nach einem guten und rechten Zweck. Jedes menschliche Verhalten und jeder in seinem Horizont erscheinende Sachverhalt werden befragt, wozu sie dienen. Wem nützt es? Als vernünftig wird nur anerkannt, was sich durch einen erkennbaren Nutzen ausweist. Rationalität wurde instrumental. Wir wollen wissen, um manipulieren zu können. Die Struktur-

---

[1] N. Luhmann: Funktion der Religion, Frankfurt a. M. 1977.

form der neuzeitlichen Metaphysik erfüllt diesen Anspruch. Eine Struktur erkennen heißt ihre Gesetze zu
eigenen Zwecken anwenden. Noch das Denken gegen
das Sterben der Gattung scheint zu etwas zu dienen.
Doch das Leben ist kein Zweck, nützt niemanden, ist
kein Mittel für anderes.[2] Wer nicht lebt, kann das Leben nicht brauchen. Die propagierte Erhaltung des Lebens will nicht das Leben erhalten, sondern die bekannte Form. Überleben heißt dann, diesen Lebensstandard wahren wollen, steht dem Überlebenkönnen
gerade im Wege.
Bedrohlich ist nicht die ungeheure Zunahme der Instrumente in der Moderne. Maschinen und Artefakte
verwirklichen die Vielfalt des organischen wie anorga-
nischen Lebens. An einem Kühlschrank ist nichts aus-
zusetzen. Problematisch können vielleicht Ort, Zeit
und Umfang seines Gebrauches werden. Bedrohlich
für den Menschen ist seine instrumentale Sicht der
Welt.[3] Dabei scheint nichts natürlicher, als daß der
Mensch seinesgleichen zum Zweck erklärt, für den alles Nichtmenschliche Lebens-Mittel darstellt. Alltäglich ist die Zucht, die Mast und das Schlachten der
Tiere, aber Menschenfresserei ist ein Greuel, obwohl
vom Fleisch her kein Unterschied besteht. Auf die
Idee, die Überbevölkerung als Nahrungsmittelreserve
zu verstehen, käme nur der Zyniker, der die wissenschaftlichen Hinweise auf die Nähe von Mensch und
Tier ernst nimmt. Humanisten sind wir. Das klingt
wahr, gut, schön und deckt doch einen weltverachten-
den Egoismus. Der Mensch steht für den Menschen im

---

[2] Zum Unterschied von Zweck-Mittel-Struktur und Teleologie siehe R. Spaemann u. R. Löw: Die Frage Wozu?, München 1981.
[3] G. Anders: Die Antiquiertheit des Menschen, 2 Bde., München
1980.

Zentrum, als ob nicht unsere Sinne dies widerlegen. Denn wir sind In-der-Welt-sein. Der Zuhandenheit der Dinge entspricht die Erschlossenheit des Menschen. Gerade im Überschreiten findet er sich. Im Bewandtniszusammenhang ordnet sich ihm der Augenblick. Der Mensch fragt: Wie geschieht das? Er ist beteiligt am Prozeß, versteht seine Aufgabe. Je besser er sie erfüllt, um so wirklicher lebt er. Die Welt ist dem Menschen weder Mittel noch Zweck, sondern Sachverhalt. Er verhält sich mit ihr. Instrumente verkörpern solche Weltbeziehungen, sind Leitfäden menschlichen Verhaltens. Sie geben dem Denken keinen Anlaß, instrumental zu entarten.

Verschuldet hat Instrumentalität die Verwendung der Mathematik.[4] Um der durch Dichotomie und Hierarchie erblindeten Weltsicht dennoch den Schein von Wahrheit zu erhalten, um Enge und Unwirklichkeit nicht fühlbar werden zu lassen, wurde auf die Arithmetik zurückgegriffen. Deren Zahlen und Zahlenverhältnisse hatten den Ruf, die Proportionen im Kosmos wiederzugeben. Von der Mathematisierung der Welt versprach man sich Wissen. Die Erfahrung war unzuverlässig, widersprach der Doktrin und gab beim zentralen metaphysischen Gegenstand nichts her. Die Frage nach Gott sollte die menschliche Ebenbildlichkeit bestätigen. So wurde die Umwelt bewußt fremd gemacht. Als kalte Vorhandene traten dem Menschen die Dinge gegenüber, die er lebensweltlich als mit sich verbunden erfuhr. Aber diese Erfahrung gilt fortan als unwissenschaftlich. Die Welt besteht aus einzelnen Stücken, die abgezirkelt, punktgenau bestimmt und durchsichtig gemacht werden.

---

[4] WM 308/308.

Welt ist, was zählbar ist. Die Zahl setzt sich an die Stelle des Seins. Es beginnt die Weltgeschichte des Nichts.[5] Denn der Zahl ist das Seiende gleichgültig zählbare Einheit. Entleert bis zum Nichts wird weitergezählt. Die Gegensätzlichkeit der Dichotomie mutet demgegenüber poetisch an, und die Hierarchie mit ihrem analogischen Denken ist von dingschonender Unexaktheit. Die mathematische Definition der Welt übertrifft alle frühere Gewalttätigkeit. Ihre Exaktheit erschlägt das Seiende in seinem Sinn. Meßbar ist dann nur noch die mitgebrachte Meßlatte, berechenbar die eigene Rechnung. Was aus dem lebendigen, unberechenbaren Ich herausgezerrt wird in die exakte Beschreibung, können die Ingenieure bauen. Die Welt, die uns die Ingenieure bauten, ist eine Schädelstätte, ein Friedhof, nicht die Verinnerung des absoluten Geistes.[6] Kunstvoll angeordnet sind Leichenteile und Skelette. Aasgeruch begleitet die Moderne. Die Gefallenen des 20. Jahrhunderts waren schon tot, ehe sie als Kriegsmaterial vernutzt wurden.

Die Erfahrungswissenschaft, die der Erfahrung abschwor, erfährt nichts. Das hat ihren Fortschritt nicht behindert. Herausfordernd stellte sie immer mehr Welt, brachte sie zur Zahl. Deren Werkzeug sind die Instrumente. Sie bestimmen Wissenschaft. Wissenschaftlich richtig ist allein, was Instrumente messen können. Solcher Instrumentalismus brach sogar das

---

[5] G. Günther: Identität, Gegenidentität, Negativsprache, in: Hegel-Jahrbuch 1979 (1980) 22−88.
[6] G. W. F. Hegel: Phänomenologie des Geistes, Berlin 1964, 564. Zur Problematik vgl. W. Schirmacher: Dialektik der Technik. Versuch über die Weltzivilisation, in: Deutsches Allgemeines Sonntagsblatt Nr. 16 (1982) 11 (Teilabdruck unter dem Titel: Zivilisation und Weltgeist).

Tabu des Geistes. Auch er wurde von den amerikanischen Pragmatisten als Mittel aufgefaßt, Natur und Gesellschaft zu beherrschen.[7] Doch diese drückten nur aus, was alle tun. Lediglich die brauchbaren Vorstellungen sind wahr. Logik und Ethik dienen wie Glieder und Zähne dazu, den Menschen an die wechselnden Bedingungen der Umwelt anzupassen. Einen folgerichtigen Schritt weiter geht die Maschinentheorie des Lebens. Lebewesen und Maschinen sind in der Vorstellung einer organischen Maschine zu vereinen. In der Kybernetik ist auch noch dieser biologische Rest eliminiert. Die Welt ist wahr, weil sie Maschine ist. Das Ersatzteil triumphiert über das Leben. Die Herrschaft herrscht nur noch über sich selbst. Das Lebendige ist tot.

Aber widerspricht dem nicht unsere Erfahrung? Hat die Instrumentalisierung der Welt nicht von der Kultur zum Ackerbau eine Steigerung gebracht? Der rationale Einsatz der Mittel garantiert den bestmöglichen Erfolg. Wird nicht mit Recht der unüberlegte Eingriff gefürchtet? Darf man nicht fragen: Was soll das? Was wird damit erreicht? Dinge und Menschen entsprechen sich auch in der Instrumentalität. Anders wäre unerklärlich, wie die Gewalt zur Tat wird. Der Benutzung der Welt als Mittel kommen die Dinge entgegen. Sie steigern sogar die Herausforderung. Jede Erfindung zieht weitere nach sich. Wechselseitig stimulieren sich Mensch und Dinge zur Instrumentalität.[8] Das Subjekt, das Zweck bleiben wollte, kann sich dem instrumentalen Sog nicht entziehen. Die Menschen nehmen sich gegenseitig zum Mittel und enden als Bestand. Doch

---

[7] J. Dewey: Die menschliche Natur, Stuttgart 1931.
[8] VA I 14−16.

209

die Bewegung im instrumentalen Verhältnis, der wissenschaftlich-technische Fortschritt sagt nichts über unsere Lebendigkeit aus. Auch das Sterben entspricht einem Sachverhalt. Die Steigerung kann bedeuten, daß wir tiefer in die Verwesung hineingetrieben werden. Der neuzeitliche Triumph, der Erfolg in Wissenschaft und Gesellschaft zeigt seinen Charakter. Der Tod ist der Meister der Moderne. Er regiert die leblosen Mittel. Ihm antwortet das Unwesen der Instrumentalität. Als sich im Nationalsozialismus die moderne Technik und der neuzeitliche Mensch begegneten[9] und das epochale Instrument Volksgemeinschaft schufen, wurde der Tod „ein Meister aus Deutschland" (Paul Celan: „Todesfuge").

Der Positivismus-Streit in der deutschen Soziologie ist davon noch bewegt. Der empirisch-analytischen Wissenschaft hielt man vor, nur technischem Erkenntnisinteresse zu folgen. Daher sei sie auch für inhumane Zwecke dienstbar zu machen. Die Mittel werden von den Technokraten zum Fetisch gemacht. Entlarvend wäre es, nach der gesellschaftlichen Relevanz wissenschaftlich-technischen Fortschritts zu fragen. Die Wissenschaftler jedoch verwiesen darauf, daß die Instrumente nicht Wünsche oder Absichten widerspiegelten, sondern von der Struktur des Wirklichen angeregt werden. Die instrumentale Wissenschaft setze Realismus voraus, sonst wären ihre Erfolge nicht möglich.[10] Vermittelt wurde im Positivismus-Streit durch eine Präzisierung von Mittel und Zweck. Wissenschaft, auch die Soziologie kann im einzelnen instrumental sein, solange sie prinzipiell dem Interesse an Mündig-

---

[9] EiM 152.
[10] T. W. Adorno u. a.: Der Positivismusstreit in der deutschen Soziologie, Neuwied 1970.

keit dient. Das Erkennen ist dann nicht Instrument, um sich der Wahrheit zu bemächtigen, sondern Vorgang menschlicher Emanzipation.[11] Doch die Zerstörung hielt nicht auf, daß der freie Mensch zum Selbstzweck erklärt wurde. Der Mensch blieb dem Menschen ein Wolf. Selbsttäuschung ist dieser Selbstzweck. Die Welt wird für uns verzweckt, den Dingen ist kein Eigenrecht zugestanden. Jeder Zweck kann zum Mittel eines anderen Zwecks werden. Instrumentalität wird durch Zwecke nicht verlassen, sondern besteht in der Zweck—Mittel-Struktur. Diese erlaubt eine Kontrolle des Seienden, die vor nichts haltmacht. Lediglich als Idee des emanzipierten Menschen, als abstrakte Menschheitsidentität sind wir nicht Instrument, aber doch Mittel für einen philosophischen Tagtraum. In seinen Berufs- und Privatrollen existiert jeder Mensch für etwas, was er nicht selbst ist. Gerade noch die Art, in der jemand seine Rollen spielt, gilt als Individualität. Aber auch das ist genormt und instrumentalisiert.[12]

Die Instrumentalisierung der Welt sollte des Menschen Identität sichern. Seit dem Tode Gottes kann er sich auf keinen verlassen. Er will sich nicht sagen lassen, wer er ist. Dann bliebe unsicher, ob das Urteil ihm paßt. Der Mensch wird souverän, säkularisierter Gott. Realität ist ihm, was Mittel seiner Existenz werden kann. Noch die objektivste Wissenschaft dient dem Menschen, und als beste Gesellschaft erscheint die hu-

---

[11] H. Schnädelbach: Über den Realismus, in: Zeitschrift für allgemeine Wissenschaftstheorie 3 (1972) 88 ff. Noch grundsätzlicher ist H. Sachsse: Anthropologie der Technik, Braunschweig 1978.
[12] D. de Levita: Der Begriff Identität, Frankfurt a. M. 1976. Vgl. W. Schirmacher: Zur Kritik nachhegelscher Identitätsbegriffe, in: Hegel-Jahrbuch 1979 (1980) 154—162.

manste. Die Struktur des Erkennens ist instrumental, anthropozentrische Zweck – Mittel-Struktur. Wie kann aber verwerflich sein, Humanität zu wollen? Gilt der Selbsterhaltungstrieb nicht für den Menschen? Wenn wir die Dinge nicht beherrschen, werden wir dann nicht zu ihrem Knecht? Die Verknechtung des Menschen durch die Umstände ist verbreitet genug. Es käme darauf an, sie zu beseitigen. Der Mensch darf keine Verhältnisse dulden, in denen er ein erniedrigtes und beleidigtes Wesen ist.

Heißt das, wir dürften Nichtmenschliches versklaven? Nicht die Menschenliebe bedroht den Menschen, sondern ihre Kehrseite, die Dingverachtung. Wahr ist zunächst an der Instrumentalität, daß sie auf das Eigene im Menschen verweist. Aber ihre Verirrung besteht darin, einzig uns als eigen, zum Zweck und anderes zum Mittel zu erklären. Das Ereignis aber ist Ereignis des Kosmos. Es betrifft den Menschen wie den Stein. Zwar begreifen wir nur unser Ereignis, aber dies geschieht im Vereignen in das Ganze. Die andere Wahrheit der Instrumentalität verbirgt sich in deren so zerstörerisch wirkenden Ausgriff. Die ökologische Gegenbewegung versucht, ihn zu bremsen und umzukehren. Der Mensch soll sich auf sich besinnen, das ungesteuerte Wachstum beenden.

Eigenheit verstehen wir als in sich gekehrt, abgegrenzt. Eigentum ist das, was die Anderen nicht haben, aber gern hätten. Das Eigene ist den anderen oder der Natur entrissen, bleibt bedroht. Dem Schutz des Eigenen, des Eigentums sollen die Instrumente dienen. Aber das Einbehalten, der Verzicht auf das andere sichert nur eine tote Identität. Das eigene ist das Anderswerden, geschieht als Veränderung. Der instrumentale Ausgriff füllt den Menschen an, holt ihn zu sich ein. Eingeholt ist er sozial, humanes In-der-Welt-sein. Doch wird dies selbst instrumentalisiert. Das Wissen, das mir von anderen Menschen zukommt, gerät zum Urteil. Das Ich entrinnt seinen Rollen nicht. Das Subjekt ist definiert. Psychologie, Soziologie und Pädagogik haben uns im Griff. Noch die Abweichungen finden innerhalb vorausberechenbarer Grenzen statt.

Die Instrumentalität ist auf den Menschen begrenzt. Das macht ihre Unwahrheit aus. Instrumente werden gewährt aus der Überschreitung dieser Begrenzung. Sie sind nicht unser Werk allein. So lernen wir von ihnen, daß Urteile nicht gültig sind. Sie werden durch ihre Ergebnisse widerlegt. Was wir leben, ist noch lange nicht ein Leben. Die Vorstellungen stimmen nicht, die man von uns hat und die wir übernehmen. Der Mensch ist unglücklich. Keiner kann ihm einreden, das müsse so sein oder sei die humane Form von Glück. Denn instrumental lernen wir von der Sonne, dem Stein, der Zahl. Ihr Gelingen ist dem unseren verwandt, wie es sich im Atmen und Gehen, im Hören und Denken gerade nicht zeigt, sondern verbirgt. So begreifen wir vor jeder Philosophie das Maß des Lebens. Die Technik des Begriffs kann uns lehren, damit umzugehen. Solcher Umgang aber entzieht sich der Instrumentalität, indem er deren Wahrheit erfüllt.

2. Satz der Identität

Wer die Instrumente beherrschen will, muß selbst ein Meister sein. In einer unüberschaubaren Welt ist das Selbstbild klar zu halten. Die Identität will anerkannt sein. Der Satz der Identität ist der moderne Lebens-

grundsatz. Das heißt nicht, daß die Identität des Menschen unbestritten wäre. Der Satz der Identität formuliert ein Programm, beschreibt keine Realität. Aber ist nicht selbstverständlich, daß jedes Seiende es selbst ist? Wieso macht der Mensch eine Ausnahme?[13] Ist Mensch kein Ding mit Eigenschaften? In ihrer therapeutischen Not haben das Psychologen schon behauptet. Aber ist es besser, das menschliche Ich durch Kollektivzugehörigkeit zu beschreiben mit einem Rest an Einmaligkeit? Besteht der Mensch aus einer Rollentransaktion? Ist er nur ein vielfach gebrochenes und gespiegeltes Bild in den Augen der anderen? Oder übernimmt er zwar Rollen, aber entwickelt gerade gegen sie eine Ich-Identität, einstmals erfüllt als Menschheitsidentität? Was ist, ist.
Aber kann uns diese Feststellung reichen? Solch einfacher Identität ist nicht zu trauen, denn sie ist abstrakt. Das Lebendige scheint wenig mit ihr gemein zu haben. Langweilig ist ihre Wiederholung. Immerfort zeigt sich das gleiche. Ihr Prinzip ist der Tod, Positivismus die ihr gemäße Wissenschaftstheorie. Erst mit der Differenz kehrt das Leben zurück. Im Widerspruch gerät die Identität in Bewegung. Der Satz vom auszuschließenden Widerspruch hält zwar die Bewegung in unserem Verstand an und ermöglicht durch Dichotomie die Wissenschaft. Aber der ursprüngliche Widerspruch bleibt Springquelle der Erkenntnis. Doch solche Bevorzugung der Negation ist einseitig. Auch die einfache Identität ist vielfältig. Je nach dem Umfeld, in dem sie sich ausdrückt, bedeutet sie anderes. Die Mehrdeutigkeit der Sprache ist grenzenlos, stiftet Wissen. Je

---

[13] H. Dubiel: Identität, Ich-Identität, in: Historisches Wörterbuch der Philosophie IV, hrsg. von J. Ritter u. a., Basel 1976, 148−151.

genauer sie festgelegt wird, je identischer ihre Vorstellung ist, um so unwissender werden wir. Der Mensch ist das Opfer seiner Rollen. Sie machen ihn eindeutig. Niemals aber *ist* ein Mensch seine Rollen. Was er mit ihnen übernimmt, ist die instrumentale Sklaverei. Sie wird ermöglicht durch eine verrechenbar abstrakte Identität der Tatsachen.

Doch auch die herrisch dagegen gesetzte Ich-Identität durchbricht nicht die Abhängigkeit vom Unwahren. Dieses Ich gibt es weder als persönliches noch als Gattungsidentität. Es ist angemaßt, denn es begreift seine Proportion nicht. In solcher begrifflosen Identität sind die Menschen ebenso weltlos wie in ihren Rollen. Die Humanisierung der Natur wie die Naturalisierung des Menschen, unsere Geschichte ist ein Alptraum. Der moderne Mensch braucht seinen Denkleitsatz nicht, um wie die Griechen zu wissen oder wie im Mittelalter zu herrschen. Der Satz der Identität ist der Grundsatz der Macht.[14] Die Macht, in der das Machen seine rücksichtslose Weise gewann, kennt kein Seiendes und respektiert keine Ordnung. Die eigene Vorstellung gilt, die eigene Stellung hat sie zu garantieren. Willkür heißt die Ordnung der Macht. So erfüllt der Satz der Identität nur noch eine Aufgabe. Er definiert und sichert ein Subjekt, für das alles andere Objekt ist. Die Identität hat mit Wahrheit nichts im Sinn. Sie ist eine Machtfrage. Identisch ist der Mensch, der über andere Urteile, wie er will, fällen kann. Er folgt seiner Willkür, auch wenn er sachlich sein will. Was Sache ist, bestimmt seine Macht. Was leben darf und was nicht, entscheidet das identische Wesen. Streng genommen

---

[14] M. Horkheimer u. T. W. Adorno: Dialektik der Aufklärung, Frankfurt a. M. 1971.

ist nur es selbst lebenswert. Auch wenn sich das Ich dem Du öffnet, dieses als Selbstzweck anerkennt, bestätigt sich im Wiederlieben nur die Selbstherrlichkeit. Altruismus ist die sublime Form des Egoismus.

Sollten wir uns nicht auf das eigene Urteil verlassen, statt auf Autoritäten, auf Erfahrungen? Doch die Menschen machen Erfahrungen nur und erfahren so wenig. Sie lassen sich nicht auf die Stärke der Sachverhalte ein, sondern kehren ihre eigene Stärke gegen sie. Darin eben sind wir schwach, da ohne Wirklichkeit. Unter lauter Schwachen läßt sich auf den unvermuteten Tod so hinleben. Aber die Gattung stirbt an den Schwächlingen, die sie machtbewußt ausmachen. Auch die Gattungsvorstellung[15] ist zum Kampfinstrument geworden, setzt die Menschen vom Ganzen ab. Verwunderlich ist, daß wir noch leben. Was gibt dem Satz der Identität die durch alle Verfehlung wirkende Kraft? Wie erhält das Andersdenken Sinn? Der tautologische Satz sagt vom Selben dasselbe. Die Sprache spricht. Sie sagt zuerst und vor allem: Identität. Jedes ist sich selbst dasselbe.[16] Jedes betrifft es unnachahmlich. Selbststand nennt ihm sein Eigenes. Das Eigene jedes Sachverhalts ist das Selbe. Darin stimmt er mit allen anderen überein.

Wir gehören ins Selbe. Die Menschen denken es als Sein. Sein und Denken sind das Selbe. Gerade wenn in sie zurückgedacht wird, sie eigens erfahren sind und sich der Schein des Eigenständigen auflöst, ereignet sich Selbigkeit. Sein ist nicht länger Sein des Seienden, Denken nicht weiterhin Denken von etwas. Denken

---

[15] K. Marx: Ökonomisch-philosophische Manuskripte, in: Marx-Engels-Werke, Ergänzungsbd., Teil 1, Berlin 1968, 516f.
[16] ID 13−34.

und Sein gehören einander. Ihre Selbigkeit bringt das Ereignis. Der Sprache trauen wir zu Recht. Denn nahe dem Schweigen läßt sie uns inne werden, daß der Selbigkeit das Ganze gehört. Die religiöse Erfahrung muß begriffen werden. Angesichts der Selbigkeit vergeht zwar jeder Eigensinn, aber dieser Verzicht gibt das Eigene. Das ist weder absurd noch bedarf es einer Offenbarungswahrheit. Die Selbigkeit des Ganzen, das Ereignis jedes Sachverhalts zeigt sich im Denken umstandslos. Dennoch bildet die Einfachheit der Identität ein Hindernis für das bisherige Denken. Da ballt sich zusammen, was der Mensch verfehlte.

Wir sind die verwahrlosten Kinder des Ereignisses. Unwiderruflich gilt, daß wir unser Eigenes nur im Zusammenstimmen mit dem Ganzen finden. Das Leben erfüllt sich kosmisch oder es stirbt ab. Der heute zerstörerisch herrschende Satz der Identität verspricht ungehört Gerechtigkeit. Was heißt das? Wie wäre umzukehren? Ein Zurück auf dem Weg gibt es nicht. Die Fehler sind gemacht. Aber der Satz der Identität sagt, daß der Streit nicht der Vater aller Dinge, die Zwietracht nicht unser Los, die Macht nicht die Antwort auf Schwierigkeiten ist. Das Wesen der Identität kennt nur eine Negation, den Tod. Dessen Nichts erfüllt uns, „blitzt auf . . . (im) Wesensverhältnis von Sprache und Tod . . . (, ist die) Weise, wie das Wesen der Sprache uns zu sich be-langt und so bei sich verhält, für den Fall, daß der Tod mit dem zusammengehört, was uns be-langt".[17] Andere Verneinungen sind unwahr. Jede Begrenzung ist Wegweiser. Der Satz vom Widerspruch sagt, die Unterschiede negieren sich nicht, sondern ergänzen einander. Der Satz vom

---

[17] USp 215.

Grund sagt, der Zusammenhang unterdrückt nicht, sondern ergibt Fülle. Das Ereignis des Menschen sichert uns zu, daß wir zu entsprechen vermögen. Erst in den Sachverhalten, ihnen gemäß leben die Menschen. Wir sind Ereignis, im Frieden mit dem Kosmos. Das Negative ist das Unwahre.[18] Wer einen Feind hat, sich Gegner sucht, wer anderes als von sich selbst getrennt erfährt, lebt unwahr. Das bedeutet: er stirbt vor der Zeit. Wer den Dingen ihre Bedingnis nimmt und dem Menschen seine Gelassenheit, verfehlt deren Selbigkeit, verfällt der Metaphysik.

Soll das Denken synkretistisch sein, einer Konvergenztheorie folgen, die über dem politisch-sozialen Alltag schwebt? Bislang Unvereinbares zu verbinden, bliebe äußerlich. Aufzuweisen ist ihr Gemeinsames. Aber gibt es Gemeinsamkeit zwischen Unterdrückern und Unterdrückten? Keiner von ihnen kann bleiben, was er war. Ihnen ist gemeinsam, was keine Unterdrückung kennt. Das Selbe von Denken und Sein, Mensch und Kosmos erfüllt jeden Akt. Dieser ist ohne solche Fülle wesenslos. Die spekulativen Sätze über das Ganze interpretieren den Kosmos nicht. Sie sind kein Stroh für akademische Diskussionen. Sie sind Sprache. Der Satz der Identität konkretisiert sich. Spekulative Sätze sind unsere Lebenssätze. Zwar ist niemals ein Ich, sei es göttlich oder menschlich, das Ganze oder kann sich auf dessen Standpunkt stellen. Solche Anmaßung ergäbe Terror. Aber das heißt nicht, spekulative Sätze sprächen unmenschlich, gingen über unsere Begriffe. Wie wäre das möglich? Nur gibt es weder ein Ich noch einen Standpunkt, und kein Gan-

---

[18] F. Grenz: Adornos Philosophie in Grundbegriffen, Frankfurt a. M. 1974, 133 ff.

zes, dessen man habhaft werden könnte. Das sind Vorstellungen. Jeder Satz ist menschlich und sein Spruch übertrifft die hilflose Ordnung der Hierarchie. Deren Negation darf nicht zurückhalten, sondern muß zusammenführen. Was oben gilt, stimmt unten auch. Oben und unten sind Entgegensetzungen, also Unbegriffe.

Der Satz der Identität akzeptiert kein Ergebnis, dem widersprochen wird und keinen Widerspruch, der nicht vom Ganzen bewegt wird.[19] Was ein Sachverhalt nicht ist, sein Falsches und Abfälliges ist nicht festzuhalten. Dies gibt nur den Anstoß, in sein Wesen zu gelangen. Es stimmt nicht, daß der Satz der Identität Macht absichert, sondern er zeigt, wie unnötig Macht ist, wie nötig Zusammengehörigkeit. Die Verneinung ist jedoch unverzichtbar. Sie warnt uns vor der Todesgefahr und bringt uns auf den Weg. Das fordern wir nicht von der Negation, sondern können es erwarten. Kein lebendiger Widerspruch hält fest. Wer verlangt, man möge ihn überzeugen oder seine Meinung achten, falls das nicht gelinge, beruft sich auf kein Recht, sondern auf menschliche Willkür. Denn niemand kann für einen anderen zeugen, außer dem Stein ist keiner Stein. Der Mensch verläßt sich, wenn er stehenbleibt. Nur lebend läßt ihn das Nichts wie das Sein zum Ereignis durch.

Aber ist das nicht kosmisches Geschwätz? Die Antagonismen der Gegenwart, der reale Kampf der politischen Systeme werden übersprungen. Hier und jetzt müsse Partei genommen werden. Die Verfehlung des Satzes der Identität trägt solche Einwände. Er vereinzelte, versteifte, bereitete den Krieg vor. Wer partei-

---

[19] USp 210 f.

lich ist, hat sich entschieden. Aber der Identitätssatz sagt auch, daß wir uns nicht entscheiden müssen, sondern mit Mensch und Dingen harmonieren.[20] Diese Harmonie muß gelebt werden können. Die Kunst des heilen Lebens ist zu üben. Sie ereignet den Menschen. Wird damit neo-indische Meditation oder makrobiotischer Landbau empfohlen? Der Satz der Identität ruft zum Kampf, der für den Gegner gekämpft wird. Widersprüche werden nicht durch Uminterpretieren aus der Welt geschafft, sondern solange bearbeitet, bis sich ihre Identität zeigt. Herauskommen wird das Selbe, in der jeder und jedes sich erkennt, dem es so zustimmen kann. Eigenes und Anderes gehören einander. Das begreift der Mensch.

Den Revolutionen ist nicht vorzuwerfen, daß sie von Mißständen angeregt wurden, sondern daß sie, geblendet von dieser Realität, nicht radikal genug waren. Die Denkweise blieb die gleiche, nur die Inhalte wurden ausgetauscht. So ging der revolutionäre Sieg in neue Unterdrückung über, stärkte noch das Machtprinzip. Man hatte durch Macht gewonnen, fürchtete die Gegenmacht. Evolution erschien das kleinere Übel. Aber weder größere noch kleinere Übel müssen geduldet werden. Der Satz der Identität sagt, wir leben vom Ereignis des Ganzen und brauchen uns nicht mit weniger zufriedenzugeben. Wir dürfen es nicht einmal, wenn wir nicht Selbstmord begehen wollen. Ungültig ist die Erfahrung, daß nur Macht verändern kann. Die mit der Technik erwachsene Menschheit kann sich Macht nicht leisten. Nach innen werden die Staaten schon zur Liberalisierung gezwungen, nach außen setzen sie ihre Bemühungen fort, sich durch Abschrek-

---

[20] ID 17−23.

kung, Rüstungsbeschränkungen und Gewaltverzicht an der Ausübung ihrer Macht zu hindern. Das Subjekt fesselt sich aus Vorsicht selbst.

3. Abwendung vom Subjekt und Technik

Der moderne Mensch ist Subjekt seiner Welt. Sein Gesetz gilt, er befiehlt den Instrumenten. Von ihm ist in den Sätzen die Rede. So wird die Sprache zum Instrument der Information.[21] Schon die Bedrohung dieser Stellung im Zentrum erfährt das Subjekt als Identitätsverlust. Doch heute ist der Fortschrittsglaube gebrochen. Vom Selbstbewußtsein sind wir so weit entfernt wie je. Der Anspruch des Menschen, Subjekt zu sein, wird zwar nachdrücklich erhoben, aber zugleich offenkundig widerlegt. Auf dem Höhepunkt der Macht, als sich das Subjekt von aller Rücksicht losriß, wendet sich das Geschick von uns ab. Das hat Folgen. Wir sind Herren über verbrannte Erde und Subjekte der Zerstörung. Was wir selbstbewußt tun,[22] scheitert. Soweit wir das Leben in die Hand nehmen, entleert es sich. Überleben läßt uns, was nicht subjektiv wurde. In der Substanz blieb das Ganze vertreten, wenn auch durch Unbeweglichkeit beirrt. Noch lange wußte der Mensch, daß er nicht Mitte und Kraft ist, sondern ermöglicht wird. Tätigkeit ist dann eine Weise der Bewegung. Erst in der verdinglichten Substanz als einem Seienden mit Eigenschaften verging die Einsicht so sehr, daß aus der Substanz das menschliche Subjekt zu

---

[21] SvG 203.
[22] HW 257. Vgl. G. Schischkoff: Vom platonischen Mythos zum kybernetischen Logos, in: Zeitschrift für Ganzheitsforschung 21 (1977) 195–212.

werden vermochte. Es liegt jetzt zugrunde. Die selbstbewußte Dynamik dieses Subjekts erschien als ein Fortschritt.[23] Der Mensch schuf eine Welt nach seinem Bild, gab ihr seine Substanz und verweigerte ihr das Maß des Ganzen.

Das Resultat ist zum Sterben. Es entspricht der Nichtigkeit des von der Wirklichkeit befreiten Menschen. Das Subjekt Mensch ist weltlos.[24] Ihm fehlt das Einverständnis. Sein Prinzip ist die Negation des anderen. Unsere selbstsüchtigen Instrumente funktionieren nicht, sondern gelingen im einzelnen und wirken im ganzen tödlich. Die Arbeit ist wertlos, denn sie beutet die Zuhandenheit der Dinge bis zu deren Zerstörung aus. Der Mensch hetzt die Phänomene gegeneinander, konstruiert Notsituationen. Das Subjekt hat Objekte und will nicht anderes. Aber mit Macht erreichten wir, daß das Selbstverständliche, das Gelingen der Umwelt, zum weltweiten Problem wurde. Wahnsinnig ist die Vorstellung, nur eine verstärkte wissenschaftlich-technische Anstrengung könne die Schwierigkeiten beheben. Alle Sinne — auch der Vernunftsinn — zeigen, daß das wissenschaftlich-technische Instrument des Subjekts die Zerstörung hervorruft.

Der Weg des Subjekts kann im Denken zurückgegangen werden. Das Subjekt löst sich in die Substanz. Die Substanz ist als Ganzes zu begreifen. Es wirkt als Ereignis. Gelassen im Ereignis wird der Mensch. Er lebt als Prozeß des Zusammengehörens. Der Mensch findet seinen Weg im Einverständlichen. Solange ein Phänomen strittig erscheint, gibt er sich nicht zufrieden. Anerkannt wird allein die „ewige Gerechtigkeit"

---

[23] N II 399—457.
[24] F. W. v. Herrmann: Subjekt und Dasein, Frankfurt a. M. 1974.

(Schopenhauer), die jedem zukommt und jeder zu begreifen vermag. Der Begriff des Sachverhalts trifft unsere Selbigkeit und bringt uns ins Eigene. Niemand kann sich solcher Verbindlichkeit entziehen. Ein Entzug würde das Leben verfehlen. Die Abwendung vom Subjekt erlaubt, im Rückblick die menschliche Gestalt wahrzunehmen. Aber ist das Verlangen nach Harmonie nicht trotz seines objektiven Scheins reine Subjektivität? Kann die gewaltlose Fassade den kindlichen Machtrausch verdecken? Bedeutet nicht für den einzelnen wie für die Menschheit Erwachsenwerden, die Grenze des eigenen Vermögens und die Beschränkung der Zeit zu akzeptieren? Bleibt dem Menschen etwas anderes übrig, als sich mit Halbheiten abzufinden? Sollte nicht Toleranz das Prinzip des Zusammenlebens sein? Haben wir nicht erlebt, wohin totale Lösungen führen?

Für bekannte Phänomene gibt es keine absolute Lösung. Wer dies versuchte, bliebe unverbindlich oder wäre — verbunden mit Macht — terroristisch. Aber das liegt daran, daß das Erkannte, von der Selbstbestimmung bis zu den Naturgesetzen unwahr ist. Ihre Identität stimmt nicht. Die Methoden führen in die Irre. Die Alternativen sind erfunden. Was wir wissen, taugt nichts.[25] Unser Handeln ist uns entglitten. Doch es ist nicht objektiv falsche Information, die uns täuscht. Das Subjekt-Objekt-Schema ahnt nicht, wovon es spricht. Die Verzerrung beginnt bei den am Sachverhalt beteiligten Menschen. Wenn sie eine Beteiligung zugeben und sich nicht abseits stellen oder als Beobachter verkleinern, verlangen sie die Anerkennung ihrer Meinung. Das ist „mein", und hergeben

---

[25] HW 349.

will man es nur gegen Besseres. Aber außer dem Tod gibt es keinen Sachverhalt, dem diese Weigerung sich zu ändern entspricht. Es gibt kein Recht auf einen vergangenen Zustand, auch wenn es als Prognose getarnt eingeklagt wird.

Wer lebt, ändert jeden Augenblick. Im Einlassen auf den Sachverhalt ändern wir uns unvorhersehbar. Vorhersagen treffen ein, weil wir die Änderung leugnen, in einer Modellwelt das Leben verfehlen. Anderswerden füllt unser Begreifen. Der Mensch hält die Ausgangslage nicht fest, es liegt ihm nichts an der Sicherung der Daten. Der Anfang schickt uns weiter. Was er sagt, markiert den Weg, weist eine Richtung. Der Mensch muß gehen. Der Mensch geht durch das Zerbrechen der gewohnten Sprache. „Zerbrechen heißt hier: Das verlautende Wort kehrt ins Lautlose zurück, dorthin, von woher es gewährt wird: In das Geläut der Stille, das als die Sage die Gegenden des Weltgevierts in ihre Nähe be-wegt. Dieses Zerbrechen des Wortes ist der eigentliche Schritt zurück auf dem Weg des Denkens."[26] Auf dem Weg ist die Identität des Sachverhalts. Sie bleibt niemals bestimmt durch Umfang und Abgrenzung. Ein Thema ist ebensowenig geeignet, den Sachverhalt festzulegen. Was als Diskussion begann, eint am Ende Verwandelte. Im Fluß befindet sich der Sachverhalt, ist längst ein anderer geworden, ein Stück weit unser Leben.

Das Verändern geschah immer schon, ereignet die Bewegung. Sie erbringt Selbigkeit. Aber wie konnten wir dann zu Unwesen werden? Was brachte uns zur Metaphysik des Stillstands? Wie erklärt sich die Ohnmacht der Humanität? Philosophen und Religionsstifter ver-

---

[26] USp 216.

kündeten den Menschen. Wir wissen, wie Leben zu sein hat. Aber die Theorie versagte in der Praxis. Spinozas Amor Dei intellectualis blieb Lebensform einzelner. Hegels absolute Methode, sein universales Selbstbewußtsein verkam zur Machttechnik realer Sozialisten. Wird Heideggers Ereignis Technik, die Gelassenheit zu Theorie und Praxis ein ähnliches Schicksal haben? Kann der Mensch gezwungen werden, im Sinne des Ganzen zu leben?

Es gibt keine Herrschaft und also keinen Zwang. Aber es gibt Gerechtigkeit. Sie ist unsere Erfahrung der Proportion. Jedes Geschehen ist in sich stimmig. So wird das Verfehlen niemals treffen. Nichts zwingt den Menschen zum Leben, aber keine Spitzfindigkeit und kein Trick schützt ihn auch vor dem gerechten Tod. Wie west der Mensch? Was ist sein ontologisches Geschick? Als Theoretiker war er ohnmächtig, als Politiker erkannte er nur die Macht. Als Arbeiter ist er inmitten seiner effizienten Maschinen der Zerstörung ausgeliefert. Der Stoffwechsel zwischen Mensch und Natur stockt. Zwar überstehen wir noch. Uns kommt die Zuhandenheit der Dinge entgegen, die sich von ihrer Instrumentalisierung nicht völlig abschrecken läßt. Aber die Verweigerungen des Zeugs häufen sich. Ihre Bewandtnis, die die Dinge von sich her zeigen,[27] wird in ihrem Zusammenhang verkannt. Immer vereinzelter erscheinen die Phänomene, zerlegt in Informationen. Deren kybernetisches Netz knüpft eine erkünstelte Realität. Der heutige Techniker weiß nicht, was er tut. Er verstellt das Wesen des Menschen.

Der Mensch ist Techniker. Systematisch vollzieht sich seine Technik. Der wahre Techniker erbringt eine Ar-

---

[27] SuZ § 18.

beit im Ganzen. Der Blick auf die Diener der herrschenden Technik läßt solche Einsicht absurd erscheinen. Aber bis in ihren Widersinn getrieben, ist nur die Technik. Unwesentlich ist sie wie der moderne Mensch. In dem Amor Dei intellectualis und der Gelassenheit öffnet sich jedoch die Umkehr. Die Wesensbestimmung wird Überlebenstechnik. Das ist kein philosophisches Gerede, sondern Anleitung zum Überleben. Es muß uns beigebracht werden, überhaupt zu leben. Vom besseren Leben ist nicht die Rede. Lebenstechnik ist Überstieg. Sie entwirft das Ganze. Ihr Wie ist unbegrenzbares Verendlichen. Der Wurf hat kein Ziel. Er weiß nichts im voraus. Seinem Vertrauen kommt Gewähren entgegen. Im Entwurf entdeckt sich der Sachverhalt, hält zusammen das Selbe. Wir werden belehrt und sind geborgen. Verbindlichkeit gilt für alle Seiten. Niemand muß diese Lebenstechnik durchführen, so wenig wie jemand essen oder schlafen muß. Aber der Entzug der Lebenstechnik wirkt wie ein Hungerstreik.

Die Zerstörung der Welt zeigt sich dem phänomenologischen Blick als Verweigerung absoluter Technik. Unseren Lebensregungen entsprechen Techniken, deren Vollendung[28] mit dem kosmischen Gelingen zusammenstimmt. Das wird unbefangen bisher nur von den natürlichen Techniken, vom Atmen und Stoffwechsel zugegeben. Aber es gilt für alles Tun oder Denken, für das Unterlassen wie für das Forcieren. Im Leben haben wir gelassen zu sein, uns absolut-methodisch zu nähern und intellektuell den Geist der Schöpfung zu lieben. Im Einzelfall ist das Ganze angespro-

---

[28] R. Wiehl: Reflexionsprozesse und Handlungen, in: Neue Hefte für Philosophie 9 (1976) 46.

chen. Die ontologische Differenz hindert uns, die Stelle des Ganzen zu besetzen, aber fordert uns auf, ganzheitlich zu existieren. Die respektvolle Ferne, in der man die universale Perspektive zum Alltag hält, bedeutet Abfall. Die Ferne ist die Nähe, die dem Menschen nicht gehört, aber zu der er gehört.[29] Auf diese Nähe hat er sich einzulassen. Dann werden die Ergebnisse seines Lebens Gaben der Götter sein, die Lebenstechnik funktionieren. Aber wie sieht diese Technik alltäglich aus? Was hat sie zu tun mit der Maschinentechnik? Was sagt das Ganze zur Überlebensfrage, eine explosiv anwachsende Weltbevölkerung zu ernähren, zu kleiden, ihr Arbeit und Wohnung zu verschaffen? Wer garantiert ein Minimum an Menschenrechten? Taugt die Universalisierung der Probleme für mehr als eine Präambel? Folgt nicht die notwendige Arbeit erst danach?

Doch ungenutzt bleibt die Technik, wenn man sie vom Besonderen fernhält und ins Allgemeine verflüchtigt. Ist es denn nicht die Technik des Allgemeinen? Dennoch ist sie kein Gegensatz zum Besonderen. Das Allgemeine ist konkret. Es ist die Weise, in der jeder Sachverhalt er selbst und wahr zugleich ist. Das Allgemeine ist die Wesensform des Besonderen. Das sind keine Leerformeln, sondern Beschreibungen der Lebenstechnik. Sie ist vernünftig im Fall zu verwenden. Mit ihr wird der besondere Fall nicht vernachlässigt, sondern erhält Gewicht. Allerdings wird nichts so angenommen, wie man es sich vorstellt. Die dichotomischen, hierarchischen und instrumentalen Lösungen sind in ihre Wahrheit zurückzubergen.[30] Das Problem, das sich selbst und uns in Zugzwang bringt, ist eine

[29] Gel 66f.   [30] USp 257–267.

Eigenkonstruktion. Die Frage: Was mache ich in diesem Fall? wird nicht beantwortet. Sie ist ungerechtfertigt. Es gibt keine Problem-Vorgabe. Der Fall muß sich ausweisen. Der Hinweis auf seine meßbare Realität verweist nur auf eine Fiktion. Als solche ist sie zu behandeln.

Die ganzheitliche Lebensweise mißverstand der Mensch als weltfremdes Ideal. Sollte sie dann antworten auf alltägliche Fragen, die doch von der Verzerrung geprägt sind, erschien sie nutzlos. Das aber bezeugte gerade ihre Wahrheit. Dieser Existenz antwortet das Ganze im Entzug und in der Vernichtung. Subjekt wird der Mensch nur, soweit seine Technik substanziell ist, Ausdruck der Bewegung. Alltäglich lebt der Techniker Mensch im Wie und in der Fülle des Zusammengehörens. Die Probleme konstruieren sich nicht eine Technik, die sie lösen soll und doch nicht kann, sondern unser Leben ist endliche Technik. Indem wir sie üben und nach dem Maß des „Gevierts" Mensch und Dinge sein lassen, lösen wir die Aufgaben unmerklich und ungewollt. Alle Weisen und jede Stärke sind uns in Sachverhalten zugänglich, Wege zur Identität. In den Instrumenten achten wir die Dinge.

Soll den Verhungernden gesagt werden, daß ihr Verhungern unwahr ist und kein Problem? Darf sich der Satte mit der Einsicht zufriedengeben, dieser Tod sei gerecht? Was leistet hier gelassene Technik? Sie leistet sich die Wahrheit: Kein Mensch auf Erden muß verhungern. In seinem 1957 gehaltenen Vortrag „Zum Verhältnis von Individuum und Gesellschaft heute" hat Adorno gesagt, wie es ist: „Wir können auch den Wahnsinn wahrnehmen, der darin besteht, daß eine Menschheit, deren technische Mittel ausreichen würden, heute bereits die Welt zu einem Paradies zu machen, in dem kein Kind und keine alte Frau in der ganzen Welt an irgendeiner Stelle mehr zu hungern brauchte, daß eine solche Welt wahrscheinlich den größten Teil ihres Sozialprodukts in die Herstellung von Vernichtungsmitteln steckt. Um diesen Wahnsinn zu durchschauen, braucht man weder eine abstrakte Idee noch ein politisches Leitbild von der Gesellschaft."[31]

Unproblematisch wäre die Aufgabe, Nahrungsmittelüberschüsse zu verteilen, sicherzustellen, daß weder Zollvorschriften noch staatliche Souveränität die Soforthilfe entwerten. Schwerer ist, den politisch und ökonomisch genannten Sachverhalten entsprechende Lebenstechniken auszubilden. Vereinbartes ist zu verlassen, gesicherte Definitionen sind zu verwerfen, wenn sich zeigt, daß ihr Ergebnis verhungernde Menschen sind. Denn diese Techniken funktionieren nicht. Sie scheinen den Industriestaaten noch Vorteile zu bringen. Solche Gewinne aber verderben uns. Die Folgen der Ausbeutung wirken auf die Industriestaaten zurück. Humanitäre Absichten könnten sich die Nordstaaten ersparen, aber nicht die Technik der Lebenserhaltung.

Bliebe bei solcher Technik noch ein Stein auf dem anderen? Der Mensch ist ein geworfener Entwurf. Er findet sich vor. Uns fehlt es nicht an Steinen und Institutionen. Der Punkt Null ist ein Gedanke. Aber weil uns Realität stützt, braucht es keinen Realismus, hat das Denken keine Eile. Den Entwurf interessiert we-

---

[31] Zitiert nach W. Schulz: Philosophie in der veränderten Welt, Pfullingen 1972, 650. Vgl. F. Grenz: Adornos Philosophie in Grundbegriffen, a.a.O. 18f.

der Zeit noch Sein.[32] Ihn kümmert nicht das Wissen und die Ordnung der Tradition. Ebensowenig läßt er sich für Zwecke einspannen. Das liegt hinter ihm, davon springt er ab. Im Schatten des Gattungssterbens bleibt der Entwurf gelassen. Die Lösungsversuche für den Tag haben uns in die heutige Lage gebracht. An ihnen fehlt es nicht. Doch den Machern, die nicht Techniker sind, muß das Handwerk gelegt werden. Weniger zu tun, ist besser. Aber das wird nicht zum Überleben reichen. Es muß Denkern gelingen, den Menschen in sein Wesen zu bringen. Der Techniker Mensch ist hervorzurufen. Ihn zeigt sein Werken, am Schreibtisch wie anderswo. Sein ganzheitliches Funktionieren entspricht dem Ereignis Technik. Dem hält keine Realität stand, solange wir am Leben sind. Der Begriff der Technik sichert das Dasein.

---

[32] SD 25.

Zusammenfassung:
Lebenstechnik statt Todestechnik

Den ökologischen Suizid der Menschheit vor Augen, beginnt über alle Systemschranken hinweg eine verzweifelte Suche nach dem Rezept, die wissenschaftlich-technische Zivilisation zu kurieren. Die gegenwärtige Todestechnik soll in eine Lebenstechnik verwandelt werden. Jedem leuchtet ein, daß es dabei eine Pauschallösung nicht geben kann. Offensichtlich steht uns eine langwierige, komplizierte und vielleicht äußerst schmerzhafte Prozedur bevor. Doch schon darüber, welche Probleme entscheidend sind und zuerst angegangen werden sollten, besteht keine Einigkeit. Marxistische Technik-Kritiker machen immer noch die gesellschaftlichen Rahmenbedingungen für den Mißbrauch der Technik verantwortlich, weiten diese Analyse allerdings inzwischen auch auf ihre eigenen Staaten aus.[1] Westliche Techniktheoretiker schwanken wiederum zwischen Extremen. So wird eine totale Technisierung gefordert, die endlich Schluß mit der unvernünftigen Natur und ihren Streichen machte, aber es gibt auch die immer einflußreicher werdende Empfehlung, auf Technik völlig zu verzichten. Das Eigengewicht der Technik, auch gegenüber der Gesellschaft, wird zwar herausgehoben, aber im selben Atemzug beschreibt man Technik als Instrument des

---

[1] W. Schirmacher: Fortschreitende Humanisierung der Natur, in: Akten des XII. Deutschen Kongresses für Philosophie, Innsbruck 1983.

Menschen. „Sanfte Technologie" und biokybernetische Vernetzung sind Varianten der westlichen Grundalternative.

Aber ob die Gesellschaft, der zu geringe Technisierungsgrad oder die Großtechnologie für den jetzigen Zustand verantwortlich gemacht wird, bleibt müßig, solange die Zerstörung der Welt fortschreitet und nicht aufzuhalten ist. Täglich wird die Bundesrepublik um 120 Hektar Natur ärmer. Die Schmetterlinge sterben aus. Bauern vergiften nicht nur uns, sondern die von ihnen gespritzten Herbizide lösen eine Kettenreaktion aus, die allein die Tiergattung der pflanzenverzehrenden Wirbellosen auf weniger als ein Drittel reduziert hat. „Alleswisser" in den Industriestaaten und Analphabeten in den Entwicklungsländern handeln ohne Unterschied, als ob sie von Sinnen wären. Sie haben tatsächlich die Fähigkeit eingebüßt, die Wirklichkeit mit den Sinnen zu erfassen, sie nehmen Surrogate für die Welt. Denn wie anders könnten wir aushalten, daß in 20 Jahren die tropischen Wälder abgeholzt sein werden, heutige Klimastörungen sich zu einer unser Überleben beeinträchtigenden Klimaveränderung gesteigert haben? Der „saure Regen", den keine Theorie erdachte, zerstört den Wald auch außerhalb der Tropen. Besonders die Ostblockländer sind von diesem höllischen Regen betroffen, denn kein sozialistischer Humanismus vermag die Schornsteine von Kohlekraftwerken zu reinigen. Im Gegenteil, dem gesellschaftlichen Vorteil der Elektrizität wird der Baum geopfert. Umweltschutzmaßnahmen in Ost und West kommen immer zu spät und gehen kraftlos in der Masse ständig neuauftretender unerwarteter Schäden unter. Wer dies bestreitet, lügt sich nur in die eigene Tasche.

Der Zerstörung der Welt ist nicht im einzelnen und nicht durch Reparatur einer im übrigen brauchbaren Maschine beizukommen. Wir möchten dies gern glauben, dann blieben notwendige Veränderungen im Rahmen, wäre die Zukunft eine bessere Gegenwart. Statt dessen stehen wir vor einem prinzipiellen Problem: Wir machen keine Fehler, sondern unsere Lebensweise selbst ist der Fehler. So heißt es, in der Mitte des tobenden Unheils ruhig zu werden, Abschied zu nehmen von dem, was bisher Mensch hieß. Dies ist ganz radikal und durchaus persönlich zu verstehen. Dem Abschied, der weh tut, entspricht die Besinnung auf das, was uns immer noch unmerklich leben läßt, obwohl die Reihe unserer Taten den Tod herbeizwingt. Gelassenheit, die sich auf das Ganze einläßt und nichts ängstlich zurückbehält, ist das Verhalten der Stunde. Ins Zentrum der Weltzerstörung trifft die scheinbare Abseitigkeit einer grundsätzlichen Erörterung.

Lebenstechnik drückt von sich her, ohne daß wir etwas hinzuzufügen hätten, die Ordnung des Ganzen aus. Dies bedeutet keinesfalls, daß uns diese Ordnung schon bekannt ist oder wissenschaftlich formuliert worden sei. Die Naturgesetze geben nur einen, vermutlich grundsätzlich mißverständlichen Ausschnitt wieder. Denn wie sollten wir korrekt verstehen, was uns als Ganzes entzogen bleibt? Lebenstechnik verdankt sich einer Ordnung, die stets unbekannt bleibt, so sehr dies auch den erfolgsgewohnten Verstand verstört. Aber die Ordnung des Ganzen übersteigt unser Bewußtsein unendlich. Religionen haben diese Transzendenzerfahrung Gott genannt, phänomenal spricht sich darin der universale Zusammenhang, die wirkliche Vernetzung des Kosmos aus. Ihr gegenüber ist die Idee einer Nachahmung reine Selbstüberschätzung.

Doch dies gilt alles für die Theorie, gilt uneingeschränkt auch für die Praxis, nicht jedoch für die Technik. Die unbekannte Ordnung, höchst unzureichend
Ganzes oder Kosmos genannt und durchaus nicht als
Einheit festlegbar, bewirkt die entscheidende Prägung
unserer Technik. Denn ob sie für uns Lebenstechnik
ist oder eine Todestechnik bildet, hängt einzig von der
Ordnung des Ganzen ab.

Leben wir durch Technik, erfüllen wir diese Ordnung.
Denn Techniken sind lebendige Züge des Ganzen.
Sterben wir jedoch an der Technik, wie es auf unserem
Planeten nun der Fall ist, spricht auch die Ordnung zu
uns, indem sie unserer Unordnung entspricht. Uns
fehlt die Rücksicht — auf unser Wesen im „Geviert"
(Hölderlin). Rücksicht ist eines der von uns begreifba-
ren Merkmale der universalen Ordnung, die sie extrem
gegenüber allen Sachverhalten übt. Noch im Fressen
und Gefressenwerden ist Rücksicht durchgesetzt, paßt
sie sich dem Zusammenstimmen an, hält sie ökologisch Maß. Denken wir allerdings ökologisch, haben
wir die Rücksicht schon im interessierten Hinblick auf
den Menschen eingeschränkt. Andererseits übt ökolo-
gisches Denken, wie einst das ökonomische auch
Rücksichten ein, sieht umher, erkennt wechselseitige
Abhängigkeiten. Dennoch sollte man nicht glauben, es
reiche für Lebenstechnik, ökologisch und ökonomisch
zugleich vorzugehen.

Eine andere, „fröhliche Wissenschaft" (Nietzsche), die
allen Zugängen und Spuren des Wirklichen freie Bahn
läßt, wird uns erst beizubringen haben, wie ungezählt
die Rücksichten sind, die wir zu nehmen haben. Mit
einem „weisen Gebrauch" der Technik ist es doch
nicht getan! Schon ein erster Blick auf die Meditations-
technik in Asien zeigt deren ungeheure Vielfältigkeit

und belehrt uns Abendländer, wie eng unsere Wirklichkeitserfahrung ist. Daß sich in der Unverborgenheit des Seienden, die wir Wahrheit nennen, zugleich eine Verbergung abspielt, muß technisch berücksichtigt werden. Heidegger wie Derrida haben an den Entzug erinnert,[2] der Welt ermöglicht und doch selbst niemals anwesend ist. So konnten wir ihn vergessen, hielten uns lediglich an das Präsente, und irrten uns so abgründig.

Nirgendwo besser als in einer beweglichen Lebens-Technik läßt sich der ontologischen Gleichgültigkeit dessen, was gerade anwesend ist, entsprechen. Gegenwart hat keinen besonderen Rang und ist gegenüber der als Erfolg sich zeigenden Rücksicht auf die an einem Prozeß beteiligten Phänomene unwesentlich. Begriffen werden sollte allerdings, daß Technik die Ordnung des Ganzen nicht nur darin ausdrückt, daß sie von extremer Weite und sanfter Rücksicht ist. Sondern sie entspricht dem Kosmos gerade darin, daß sie umfassend ist. Dies ist nicht quantitativ mißzuverstehen, denn es gibt an, wie der Mensch ist. Wir sind Techniker, anders existierten wir nicht. Aber auch hier ist zu beachten, daß unsere Existenz unbestimmt bleibt. Wie ein Techniker handelt oder versagt, zeigt sich zwar konkret, aber gestattet keine definitorische Festlegung. Leben oder Tod bleiben unaufhebbar ein besonderes Ereignis. Wer dies für einen Nachteil hält, kann sich wie die Metaphysik in einer Bestimmung zu sichern versuchen, und wird sich dadurch in Wahrheit nur selbst strangulieren. Der Gattung Mensch muß reichen zu leben, auch wenn sie nicht wissen wird war-

---

[2] J. Derrida: Randgänge der Philosophie, Frankfurt a.M. 1976, 6−37.

um. Unser Denken hat allein die Aufgabe, das Offene vorzubereiten.

Theoretiker und Praktiker spiegeln uns vor, man müsse *vor* der Technik festlegen, was sie sei und zu tun habe. Diesem tödlichen Unsinn muß ein Denken widerstehen lernen, das Moment der Lebenstechnik ist. Leicht ist dies heute bei Entwürfen, die offenkundig gescheiterte Rezepte unverdrossen neu empfehlen. Ob da mehr Vernunft, Selbstbeherrschung, Partnerschaft mit der Natur oder Sozialismus gefordert wird, die mangelnde Radikalität dieser Vorschläge springt ins Auge. Hier wird das Sterben der Gattung nicht ernstgenommen, der Henker zum Richter gemacht. Anders steht es mit Versuchen, deren Umdenken, Andershandeln redlich gemeint ist. Dazu gehören Hans Jonas und sein gerade ferne Phänomene einbeziehendes „Prinzip Verantwortung", Frederic Vesters biokybernetisches Denken ebenso wie Rudolf zur Lippe mit seiner Einübung gesellschaftlichen Körperwissens. Es sind philosophische und unphilosophische Wege, oft genug wie die „Synergetik" des Physikers Hermann Haken von den Naturwissenschaften her angeregt, die wiedergutmachen wollen, was Technik und Wissenschaft angerichtet haben. Man kann diesen Alternativentwürfen, die von der Einsicht in die Ganzheit der Welt geleistet werden, nur zustimmen, und müßte glücklich sein, wenn sich globale Verantwortung, biokybernetisches Netzdenken, körperliche Alltagsklugheit durchsetzten.[3]

---

[3] H. Jonas: Das Prinzip Verantwortung, Frankfurt a. M. 1979; F. Vester: Neuland des Denkens. Vom technokratischen zum kybernetischen Zeitalter, Stuttgart 1980; R. zur Lippe: Am eigenen Leibe. Zur Ökonomie des Lebens, Frankfurt a. M. 1979.

Aber ist dies zu erwarten? Dies ist keine politische Frage, denn das Kriterium „politische Durchsetzbarkeit" kann nur beseitigt, nicht erfüllt werden. Es ist die nicht ernst genug zu nehmende Frage, ob wir mit Jonas, Vester, Lippe und all den ähnlichen Rezepten bereits der verfehlten Lebensweise entgehen, die unsere Selbstzerstörung hervorruft. Denn anders würden die „Alternativentwürfe" lediglich die lange Reihe der Selbsttäuschungen fortsetzen, von der Wahrheit über uns getrennt bleiben. Bei Jonas ist dies bereits im Ansatz greifbar, denn Verantwortung tragen bei ihm die Menschen, ohne daß zuvor ihr Selbstbild erschüttert werden müßte. Sie sind bloß reifer als der heutige Mensch, dessen Ethik eine „Nahethik" ist. Verantwortung für unsere Nachkommen, Verantwortung für die Natur und ihre Unversehrtheit, all dies wird von Jonas vorgetragen, als hätte der Nihilismus niemals die Vorstellung vom Menschen als Ebenbild Gottes zerstört. Sollte der drohende Gattungstod wirklich geeignet sein, das Gute in uns zum Vorschein und zur Wirkung zu bringen? Das Rattenrennen um die letzten Chancen, von Staaten und einzelnen gleichermaßen vorgeführt, kann als Antwort auf Jonas verstanden werden.

Vester und Lippe vermeiden solch abendländischen Idealismus, ihre Ungemäßheit zeigt sich erheblich schwerer. Gerade darin aber sind sie paradigmatisch für eine Theorie und Praxis, die gut klingt und körperlich erfahrbar ist, aber als Technik versagen muß. Denn läßt sich das Ganze, dem unsere Lebenstechnik genügt, als „vernetztes System" beschreiben, wie Vester nahelegt? Jeder Mystiker der Tradition wußte mehr als der moderne Kybernetiker, der seine Abstraktion für das Abbild wahrer Verhältnisse hält. Nur das qualitative „Wie", niemals das quantitative „Was" öffnet den Zugang zum Ganzen. Der Augenblick (kairos) ist nicht Offenbarung als Fixierung auf Gegenwärtigkeit, mit der Vergangenheit und Zukunft zunichte gemacht würden. Denn sonst wüßten wir nichts vom Geheimnis. Die Verborgenheit des Ganzen aber ist es, die uns vor den Folgen des törichten Versuchs schützt, über wichtig und unwichtig, wesentlich und unwesentlich selbst zu entscheiden. Des Kybernetikers Vester „offenes System" hat mit Heideggers „Offenheit zum Geheimnis" nichts gemein, sondern ist der Widerruf der nach Heidegger möglich gewordenen Bescheidenheit des Menschen. Vester trifft schon Hegels dialektischer „Blitz", der unvermutet und jäh eine neue Welt hinstellt.

Verführerisch mutet Vesters Vorschlag an, durch Archetypen die Welt übersichtlich zu machen. Aber ist damit Weltnähe erreichbar, wie Vesters Programm eines „Abschauens von der Natur" zu versprechen scheint? Wohl kaum, denn nur von Überholtem, Hegel sagte treffend Totem, wissen wir, was es gewesen ist. Ein lebendiger Sachverhalt entwickelt sich jedes Mal anders in einem Prozeß, der uns nicht unbeteiligt läßt. In Relativitätstheorie und Quantenmechanik hat schon die Spur dieser Einsicht das Weltbild der Physik revolutioniert, obwohl Unbestimmtheit und Unschärfe dann doch noch einmal statistisch beseitigt werden konnten. Ein Sachverhalt wie Elternschaft zum Beispiel ist zugleich eine für uns entscheidende Technik, die Kindheits- und Erwachsenenzyklus ineinander verflicht, wie Erikson aufwies.[4] Nichts davon ist aber wirklich zu typisieren, denn wie sich die Dialektik von

---

[4] E. H. Erikson: Identität und Lebenszyklus, Frankfurt 1966.

Urvertrauen und Urmißtrauen in einer Person bildet, ist für den konkreten Fall unvorhersehbar. So bringen scheinbar identische Lebensgeschichten völlig andere Menschen hervor, entsteht das Genie und die verkrachte Existenz aus derselben Misere.

Wie alle Kybernetiker will Vester eine Weltmechanik, die sich nur biologisch verkleidet hat. Vesters dynamische „Biokybernetik" glaubt zu steuern, und macht sich damit lächerlich. Denn woher erhält solche „Dynamik" ihre Bewegung? Die Natur, Vesters überlistete Amme, ist doch selbst nur ein Zug des Ganzen. Biologisch interpretiert, reduziert sie sich zu einem Aspekt. Wer von der Natur lernen will, lernt nichts darüber, wie Menschen den Tod vermögen, wie das Göttliche wirkt, wie der Himmel unseren Horizont weitet. Aus dem „Geviert" schneidet sich Kybernetik das stille Wechselspiel der Erde heraus. Deren unerschöpfliche, in sich geborgene Lebendigkeit, gegen die der Hochmut des metaphysischen Menschen Jahrtausende frevelte, wird wiederentdeckt. Diese Entdeckung, die plötzlich erfahrbare Nähe zur Natur, ist überwältigend, überzeugt den, der leiblich zu sein wagt. Körperwissen, neue Zärtlichkeit, Innerlichkeit, Gefühlsmoral sind ebenso wie Vesters auf biologische Einsichten vertrauende „Steuerkunst" allein von einer „Vernunft des Leibes" abhängig, die Schopenhauer vorbereitete und Nietzsche der platonisch-christlichen Tradition triumphierend entgegenhielt. Wer die leibliche Vernunft jedoch zum Evolutionsgesetz stilisiert, und mit „Selbstregulation" (Vester) das prinzipiell gefährdete menschliche Leben sicher zu machen verspricht, errichtet für uns ein neues Gefängnis. Durch seine Erdnähe wird dieses dann haltbarer sein als das Wolkenkuckucksheim der Metaphysik.

Gegen Positivisten aller Schattierungen ist daran zu erinnern, daß unser Griff immer ins Leere faßt. Der Mensch ist das Wesen des Abgrunds, unsere Identität ist das Zwischen, unser Wissen verdankt sich der „différance" (Derrida). Was anwesend ist, verweist allein auf Abwesendes, das niemals zur Verfügung steht und doch ungemein wirksam ist. Unsere Entdeckungen sind nichtig. Wer sie festhält, ob als Gegenstand oder jetzt als Struktur, verfault und verwest mit seiner Beute. So sollte sich auch niemand darüber wundern, daß die ausgezeichneten Rezepte nichts kurieren, und aller Voraussicht nach der Körperprophet Lippe allein wird tanzen müssen. Vesters Kybernetik eignet sich nur dazu, in einem großspurig „Neuland des Denkens" betitelten Buch die unvermeidliche Katastrophe übersichtlich zu ordnen. So wissen wir dann wenigstens, woran wir sterben werden, sind unsere Selbstmordarten säuberlich getrennt — ein letzter Triumph des rechnenden Denkens.

Diese Unwirklichkeit des anwesenden Wissens, die Unfähigkeit des bewußten Körpers und die Gleichgültigkeit der natürlichen Ordnung ist wahr. Dies müssen wir endlich aushalten! Östliches Zen und westliche Mystik haben den Einblick für uns aufgehoben, durch die Helle des Verstandes Dunkelheit und Verborgenheit nicht auslöschen zu lassen. Es geht nicht darum, gegen die Vernunft die Unvernunft zu predigen, sondern auf beide zu verzichten. An uns ist es, eine Lebenstechnik einzuüben, die dem Verzicht entspricht und der Anwesenheit entsagt. Lebenstechnik heißt sterblich handeln, bescheiden existieren. Die Negation der Zeit, die als technisch-instrumentell hergestellte Dauer und Verfügbarkeit von allem die humane Leichenstarre vorwegnimmt, ist rückgängig zu machen.

Dies bedeutet nicht, wie Nietzsche in einer großen Umwertung die Zeit zu bejahen. Wir sind nicht fähig, Werte zu setzen, und haben kein Recht auf Wünsche. Wir sind Sterbliche.

Die Planung über die eigene Lebenszeit hinaus ist für Sterbliche vermessen. Die Reichweite unseres Handelns begrenzt endgültig der eigene Tod. Von dieser Grundwahrheit unserer Existenz kann keine Institution ausgenommen werden, denn niemand ist berechtigt, später Lebenden eine Norm zu hinterlassen, das eigene Bild aufzuprägen. Es gibt für das Leben keine Erben. Lebenstechnik ist in jedem Leben neu zu entdecken, unverwechselbar, unersetzbar. Die jahrtausendealte Erfahrung, daß Traditionen zum Überleben notwendig sind, ist mit der modernen Technik ungültig geworden. Traditionen waren bloße Anstatt-Techniken. Heute strangulieren sie uns, jetzt ist die mimetische Anpassung der Kinder an ihre Eltern für die Gattung zur Bedrohung geworden. Jede Generation findet sich dank ihrer Lebenstechnik in einer noch so rasend sich verändernden Welt selbst zurecht, sie braucht keine Vorgaben.

Die Vergangenheit ist zwar ein zuweilen höchst anregendes Buch, aber alles daraus gelernte Wissen rechtfertigt sich allein in einer gelingenden Technik. Daß es immer schon so gewesen sei, daß es sich um erprobte Kenntnisse handele, mag stimmen und ist doch gleichgültig. Sterblich sein heißt, Vergangenheit im Schatten, Zukunft im Dunklen zu lassen, und im Gelingen sich immer wieder selbst zu überholen. Wer zu seiner Zeit den Tod vermag, läßt sich das Leben nicht vorschreiben. Von uns Menschen wird weder verlangt, Dauer zu garantieren, noch einen Kosmos zu schaffen. Wir haben statt dessen offen zu bleiben, uns im Ge-

genfühlen der Versuchung zu versperren, doch noch durch Institutionen, Kinder oder Bücher unsterblich zu werden. Die heutige Versklavung der Kinder, der paradoxerweise eine Ausbeutung der Eltern entspricht, ist eine Folge jener Unfähigkeit zum sterblichen Handeln, die einen Grundzug gegenwärtiger Todestechnik ausmacht. Es sind also nicht allein die Großtechniken, die hybride Architektur der Städte oder die Machenschaften internationaler Politik, die sich gegen die Lebenstechnik des Menschen offenkundig vergehen. Gerade unser alltägliches Handeln, unser Verständnis von Logik, Kultur und Erziehung weicht der Einsicht in unsere Sterblichkeit aus.

Lebenstechnik, die Sterblichkeit als den Sinn der Zeit in sich aufnimmt, verändert nachhaltig das technische Gestalten der Welt. Technik löst zwar Tagesprobleme, aber keinesfalls kurzsichtig. Technik läßt sich auf den Sachverhalt ein, ignoriert ökonomische und politische Zwänge. Umfassend ist ihre Rücksicht und unendlich ihre Zeit. So gibt Technik unserem sterblichen Handeln seine Dignität zurück. Diese Gelassenheit einer Lebenstechnik aus Einsicht in den universalen Zusammenhang wird als weltfremd und inhuman verketzert. Die Diebe rufen „Haltet den Dieb!", verlangen sofortige Lösungen ihrer Schwierigkeiten, die durch solche Denkweise überhaupt erst entstanden sind. Lernt sterben! heißt die Antwort der Lebenstechnik, oder die Gattung wird zugrundegehen. Jede Vertröstung in die Zukunft ist unwahr, denn alles, was wir zum Leben brauchen, ist schon längst da.

Lebenstechnik macht das eigene Leben lebendig, öffnet den Augenblick, sperrt die Dauer auf. Lebenstechnik ist zeiterfüllt, intensiv und angemessen, von einer Stärke, die nur der gelassene Kämpfer hat. Das laute

„Nein", das die hektischen Forderungen nach Lösungen und Planungen nicht überwinden können, ist ein stilles „Ja" zum Leben, wie es lebt. Lippe hat vorgeführt, daß unser Leib dies weiß. Doch unserem Denken, das sich vor der Macht viel zu sehr zu beugen gelernt hat, blieb dies fremd, irrational. Vesters Biokybernetik sucht dem Denken ein neues Land zu schenken und will „Linearität", dieses Gängelband der Konsequenz, durchbrechen. Der Zeithorizont, so hat Vester bei den Japanern abgeschaut, soll sprunghaft erweitert werden, die Zeit sich dehnen und spannen.[5] Aber der unermüdliche Pläneschmied Vester will den Zeithorizont durchaus behalten! Haben wir aber noch Zeit, hat die heraufziehende ökologische Katastrophe nicht längst den vermeintlichen Zeitvorrat aufgebraucht?

Wir haben jede Zeit für das Leben, und wir haben keine Zeit mehr, wenn wir den unzeitigen Tod der Gattung verhindern wollen. Askese tut not. Statt dessen versuchen wir weiter, durch theoretische und praktische Naturbeherrschung den Tod auszuschalten. „Offenes Wahrnehmen" (Lippe) ist gesellschaftlich geächtet, wird als Aussteigen, Entschlußlosigkeit, Wankelmut gebrandmarkt. Die Bestimmtheit hat alles bereits festgelegt. Noch die Utopie wird von hartgesichtigen Männern mit der Frage verfolgt, wie genau man sich denn alles vorzustellen habe. Lebende Leichname wollen Fahrtziel und Fahrpreis angegeben bekommen. Verzicht auf Bestimmtheit heißt die Folge des notwendigen Verzichts auf die schillerndste metaphysische Erfindung, auf das Sein. Erst wenn nichts ist, gibt es alles. Jeder kann dies an sich selbst erproben: Wenn er

[5] F. Vester: Neuland des Denkens, a.a.O. 50ff.

plötzlich nicht sein läßt, was sein Leben beherrscht, Hoffnung und Angst, Liebe und Beruf, der „strukturierte Tag" – welch eine Freiheit, welch Grenzenlosigkeit gewinnt er dadurch!

Solche Freiheit erfüllt also keineswegs das leere Nichts, wie die fast übermächtige Verlustangst suggeriert. Diese Verlustangst kommt aus unserer Kindheit und ist so stark, daß sie selbst ein Gedankenspiel zu überrennen versucht. Doch wir sollten aufhören, uns von uns selbst einschüchtern zu lassen. Wirklich werden ohne Festlegung auf das schon Seiende endlich unsere Möglichkeiten und zugleich deren sicherer Vorübergang. In der vom Sein befreiten Welt kann sich kein Sachverhalt verfestigen und kein Subjekt sich mit Brachialgewalt eine Identität erkämpfen. Vesters Versuch, wenigstens die Zwei-Welten-Vorstellung abzulegen und ein einheitliches „biologisches Grunddesign" zu entwerfen,[6] bemüht sich zwar sichtlich um Gewaltlosigkeit gegenüber der Natur. Technische und biologische Strukturen werden als vereinbar angesehen. An ihrem Vorhandensein aber vermag Vester nicht zu zweifeln. Für seine Planung braucht er eine „Rückmeldung", die doch nicht aus dem Nichts kommen kann. So erweist sich auch hier „Bionik" als seinsabhängig. Technik, die von der Natur lernt, wie es Bionik will, kann nicht ohne vorher konstruierte Instrumente auskommen. Steuerung, Erfassen und Bewerten sind nicht im Ungefähren zu leisten.

Vester nimmt die Welt des Lebendigen als ontologischen Maßstab, ähnlich wie Lippe, der den Leib verabsolutiert. Offen ist dann nur das andere, wir selbst festigen uns zum Überleben. Doch gerade dieses Si-

---

[6] Ebd. 86 f.

cherheitsdenken bringt uns in größte Gefahr! Das Sein ist bloß ein Hauch, sagen die Asiaten, es erfüllt den Augenblick, aber hält ihn nicht fest. Die Verwandlung des Seins in eine Substanz ist Gewalttat. Vesters Bionik ist ein Übergriff auf die Fülle, maßt sich vergeblich an, die unvorstellbare Komplexität in seinen biokybernetischen Netzen einzufangen. Mit Analogien wie im mittelalterlichen Denken werden die Phänomene gefangen. Doch jedes Netz muß zerreißen, wenn es der Schwere der Welt ausgesetzt wird. Da war der Systemtheoretiker Niklas Luhmann selbstkritischer, denn er beschrieb als Sinn seines Systems gerade, daß dadurch die Komplexität des Wirklichen reduziert werde. Die unerschöpfliche Vielfalt soll in eine für unser sehr beschränktes Auffassen brauchbare Dimension gebracht werden. Verblüffend genug, will Luhmann so ein Sein konstruieren, das seiender als jedes Sein ist.[7]

Die Weltzerstörung als Folge solcher methodischer Vergewaltigung erreicht scheinbar Luhmanns Abstraktionshöhe nicht, oder läßt den seinsverbessernden Theoretiker, erzählt man ihm beiläufig davon, einfach kalt. Braucht Luhmann die Nebenfolgen, die sein System großzügig ausfallen läßt, nicht zu fürchten, ist Bielefelds Umgebung weniger trostlos, sind die Nahrungsmittel dort weniger vergiftet als anderswo? Oder glaubt sich der Jünger der Wissenschaft durch den Satz vom Widerspruch, mit dem alle Wissenschaft begann, hinreichend vor den Konsequenzen seines Tuns geschützt? Man muß es befürchten. Doch die Kästchen, in denen man die Wissensgebiete unterbrachte, sind

---

[7] J. Habermas u. N. Luhmann: Theorie der Gesellschaft oder Sozialtechnologie — Was leistet die Systemforschung?, Frankfurt a. M. 1971, 7–100.

kein gutes Versteck, denn die Zerstörung kümmert sich nicht darum, ob etwas dazugehört oder nicht. Wir werden alle hängen! Es ist bloß ein Rückfall in Magie, wenn die gute Absicht vom trostlosen Ergebnis getrennt wird. Negative Rückkoppelung soll nach Vesters biokybernetischer Prinzipienreiterei als Regelkreisprinzip fungieren. Der Rest ist Recycling „unter Kombination von Einwegprozessen zu Kreisprozessen". Als ob es ausreichte, „Spiralen" zu bilden! Es gibt nur Folgen. Diese einfache Wahrheit ist aufzunehmen, die Trennung von Haupt- und Nebenfolgen ein anthropozentrischer Unsinn. Auch die Kybernetik kann nicht eine „Regelung" an die Stelle der Folgen setzen, einen wie immer differenzierten Zugzwang konstruieren, wenn der Reichtum der Möglichkeiten gewahrt bleiben muß. Arbeit trennt, doch Eigensinn wendet sich gegen diese Trennung.

Wie Leben lebt, muß auch unser Wissen begreifen. Darin hat Lippe recht,[8] aber wir haben uns auch hier vor der Ursünde des Zerteilens zu hüten. Die griechische Dichotomie wollte unsere Welt durchsichtiger machen und hat sie bloß handhabbar für den Ausbeuter Mensch gemacht. Doch Mensch und Gott, Mensch und Leben sind nicht zweierlei. Die Freund-Feind-Einteilung aller Sachverhalte läßt uns zu eigenen Feinden werden. „Symbiose unter Nutzung kleinräumiger Diversität"[9] nennt Vester das nötige Zusammenspiel von Einheit und Unterschied in unserem Biotop. Das Vorbild der Natur werde so erneuert. Aber ist damit schon die verhängnisvolle Anthropozentrik gebro-

---

[8] R. zur Lippe: Am eigenen Leibe, a. a. O. 22.
[9] F. Vester: Neuland des Denkens, a. a. O. 86; vgl. näher zu den von uns herangezogenen „kybernetischen Grundregeln" 81 ff.

chen, umfassend Rücksicht genommen? Haben wir uns nicht bloß den Maßstab Natur zu eigenen Zwecken „intelligent umgeformt"? Ein Verzicht auf die dichotomische Verzerrung der Welt bedeutet, endgültig die Illusion aufzugeben, wir könnten das Maß unseres Lebens theoretisch einfangen und praktisch nutzen. Fähig sind wir allein, dem uninterpretierbaren Maß im Gelingen unserer Lebenstechnik zu genügen. Heißt dies nicht auch, „vom Leben lernen"? Solange es unser eigenes Tun und Leiden ist, am eigenen Leib ausgewiesen und im Wissen begriffen, mag man es so beschreiben.

Erfolg heißt das Paßwort zum gelingenden Leben, und nichts ist leichter mißzuverstehen. Wir sind gewohnt, Erfolg nach der vorangehenden Absicht zu bestimmen. Erfolg ist dann, was eine Absicht verwirklicht, der erreichte Zweck, das getroffene Ziel. Ob diese Absicht von Natur aus besteht oder von uns gehegt wird, erscheint zweitrangig. Und so ist es auch, denn dieser vermeintliche Unterschied verschleiert nur, daß es in jedem Fall wir Menschen sind, deren Zwecke formuliert werden. Denn was aus einem Samenkorn werden kann, interessiert uns lediglich im Hinblick auf einen möglichen Nutzen. Solcher Nutzen aber hat sich inzwischen als Ausbeutung der Natur entlarvt, und die Absichten als Verkennung der Wirklichkeit. Vesters „Selbststeuerung" folgte nach dem humanistischen Traum, wir seien der Zweck der Schöpfung und Herren über uns und andere, ein Traum, der für die alptraumhafte Gegenwart direkt verantwortlich ist. Selbststeuerung verfehlt immer schon, wie wir leben, und Vesters Ziel, die „Erhaltung der Lebensfähigkeit", ist in Wahrheit der sicherste Weg, nicht länger im Kosmos geduldet zu werden.

247

Auch Mehrfachnutzung von Verfahren, Produkten, Organisationseinheiten, wie Vester schlau vorschlägt, wäre noch ein Erfolg. Denn solcher Nutzen ist weiterhin im Hinblick auf die Absicherung des Menschen formuliert. Der Mensch bleibt der Grund von allem. Doch Begründung, wie sie der Satz vom Grund in Alltag und Wissenschaft zwingend vorschreibt, ist nicht erst im Mikro- und Makrobereich bodenlos. Erfolg im wirklichen Sinn hat die weiteste Reichweite und nimmt die geringste Rücksicht auf unsere Interessen, und gerade durch die Unmenschlichkeit gibt Erfolg annähernd die Proportion Mensch–Kosmos wieder. Erfolg ist Gelingen, und dies heißt: leicht, unmerklich, mit Einverständnis. Wäre dann aber nicht das Fressen-und-Gefressenwerden in der Natur als Mißerfolg zu kennzeichnen? Darüber zu richten sind wir nicht befugt. Erfolg hat jede Gattung an sich selber auszuweisen. Müßte dann nicht doch Anthropozentrik, zumindest als Anthropomorphismus, gerechtfertigt sein? Robert Spaemann hat es für undenkbar erklärt, daß wir Menschen anders als anthropomorph begreifen, die Welt auf uns und unsere Maßstäbe beziehen könnten.

Wäre diese Einstellung erfolgreich gewesen, würde niemand sie in Frage stellen. Statt dessen hat sie die Menschheit an den Rand des Auslöschens gebracht, und die letzten Menschen werden nicht „blinzeln" (Nietzsche), sondern den Anthropozentrismus verfluchen. Erfolg ist zwar nach jedem Sachverhalt verschieden, und doch in einem Grundzug deutlich: Das Sterben vor der Zeit kann für eine Gattung niemals ein Erfolg genannt werden. Überlebensfähig zu sein ist kein Ziel, sondern Voraussetzung unserer Existenz. Diese Fähigkeit des Überlebens muß schon vorhanden sein, und kann nicht erst gesucht werden, wie Vester nahelegt. Wie sollten wir sonst in der Zwischenzeit nicht schon verendet sein? Offensichtlich ist jedoch, daß Überleben nicht durch das gewährleistet wird, was wir bisher bewußt dafür getan haben. Im Gegenteil, nur jenes, was unserem Bewußtsein entzogen blieb, erhält uns immer noch am Leben.

Die kybernetische Strategie des Zusammenspiels, der Wechselwirkung und der Selbstregulation garantiert keinen Erfolg, solange das alte Herrschaftsspiel unbekümmert weitergespielt wird. Neue Karten ändern die Spielregeln nicht. Mit Vesters „Jiu-Jitsu-Prinzip", das wie die gewaltlose Selbstverteidigung die vorhandenen Kräfte für eigensüchtige Zwecke nutzen will, legen wir uns nur selbst aufs Kreuz. Solange wir nicht einsehen, daß Herrschaft in jeder Form und mit jeder Begründung ungedeckt ist, bleibt der Zug der Gewalt und des Todes, der unser heutiges Leben durchzieht, bestimmend. Das so tief verwurzelte Streben nach Sicherheit durch Beherrschung, das nach Carl-Friedrich v. Weizsäcker den irrationalen Machtdrang in unserer Welt hervorruft und den atomaren Krieg wahrscheinlich macht, zersetzt auch Lippes Konzept einer „neuen Ökonomie". Gesellschaft kann nicht nach Lippes Vorstellung „körperliche Organisation" werden und nicht einmal „Lebenstätigkeit" im gemeinsam-wechselseitigen Handeln sein, wenn wir dabei in Vorbildern denken, nachahmend schöpferisch sind. Unwahre Herrschaft bliebe darin unverwunden gültig.

Nicht gegen die Natur zu bauen, verspricht uns nun die „ökologische Architektur", nachdem es die Architekten waren, die uns das Wohnen unmöglich machten. Aber was hilft die ökologische Absicht, wenn weiter für Menschen, wie sie heute sind, gebaut wird?

Die ökologische Ausrichtung schützt uns nicht vor der Anmaßung. Denn gerade ökologisch gesehen, gehört der Mensch zur Aristokratie, stellt Frank Fraser-Darling nicht ohne Stolz fest. Der Mensch steht an der Spitze von Nahrungsketten und Nahrungspyramiden und ist „Herr im Haus des Lebendigen". Zwar beeilt sich der große alte Mann der Ökologie einschränkend hinzuzufügen, das aristokratische Ideal schließe Tyrannei aus, unsere Überlegenheit sei eher eine Bürde und alles im Kosmos bestünde aus demselben Stoff.[10] Aber dies wird die Todesstarre nicht hinausschieben, die das Los jeder Aristokratie ist. Und die „Spitze" haben wir im Haus des Lebendigen doch nur als größte Fresser und Mörder erreicht, als rücksichtsloseste Ausbeuter. Die scheinbare Sachlichkeit der Ökologie verhindert also nicht, daß die Einordnung des Menschen im Kosmos grotesk verfehlt wird. Ökologie ohne Blick aufs „Geviert" ist lediglich eine modernisierte Todestechnik. Aber wie erfahren wir die kosmische Heimat in uns? Gerade Schopenhauer hat uns auf diesen Weg nach innen verwiesen, der mehr über das Leben herausbringt als alle Vorstellung. Indem wir zu uns selbst finden, überwinden wir uns selbst und begreifen die Einheit von Selbst und Welt. Der Satz der Identität müßte uns anleiten, aber die selbstverständliche Logik hat ihn bis zur Unkenntlichkeit verstümmelt. In seinem heutigen Gebrauch sichert der Satz der Identität nur die Unterschiede, will uns von dem her, was uns trennt, die Bestimmung des Eigenen geben. Körperwissen, Gefühle und die biokybernetische Verwirklichung des „optimalen Ausmaßes" tasten sich zu-

---

[10] F. Fraser-Darling: Die Verantwortung des Menschen für seine Umwelt, in: D. Birnbacher (Hrsg.): Ökologie und Ethik, Stuttgart 1980, 9–19.

rück zu der Weise, in der das Leben in uns lebt, auch wenn wir es nicht wissen. Könnte sich dann nicht die von Vester anvisierte „dynamische Norm" ergeben, das Maß im Vollzug, Wahrheit als „Quasi-Konstante"?[11] Gefährlich oberflächlich wäre diese Erwartung, sie hielte sich weiter nur an das Sichtbare, vertraute den spontan geäußerten Gefühlen. Doch selbst wenn dieses Sehen und Fühlen neu geschult würde, das Abschauen von der Natur und das Einstellen auf unsere körperliche Organisation sich verbreiten ließen, bliebe Heimat aus. Sie enthüllte sich erst in einer Gemäßheit, die keinen Gegenüber braucht und keinen Herrn anerkennt.

Instrumental aufgefaßt, wäre dies bloß eine „Metaphysik der Selbsterlösung", und dies gilt auch dann noch, wenn man wie Vester Konstellationen schaffen statt Eingriffe vornehmen will. Funktionsorientierung, die sich nicht nach den Produkten richtet, ist kein Ausweg, sondern nur ein variableres Instrument. Dann fiele der Zugzwang zwar auf den ersten Blick weg, aber die Selbsttäuschung, der Mensch sei Maß aller Dinge, herrschte weiter. Günther Anders hat eindrucksvoll bewiesen, daß die „Antiquiertheit des Menschen" in der heutigen technischen Welt durch keine Proklamation und durch keinen kybernetischen Kniff aufgehoben werden kann. Bedürfnisse sind Produkte der Maschinen-Welt, ihre biologische Aufrechnung nur ein Fortschritt in der Entmenschlichung. Bedürfnisse werden uns dann steuern, aber müssen wir überhaupt gesteuert werden?[12]

---

[11] F. Vester: Neuland des Denkens, a. a. O. 456, 463.
[12] G. Anders: Die Antiquiertheit des Menschen, 2 Bde., München 1980.

Ohne Zugriff wirksam sein, wie Hugo Kükelhaus fordert, scheint einen Ausweg zu bieten. Doch der Pionier einer „Organ-Technik" will dabei den Menschen zum „Selbstwerkzeug" machen und hat die Gewalttat bloß in der Wirkung versteckt.[13] Wir entstehen nun in und durch Funktionszusammenhänge, aber wer legt diese fest? Ordnen wir uns nur ein in das, was gegenwärtig vorliegt, haben wir unser Gefängnis bloß um einen Anbau erweitert. Solche Vorschläge sensibilisieren, aber treten noch auf der Stelle. Gelassenheit hat uns in die Ordnung selbst einzulassen, der unsere technische Lebensweise genügt. Eigensinn ist stärker als jedes angemaßte Selbstbewußtsein. Eigensinn ist ganz sinnerfüllt und hält kein Eigentum zurück. Lebenstechnik ist nicht durch bessere Organisation des Vorhandenen zu leisten, sondern verlangt in eigensinniger Gelassenheit eine Wandlung, die den Verstand zerbricht und ins Fleisch schneidet.

Die Schwäche der bisherigen Alternativentwürfe zur heutigen Welt, und Vester und Lippe gehören zu den besten unter ihnen, ist ohne Zweifel, daß sie uns paradiesische Zustände versprechen, wenn wir nur endlich das schon lange als vernünftig Anerkannte tun wollten. Lippes „Ökonomie des Lebens" enthält nichts weiter als das, was in unserem Jahrhundert Naturfreunde, Wandervögel, Anthroposophen, Vegetarier und mancherlei natürlich lebende Existenzen postulierten und vorlebten. Die Erweiterung auf die Gesellschaft war von allen diesen Gruppen angestrebt. Auch Vesters Biozentrik wird durchaus mit einem Augenzwinkern vorgetragen, ist eigentlich ein pädagogisch gemeinter Versuch, den Menschen zu seinem Besten

---

[13] R. zur Lippe: Am eigenen Leibe, a. a. O. 162.

anzuhalten. Synergetik und Bionik[14] sprengen lediglich längst von den Wissenschaftlern an der Forschungsfront verlassene Fächereinteilungen und ontologische Abgrenzungen. Zu welchem Fachgebiet die Hypothese gehört, ist dem Forscher gleichgültig, denn ihn interessiert, ob seine Forschung damit „geht" oder nicht. Es fällt also leicht, Lippe und Vester in allem zuzustimmen, auch wenn jeder sieht, daß es politisch wohl noch eine Weile dauern wird, bis sich das Vernünftige durchsetzt. Doch gerade diese leichte Zustimmung zeigt, daß solche Entwürfe nur Theater sind, das „Umdenken, Umschwenken" eine Pantomime bleibt. Dies gilt erst recht für Vorschläge, asiatische Naturphilosophie und elektronische Produktionsform in einer Synthese zu vereinigen, eine „buddhistische Wirtschaft" anzustreben. Aber auch E. F. Schumachers „mittlere Technologie"[15] kann ihre gedankliche Herkunft aus der aristotelischen Philosophie nicht verleugnen, und legt sich keine Rechenschaft über deren über zweitausendjähriges Scheitern ab.

Lebenstechnik kann nicht Programm bleiben und sie braucht keinen anderen. Lebenstechnik hat jeder selbst zu übernehmen, eigensinnig, und nur gelassen dem Ganzen verpflichtet. Lebenstechnik in der gegenwärtigen Welt heißt vor allem, der Verlockung, Drohung, Erpressung der Todestechnik zu widerstehen. Lebenstechnik ist unbeweglich, wenn sie ein anderer bewegen will. Sie verstockt sich gegen alles, was man tun sollte und tun muß, denn dies verschuldet den Zustand der

---

[14] W. Nachtigall: Biotechnik und Bionik − Fächerübergreifende Disziplinen der Naturwissenschaft, Wiesbaden 1982.
[15] E. F. Schumacher: Die Rückkehr zum menschlichen Maß, Reinbek 1977.

Erde. Lebenstechnik läßt uns zum Techniker werden, ein Techniker des Ganzen, den kein Einzelinteresse berührt. Dies sieht für die Todestechniker wie ein Verweigern und ein Aussteigen aus der technischen Welt aus, aber entspricht ihr in Wahrheit. Am Beispiel der Überbevölkerung kann dies gezeigt werden. Überbevölkerung gilt den Industriestaaten als das zentrale Überlebensproblem, durchaus zu Unrecht. Aber es ist eines der tödlichen Probleme auf diesem Planeten. Die Zunahme der Menschen droht alle Maßnahmen zur Sicherung der Umwelt und zur Entschärfung der politischen Konflikte zunichte zu machen, heißt es. Doch die Wahrheit ist: Die Industriestaaten konnten sich ihre Industrie leisten, weil es Entwicklungsländer gab, deren unzerstörte Natur der Verschmutzung der Meere und der Vergiftung der Atmosphäre entgegenwirkte.

Aber ehe die 500 Millionen Armen verhungern, werden sie rücksichtslos jede Technologie einsetzen, die dieses Schicksal – wenn auch nur kurzfristig – abwendet. Einen vorsichtigen Gebrauch von Wissenschaft und Technik kann sich die Dritte Welt nicht leisten. So sind die Umweltschäden dort, wo diese Länder industrialisiert wurden, eklatant. Die politische Unterdrückung wird verstärkt werden, da anders die Unzufriedenheit nicht gebändigt werden kann. Die Arbeitslosigkeit, die ein Leben lang andauert, scheint ebenfalls ein Ergebnis der Überbevölkerung zu sein. Kannibalismus ist kein Einzelfall mehr, die Menschen mit Waffen in Kambodscha fressen die Waffenlosen. Gescheitert sind die Versuche, der Überbevölkerung durch Geburtenkontrolle Herr zu werden. Die Grüne Revolution, die das Ernährungsproblem lösen sollte, hat statt dessen die Böden ausgepowert und vergiftet.

Weniger Nahrungsmittel werden hergestellt, ihre Verteilung bleibt ungerecht. Das Fleisch der Reichen verschlingt bei seiner Herstellung das Brot der Armen. Was kann man tun? Gibt es eine technische Lösung für das Problem der Überbevölkerung? Was muß verbessert werden? Es kann nichts getan werden, und nichts ist zu verbessern. Es gibt keine Technik für ein Scheinproblem. Aber verhungern die Menschen nicht, gerät die Welt nicht außer Kontrolle? Man läßt die Menschen verhungern. Bankrott ist Politik, Ökonomie und Wissenschaft. Der Hunger ist nicht zu bekämpfen, sondern die Hungermacher. Die Zahl der Menschen auf der Erde ist ein Glücksfall. Denn sie bringt heraus, was der Mensch ist. Sie entbirgt das Ereignis Technik. Die Menschheit ist reif geworden — zum Leben wie zum Sterben. Als verfehlt erweist sich Theorie und Praxis. Der Aberwitz des göttlichen Ebenbildes wird offenbar. Aber noch in der Katastrophe will Metaphysik nicht von Anthropozentrik ablassen. Sie fordert die Lösung für ihr Problem.

Der Techniker Mensch bleibt gelassen. Sein Denken fragt das Ganze. Welchen Sachverhalt zeigt Hunger? Wohin führt Überbevölkerung? Hungern ist Scheitern. Inmitten des Überflusses versagt die Lebenstechnik. Widerlegt sind Staaten, Industrien, Eßgewohnheiten, die unbrauchbaren Techniken. Ihre Gründe, die sich ihre Folgen nicht anmerken lassen, sind tödlich. Wer sie verbessert, verbesserte das Sterben. Solche Realität gibt es nicht, obwohl sie mächtig und hinderlich ist. Der Techniker Mensch fragt: Wie wird die Weltbevölkerung ernährt? Nahrung geht über Essen hinaus. Ernährt ist erst der glückliche Mensch. Glück ist eine technische Aufgabe. Uns Technikern müssen funktionierende Techniken einfallen. Andere haben nichts zu sagen, soviel sie auch reden. Ihre Herrschaft wird von der Überbevölkerung zerstört.

An uns ist es, das Ende der Metaphysik nicht zur Apokalypse der Menschheit geraten zu lassen. Lebenstechnik sichert ohne Anstrengung. Die Verkennung unseres Wesens ist abzustreifen. Dies verlangt den ausgebildeten, unabhängigen und angstkundigen Menschen. Technikern wird es leichtgemacht, die gemäße Zahl der Menschen für diesen Planeten zu sichern. Schon heute werden Kinder den Eltern durch Not, Dummheit, Ideologie aufgezwungen. Die Elternexistenz ist jedoch nur eine Lebensform. Zu ihr findet der Mensch ohne Zwang.

Uns fehlt nichts zum Ereignis Technik. Der sich vernichtende Mensch bezeugt es im Sterben. Der Mensch überlebt als Techniker, solange er sein Wesen in der Gelassenheit begreift und nicht in der Technokratie verfehlt. Denn sonst gäbe es für den Untergang nur einen Aufschub. Das Ereignis Technik ereignet den Menschen. Unser Begreifen gibt den Krisen ihre Gestalt. Durch sie hindurch bildet sich der Techniker Mensch. Wir haben Wahrheit zuzulassen. Die Unregierbarkeit moderner Staaten ist philosophisch nicht zu beklagen. Die Lösung des Legitimationsproblems ist die Ablösung der Politik. Der Vertrauensverlust ist wahr. Ohne Souveränität wird die Welt verwaltbar. Keine Bürokratie beherrscht sachnahe Techniken. Der Problemdruck entwickelt eine Bereitschaft zur notwendigen Technik. Der Techniker Mensch ist Erfinder und Verstärker dieses Prozesses, der am Werk ist. Die Umweltkrise verlangt eine Technologie, die über den Menschenverstand geht. Funktionalität ist friedlicher als je eine menschliche Aktion, so sie dem in der Materialität eingeschriebenen Sinn folgt.

Menschen sind es, die durch Bürgerproteste und Aufschrei die Grenze der Zerstörung signalisieren. Sie wehren sich nicht gegen das Ereignis Technik, sondern nehmen an ihm teil. Im Kampf gegen den Atomtod wird der Sinn der Technik deutlich. Militärische und ökonomische Gesichtspunkte zeigen ihre Unmenschlichkeit. Der Zeitfaktor verliert seine Glaubwürdigkeit. Wir müssen Zeit haben. Vorgegebene Daten sind bodenlos. Auch die politischen Konflikte lehren uns gegen ihren Willen Technik. Der Ost-West-Streit hat Revolution wie Reform entlarvt. Der reale Sozialismus hält die Einsicht wach, daß sich ohne Abschaffung des Staates nichts ändert. Der Markt ist nur Vorspiel der Ausgewogenheit. Der Nord-Süd-Konflikt beeinflußt entscheidend unsere Lebensweise. Er verhilft den Armen zum Mut der Verzweiflung, ermahnt uns zur Bescheidenheit. Solche Ermahnung werden wir nur um den Preis eines Blutbades in den Wind schlagen können. Die Satten lernen vegetarischer zu leben, hören auf, indirekt Menschenfresser zu sein.

Der Techniker Mensch entsteht im Zuge der Probleme, denen er entspricht. Er löst sie niemals so, wie es die Problemsteller wollen. Er ergreift statt dessen die in ihnen verborgene Chance zum Ereignis Technik. Die Arbeit des Technikers erprobt im einzelnen die Wahrheit des Ganzen. Tendenzen, die das menschliche Maß sprengen, werden seine Unterstützung finden. In der Gen-Technik bricht die Frage nach dem Wesen des Menschen in ungeahnter Schärfe auf. Hilfsquellen werden sichtbar, die unerschöpflich sind und sich selbst erneuern. Doch ihr Wachstum folgte nicht dem rechnenden Denken. Eine metaphysisch denkende Menschheit verstümmelte die Gen-Technik. Philosophische Aufgaben bleiben genug. Wir stehen am anderen Beginn der Wahrheitstechnik. Die Widersprüche sind als Auswege zu begreifen.

Skizziert werden kann die andere, die wirkliche technische Welt zunächst durch eine Reihe von Verzichten. Dies liegt nahe, denn die jetzige, von der Technik tödlich gezeichnete Welt birgt allein auch die neue, ist deren Negativ. Die Lebensform Technik verzichtet auf uns vertraute Anstatt-Techniken, die uns vor der Epoche der modernen Technik zwar am Leben erhalten haben, aber durch ihre Gewaltsamkeit beim heutigen Stand der Weltbevölkerung zur größten Gefahr geworden sind.

Zu verzichten ist zuallererst auf den Staat, auf die formierte Gesellschaft als Norm. Denn hier ist das Vorbild für alle ungerechte Herrschaft, die sich durch vorgebliche Notwendigkeiten zu legitimieren sucht. Was die Technik Staat sinnvoll leistete, von der Müllabfuhr bis zur Rechtssicherheit, kann in Einzeltechniken aufgelöst werden, die miteinander nichts zu tun haben. Die politische Vertretung jedoch ist durch strikte Kommunalisierung der Welt zu leisten. Denn niemand ist berechtigt, sein Betroffensein zu delegieren. Wird auf den Staat verzichtet, dann kann auch auf die Schutztechnik gegenüber dem Staat verzichtet werden, die Privatleben heißt, und die gerade für Unrecht in der Familie oft genug zweckentfremdet wurde. Niemand hat das Recht, sein Leben zu verbergen, wenn er vor Unrecht wirksam geschützt ist. Dies schließt ein, Sexualität nicht länger als Ordnung und Zuchtmittel zu mißbrauchen, wie Michel Foucault sogar noch für die „sexuelle Befreiung" nachwies. Sexualität ist ein Spiel der Lust, körperliche Welterfahrung von größter Intensität, und niemand ist berechtigt, dafür „abzukassieren".

Verzichten werden wir auch auf Schule und Ausbildung, die sich vom Alltag absondert, auf Arbeit, die unsere Maschinenorgane ausführen können, und auf den Dilettantismus, der sich hinter einer guten Meinung verschanzt und die Wahrheit fürchtet. Schließlich entspricht dem Verzicht auf Natürlichkeit eine Professionalisierung unseres Weltumgangs, was nichts anderes ist, als die Anerkennung unserer Bestimmung, die „Künstlichen von Natur" zu sein. Wir werden uns nicht länger auf eine gute Theorie oder eine von der Mehrheit der Menschen politisch gewollte Praxis herausreden dürfen, sondern haben uns durch gelingende Techniken auszuweisen.

Diese Skizze ist nicht mit einem politischen Programm zu verwechseln, und enthält keinen Wunschkatalog. Der Technikphilosoph erklärt eine Menschenwelt dem Untergang geweiht, die nicht jede dieser notwendigen Kehren, deren Aufzählung nicht vollständig ist, zu leisten vermag. Denn anders werden wir den Eintritt in unsere eigene technische Vollendung nicht überleben — dies ist ein kühles analytisches Urteil. Damit wird nicht behauptet, die Technik könne von allein „reif" werden und sei dann zugleich menschen- und naturfreundlich. Im Gegenteil, wir werden reif und gehen durch unsere Lebenstechnik in die Einheit von Natur und Mensch zurück, oder wir fallen wie eine unreife Frucht ab.

Verzichte nehmen uns soviel von unserem gewohnten Leben, daß der Eindruck entstehen kann, der Mensch werde gänzlich abgeschafft. Doch es geht nur um seine verkehrte Gestalt, um das menschliche Unwesen, das heute die Erde zur Wüste macht. Der Verzicht gibt, wie Heidegger mit Meister Eckhart sagte. Der Verzicht macht uns frei, bringt uns ins Offene, erlaubt den

Wechsel. Der Verzicht schafft Raum für anderes Verhalten, ihm hat also ein Einüben zu entsprechen. Drei dieser Einübungen in ein verändertes Weltverhalten, Lebenstechniken des Menschen seien hier wiederholt: Das wichtigste ist das Einüben in Sterblichkeit, mit der wir endgültig auch innerlich Abschied nehmen von der anthropozentrischen Illusion, wir seien der Mittelpunkt des Universums. Daraus ergibt sich ein „sterbliches Handeln", und dieses vermeidet alle Entschlüsse, die über die eigene Lebenszeit hinausreichen, obwohl gerade dies als Triumph von Planung und Voraussicht gefeiert wird. Weiter ist ein Denken in Synthesen einzuüben, eine ganzheitliche Auffassung im Gegensatz zur heutigen dichotomisch geprägten politischen und wissenschaftlichen Weltsicht. Diese hat die Welt gewaltsam zweigeteilt und nennt dies anmaßend Klarheit. Schließlich ist das Einüben in Verantwortung von besonderer Bedeutung, allerdings auch stets in Gefahr, zum Anlaß für Herrschaft zu verkommen. Aber Verantwortung bedeutet kein besonderes Recht und ist kein Instrument. Verantwortung ist ein sorgsames Vernehmen in der Sprache, die jedem persönlich Welt zuspricht.

Lebenstechnik ist Sprachtechnik. Sie folgte den mehrdeutigen Spuren, die das Unhörbare und Unsichtbare in unserer Welt hinterlassen. Lebenstechnik ist ein ernstes Spiel ohne Zeit, mit Raum für jedes Phänomen. Gewährt, ohne erfüllt zu werden, hält sich Lebenstechnik in Bewegung. Gerade die Sprache sichert die Zwietracht, und in ihr haben wir gewaltlos Zugang zur unendlichen Kette des Besonderen. Verzicht und Einüben sind die Kampftechniken des Technikers Mensch. Der Papst hat keine Divisionen und Schriftsteller produzieren nur Papier, aber die plötzliche Verwandlung des einzelnen in einen lebensbereiten Kämpfer gegen das Sterben der Gattung Mensch kann keine politische Macht verhindern. Je und jäh ereignet sich der Techniker Mensch, an seiner Gelassenheit zerbricht die verkehrte Welt.

Anschrift des Verfassers
Dr. Wolfgang Schirmacher
Schopenhauer-Gesellschaft
Beethovenstr. 48
D-6000 Frankfurt a. M. 1

oder über den Verlag Karl Alber,
Postfach, D—7800 Freiburg i. Br.

Heideggers Werke

Verzeichnis der Siglen

WhD   Was heißt Denken? (Einzelausgabe)
WM   Wegmarken (Gesamtausgabe 6)

Martin Heidegger — Gesamtausgabe
(Klostermann, Frankfurt a. M.)

I. Abteilung: Veröffentlichte Schriften 1914—1970
(hrsg. von F. W. v. Herrmann)

Bd. 1 Frühe Schriften, 1978.
Bd. 2 Sein und Zeit, 1977.
Bd. 4 Erläuterungen zu Hölderlins Dichtung, 1981.
Bd. 5 Holzwege, 1977.
Bd. 6 Wegmarken, 1976.

II. Abteilung: Vorlesungen 1923—1944

Bd. 20 Prolegomena zur Geschichte des Zeitbegriffs, hrsg. von P. Jaeger, 1979.
Bd. 21 Logik — Die Frage nach der Wahrheit, hrsg. von W. Biemel, 1976.
Bd. 24 Grundprobleme der Phänomenologie, hrsg. von F. W. v. Herrmann, 1975.
Bd. 25 Phänomenologische Interpretation von Kants Kritik der reinen Vernunft, hrsg. von J. Görland, 1977.
Bd. 26 Metaphysische Anfangsgründe der Logik im Ausgang von Leibniz, hrsg. von K. Held, 1978.
Bd. 31 Vom Wesen der menschlichen Freiheit, hrsg. von H. Tietjen, 1982.
Bd. 32 Hegels Phänomenologie des Geistes, hrsg. von J. Görland, 1980.
Bd. 33 Aristoteles Metaphysik Θ 1—3, hrsg. von H. Hüni, 1980.
Bd. 39 Hölderlins Hymnen „Germanien" und „Der Rhein", hrsg. von S. Ziegler, 1980.
Bd. 51 Grundbegriffe, hrsg. von P. Jaeger, 1981.
Bd. 52 Hölderlins Hymne „Andenken", hrsg. von C. Ochwadt, 1982.
Bd. 54 Parmenides, hrsg. von M. Frings, 1982.
Bd. 55 Heraklit, hrsg. von M. Frings, 1979.

Heidegger — Einzelausgaben
(nach dem Jahr der Erstveröffentlichung geordnet)

1929   Kant und das Problem der Metaphysik, Frankfurt a. M. ³1965.

1933   Die Selbstbehauptung der deutschen Universität, Breslau ²1934.

1953   Einführung in die Metaphysik, Tübingen ²1958.

1954   Aus der Erfahrung des Denkens, Pfullingen ²1965.

1954   Vorträge und Aufsätze, Teil I—III, Pfullingen ³1967.

1954   Was heißt Denken? Tübingen ²1961.

1956   Was ist das — die Philosophie? Pfullingen ⁴1966.

1957   Der Satz vom Grund, Pfullingen.

1957   Identität und Differenz, Pfullingen.

1957   Hebel — Der Hausfreund, Pfullingen ³1965.

1958   Grundsätze des Denkens, in: Jahrbuch für Psychologie und Psychotherapie 6, 33—41.

1959   Gelassenheit, Pfullingen.

1959   Unterwegs zur Sprache, Pfullingen.

1961   Nietzsche, 2 Bände, Pfullingen.

1962   Die Frage nach dem Ding, Tübingen.

1962   Die Technik und die Kehre, Pfullingen.

1969   Zur Sache des Denkens, Tübingen.

1969   Die Kunst und der Raum, St. Gallen.

1971   Schellings Abhandlung über das Wesen der menschlichen Freiheit (1809), Tübingen.

1976   SPIEGEL-Gespräch mit Martin Heidegger, in: DER SPIEGEL 23, 193—219.

1976   Geleitwort, in: F. Wiplinger: Metaphysik, hrsg. von P. Kampits, Freiburg/München.

1977   Vier Seminare, hrsg. von C. Ochwadt, Frankfurt a. M.

Heidegger — unveröffentlichte Texte

Hölderlins Hymnen (Freiburger Vorlesung, Sommersemester 1942).
Aus dem Vortragszyklus „Einblick in das was ist" (1949):

2. Vortrag: Das Ge-Stell (S.S. 1–17).
3. Vortrag: Die Gefahr (S.S. 18–30).
Brief an Reinhart Maurer (3. August 1974) (S.S. 1–4).

Bibliographien

M. Heidegger: Bibliography and Glossary, ed. by H. M. Sass, Philosophy Documentation Center, Bowling Green, Ohio 1982.

W. Franzen: M. Heidegger, Stuttgart 1976 (Sammlung Metzler Bd. 141).

Personenregister

267

Sachregister

Personen- und Sachregister wurden von Martin Hielscher angefertigt.

In der Reihe „Fermenta philosophica"
sind bisher erschienen:

Wolfgang Kluxen: Ethik des Ethos. 1974
Lajos V. Nagy: Modelle der Herrschaft. Untersuchungen über Verhalten, Wechselwirkung und Optimierung geschichtlich-gesellschaftlicher Systeme. 1981
M. A. C. Otto: Der Anfang. Eine philosophische Meditation über die Möglichkeit des Wirklichen. 1975
Gerold Prauss: Erkennen und Handeln in Heideggers „Sein und Zeit". 1977
Wolfgang Schirmacher: Technik und Gelassenheit. Zeitkritik nach Heidegger. 1983
Ilmar Tammelo: Zur Philosophie des Überlebens. Gerechtigkeit, Kommunikation und Eunomik. 1975
Rainer Thurnher: Allgemeiner und individueller Begriff. Reflexionen zu einer philosophischen Grundlegung der Einzelwissenschaften. 1977

Verlag Karl Alber, Freiburg/München